陇上学人文存

周述实　卷

周述实　著　　常红军　编选

甘肃人民出版社

图书在版编目（ＣＩＰ）数据

陇上学人文存. 周述实卷 ／ 范鹏，陈富荣总主编 ； 周述实著 ；常红军编选. -- 兰州 ：甘肃人民出版社，2019.8
ISBN 978-7-226-05470-3

Ⅰ. ①陇… Ⅱ. ①范… ②陈… ③周… ④常… Ⅲ. ①社会科学－文集②区域经济学－文集③数量经济学 －文集 Ⅳ. ①C53②F061.5-53③F224.0-53

中国版本图书馆CIP数据核字(2019)第163389号

责任编辑：肖林霞
封面设计：王林强

陇上学人文存·周述实卷

范鹏　王福生　陈富荣　总主编

周述实　著　常红军　编选

甘肃人民出版社出版发行

（730030　兰州市读者大道 568 号）

兰州新华印刷厂印刷

开本 890 毫米×1240 毫米　1/32　印张 11　　插页 7　字数 276 千
2019 年 8 月第 1 版　　2019 年 8 月第 1 次印刷
印数：1~1000

ISBN 978-7-226-05470-3　定价：60.00 元

（图书若有破损、缺页可随时与印厂联系）

《陇上学人文存》第二辑

编辑委员会

名誉主任：刘伟平
主　　任：连　辑　咸　辉
副 主 任：张建昌　张瑞民　范　鹏
委　　员：张余胜　吉西平　魏胜文　高志凌
　　　　　张　炯　安文华　马廷旭

学术指导委员会

王希隆　王肃元　王洲塔　王晓兴　王嘉毅
傅德印　伏俊琏　李朝东　陈晓龙　张先堂
郝树声　贾东海　高新才　董汉河　程金城

总 主 编：范　鹏
副总主编：魏胜文　马廷旭

《陇上学人文存》第五辑

编辑委员会

总　序

陇者甘肃，历史悠久，文化醇厚。陇上学人，或生于斯长于斯的本地学者，或外来而其学术成就多产于甘肃者。学人是学术活动的主体，就《陇上学人文存》（以下简称《文存》）的选编范围而言，我们这里所说的学术主要指人文社会科学研究。《文存》精选中华人民共和国成立以来，甘肃人文社会科学领域成就卓著的专家学者的代表性著作，每人辑为一卷，或标时代之识，或为学问之精，或开风气之先，或补学科之白，均编者以为足以存当代而传后世之作。《文存》力求以此丛集荟萃的方式，全面立体地展示新中国为甘肃学术文化发展提供的良好环境和陇上学人不负新时代期望而为我国人文社会科学事业做出的新贡献，也力求呈现陇上学人所接续的先秦以来颇具地域特色的学根文脉。

陇原乃中华文明发祥地之一，人文学脉悠远隆盛，纯朴百姓崇文达理，文化氛围日渐浓厚，学术土壤积久而沃，在科学文化特别是人文学术领域的探索可远溯至伏羲时代，大地湾文化遗存、举世无双的甘肃彩陶、陇东早期周文化对农耕文明的贡献、秦先祖扫六合以统一中国，奠定了甘肃在中国文化史上始源性和奠基性的重要地位；汉唐盛世，甘肃作为中西交通的要道，内承中华主体文化熏陶，外接经中亚而来的异域文明，风云际会，相摩相荡，得天独厚而人才辈出，学术思想繁荣发达，为中华文明做出了重要贡献。

近代以来，甘肃相对于逐渐开放的东南沿海而言成为偏远之地，反而少受战乱影响，学术得以继续繁荣。抗日战争期间作为大后方，接纳了不少内地著名学府和学者，使陇上学术空前活跃。新中国成立之后，人文社会科学领域的专家学者更是为国家民族的新生而欢欣鼓舞，全力投入到祖国新的学术事业之中，取得了一大批重要的研究成果，涌现出众多知名专家，在历史、文献、文学、民族、考古、美学、宗教等领域的研究均居全国前列，影响广泛而深远。新中国成立之后，人文社会科学几次对当代学术具有重大影响的争鸣，不仅都有甘肃学者的声音，而且在美学三大学派（客观派、主观派、关系派）、史学"五朵金花"（史学在新中国成立之后重点研究的历史分期、土地制度史、农民战争史等五个方面的重点问题）等领域，陇上学人成为十分引人注目的代表性人物。改革开放以来，甘肃学者更是如鱼得水，继承并发扬了关陇学人既注重学理求索又崇尚经世致用的优良传统，形成了甘肃学者新的风范。宋代西北学者张载有言："为天地立心，为生民立命，为往圣继绝学，为万世开太平"，此乃中华学人贯通古今、一脉相承的文化使命，其本质正是发源于陇原的《易》之生生不已的刚健精神，《文存》乃此一精神在现代陇上得到了大力弘扬与传承的最佳证明。

《文存》启动于中华人民共和国成立六十周年之际，在选择入编对象时，我们首先注重了两个代表性：一是代表性的学者，二是代表性的成果，欲以此构成一部个案式的甘肃当代学术史，亦以此传先贤学术命脉，为后进立治学标杆。此议为我甘肃省社会科学院首倡，随之得到政界主要领导、学界精英与社会各界广泛认同与政府大力支持，此宏愿因此而得以付诸实施。

为保证选编的权威性，编委会专门成立了由十几位省内人文社会科学领域著名学者组成的专家指导委员会，并通过召开专题会议研讨、发放推荐表格和学术机构、个人举荐等多种方式确定入选者。为使读者对作者的学术成就、治学特色和重要贡献有比较准确和全面的了解，在出版社选配业务精良的责任编辑的同时，编委会为每一卷配备了一位学术编辑，负责选编并撰写前言。由于我院已经完成《甘肃省志·社会科学志》（古代至 1990 年卷，1990 至

2000 年卷）的编辑出版工作，为《文存》的选编提供了坚实的基础和基本依据，加之同行专家对这一时期甘肃人文社会科学发展的研究，使《文存》能够比较充分地反映同期内甘肃人文社会科学的基本状况。

　　我们的愿望是坚持十年，《文存》年出十卷，到 2019 年中华人民共和国成立七十周年之际达至百卷规模。若经努力此百卷终能完整问世，则从 1949 至 2009 年六十年间陇上学人以"人一之、我十之，人十之、我百之"的甘肃精神献身学术、追求真理的轨迹和脉络或可大体清晰。如此长卷宏图实为新中国六十年间甘肃人文社会科学全部成果的一个缩影，亦为此期间甘肃人文社会科学学术业绩的一次全面检阅，堪作后辈学者学习先贤的范本，是陇上学人献给祖国母亲的一份厚礼。此一理想若能实现，百卷巨著蔚为大观，《文存》和它所承载的学术精神必可存于当代，传之后世，陇上学人和学术亦可因此而无愧于我们所处的伟大时代，并有所报于生养我们的淳厚故土。

　　因我们眼界和学术水平的局限，选编过程中必定会出现未曾意料的问题，我们衷心期望读者能够及时教正，以使《文存》的后续选编工作日臻完善。

　　是为序。

2009 年 12 月 26 日

目　录

企业管理篇

扶贫开发篇

编选前言

周述实先生 1945 年 1 月 30 日生于陕西省丹凤县,1969 年毕业于兰州大学数学系。大学毕业后,曾在中学和中等师范学校任教。1980 年通过全国统一考试录入甘肃省社会科学院从事经济研究工作。先后任甘肃省社会科学院经济研究所副所长、所长,甘肃省社会科学院副院长、院长,研究员。为享受政府特殊津贴专家、甘肃省优秀专家,曾任中国数量经济学会常务理事、中国区域经济学会理事、甘肃省经济学会副会长、甘肃省劳动学会副会长、兰州大学区域经济学博士生导师、甘肃农业大学区域经济学硕士生导师。

改革开放催动了我国经济的快速发展,社会科学研究在我国经济快速健康发展过程中发挥了十分重要的理论指导作用。周述实先生作为西北地区长期关注研究区域经济发展的经济学家,将全部的精力和时间投入到了西北地区,尤其是甘肃的经济发展研究中。周述实先生务实的研究态度、扎实的理论功底、前瞻的研究成果为甘肃省乃至西北地区经济发展做出了重要贡献。

周述实先生长期从事区域经济学和数量经济研究,学术成果丰硕。主持国家哲学社会科学基金项目、国家软科学项目、甘肃省哲学社会科学基金项目、甘肃省软科学项目以及地方部门、企业委托项目60 余项,在国家、省级出版社出版学术专著 13 部;在国家、省级以上刊物上发表学术论文 160 余篇。多次应邀参加国际性及全国性区域经济学术研讨会,提交论文及演讲文章 20 余篇,其中部分观点被相关部门和单位采纳,并产生了良好的社会效果。先后获得甘肃省科技进步奖 5 项、甘肃省社会科学政府奖 4 项。

周述实先生在经济研究领域孜孜不倦深耕的同时,还长期担任所、院领导职务。在周述实先生任职期间,甘肃省社会科学院经济研究领域,其他社会科学研究领域都人才辈出,硕果累累。同时,周述实先生在甘肃省区域经济研究学科建设、人才队伍培育等都做出了卓越的贡献。

一、西部地区区域经济研究的先行者

区域经济学是研究和揭示区域与经济相互作用规律的一门学科,至今已有近 180 年的历史。自 20 世纪 60 年代以来,西方国家、东欧和苏联掀起了区域经济学研究的热潮,我国则直到 80 年代后才开始区域经济学方面的研究工作。

20 世纪 80 年代开始的改革开放中,随着我国由计划经济逐步向商品经济、市场经济的过渡发展,地区间的发展不平衡愈发凸显。西北地区的经济虽然取得了长足的发展,但是发展速度与东部沿海地区的差距越来越大。周述实先生较早地发现和关注这个问题,在《中国西北地区经济发展差距的原因分析》(《数量经济技术经济研究》1990.12)中谈到的"西北地区(包括陕西、甘肃、青海、宁夏、新疆五省区)属于中国西部不发达地区。改革开放后的西北地区的经济虽然取得了长足的发展,但是与东部发达地区日益扩大的差距引起了人们的普遍关注。"如何加快西部地区经济发展,缩小与东部沿海发达地区的差距,不仅是国家和西部地区政府部门关注的主要问题,更是理论研究人员需要研究和解决的重大课题,区域经济发展研究显得极为迫切和重要。周述实先生自 20 世纪 80 年代初从事经济研究工作以来,敏锐地捕捉到了区域经济研究的重要性和迫切性,运用深厚的数量经济学功底开始了长达二十余年的西部地区区域经济发展研究,取得了丰硕的研究成果,在西部乃至全国区域经济发展研究领域有着重要的学术地位。

(一)西北地区经济发展有着清晰的阶段性

西北地区是我国农耕文明的发祥地之一。在 19 世纪中叶发端的中国近代化进程中,西北地区的发展历经曲折和坎坷。20 世纪 50 年代初到 70 年代末,高度集中的计划经济体制(以下简称为传统体制)推动了西北地区工业化的初兴。1978 年党的十一届三中全会开启的我国改革开放进程,推动西北地区进入经济体制转轨、产业结构变革的新阶段。

在《重建西北经济的支撑点》(兰州大学出版社,2001)一书中,周述实先生分析西北地区经济发展的轨迹, 认为西北地区经济发展的历史久远,可上溯至三代。自那时以来的三四千年的漫长历史中,周述实先生将西北地区的经济发展大体划分为三个阶段: 第一个阶段是 19 世纪 60 年代以前,农耕经济由初兴到鼎盛再趋于衰落;第二个阶段是 19 世纪六七十年代到 20 世纪 40 年代末,近代化因素曲折缓慢地成长;第三个阶段是从 20 世纪 50 年代初开始步入工业化进程。但在第二个阶段中,西北地区的经济仍以传统的农耕经济为主;在第三个阶段中,以 1978 年为界,则经历了两个不同的体制。因此,研究西北地区经济发展的历史,实际上可分为三个时期,即 1949 年以前的历史时期;1950 年到 1978 年的传统体制时期;1978 年以来的改革开放时期。

历史上西北地区的发展。西北地区是中华民族的一个重要发祥地,也是中华农耕文明的源头之一。到 1949 年中华人民共和国成立时, 西北地区工业总产值只有 5.12 亿元, 仅占工农业总产值的15.60%;其中青、宁、新三省区的工业总产值还不足 1 亿元;各省工业总产值占工农业总产值的比重最高的为甘肃,也仅为 18.80%。整个西北地区,还处于经济凋敝的农业社会之中。

传统体制时期西北地区的历史地位与经济发展。1952 年,我国以实施第一个五年计划为开端,步入社会主义工业化进程。"一五"时期,在国家确定的 156 项重点建设项目除军工项目以外的 120 个项目中,安排在西北地区的共有 15 项。整个"一五"期间,西北地区全部基本建设投资总额占全国的比重为 11.52%。由此奠定了西北地区作为全国能源、原材料工业基地的基础。从 20 世纪 60 年代中期开始的"三线"建设,是西北地区继"一五"之后的第二次建设高潮。在进行"三线"建设的"三五""四五"期间,国家对西北地区的基本建设投资总额,占全国基本建设投资总额的 11.65%。"三线"建设的重点,是发展能源、交通、国防军工和机械电子工业。由此进一步推动了西北地区能源、原材料工业的发展,同时确立了西北地区作为全国石油化工、有色金属、水力发电等能源、原材料基地的地位;传统体制时期,高速扩张的工业成为推动西北地区经济增长的主要动力。

传统体制时期我国在推进工业化的过程中,实际上实行的是区域均衡战略。实施这一战略的目的之一,是要改变旧中国遗留下来的严重失衡的生产力布局。区域均衡战略的集中体现,就是国家经过在财政上"统收统支"的体制,对各个地区进行大体均等的投入。基本上扭转了 50 年代初期全国经济,特别是工业偏集中于沿海的格局,这也正是传统体制的巨大功绩。但是,地区均衡发展战略也严重影响了我国经济健康发展,具体来说就是一方面严重地削弱了东部地区的自我发展能力,另一方面造成中西部地区难以形成自我发展能力而高度依赖国家的投入,从而挫伤了各个地区发展经济的积极性,形成整个国民经济发展动力的缺失。

区域非均衡战略与西北地区经济的发展。我国改革开放后区域非均衡发展战略的实施，促进了经济发展的基础条件好且有对外开放的有利条件的东部地区的快速发展，极大地释放了被传统体制均衡发展战略所抑制的经济发展潜力，从而使我国经济进入了以东部为增长中心和支撑点的高速增长新阶段。1978年到1995年，全国国内生产总值年均增长达9.89%，是传统体制时期的1.61倍；西北地区也同样如此，其国内生产总值年均增长9.23%，是传统体制时期的1.42倍。但是，西北地区是在刚刚结束了工业化初始扩张阶段之后步入改革开放进程的。在传统体制时期，西北地区未能形成持续发展的自积累能力。因此，国家投入强度的相对减弱，使西北地区难以形成像东部那样强劲的发展动力。这样，随着区域非均衡发展战略的实施，西北地区经济发展的势头与传统体制时期相比，就发生了逆转，即经济增长速度由过去高于全国和东部的平均水平，转变为低于全国和东部的平均水平。总之，改革开放以来，西北地区以高于传统体制时期的经济增长速度而快速发展，但另一方面，又与全国和东部地区的发展差距日益拉大，这就是区域非均衡发展战略条件下西北地区经济发展的一个重要特征。

周述实先生在《中国西北地区经济发展差距的原因分析》(《数量经济技术经济研究》1990.12)一文从人口增长、发展机制、产业结构等方面对导致西北地区与全国和东部发达地区经济发展差距扩大的原因进行了分析。认为这些因素的存在，也充分反映了中国西部不发达地区和东部发达地区在发展机制和产业结构成长机制等方面的差异，这些差异的弱化，意味着西北地区发展机制和产业结构成长机制的完善，也意味着西北地区经济发展差距的缩小。

(二)经济波动和产业结构低度化是阻滞西北区域经济发展的重要因素

在我国20世纪80年代的改革开放中，西北地区(包括陕、甘、青、宁、新5省区)的经济取得了长足的发展,但与此同时,与东部发达地区的差距却明显拉大。周述实先生《经济波动和产业结构低度化是阻滞西北区域经济发展的重要因素》(《甘肃社会科学》1991.3)认为,在20世纪80年代,导致西北地区与全国和东部发达地区经济发展差距扩大的原因是多方面的,形成这种态势的重要原因,一是区域经济增长过程中的波动性;二是区域产业结构的低度化。前者成为西北区域经济发展中的不稳定因素;后者则阻滞着区域产业结构的成长。这两个方面实际上是相互影响、相互联系的。西北区位现代经济的增长与国家资金输入的相关程度高,这种外部资金推动型的增长机制,使区位现代经济难以成为带动区域经济产业结构成长的依托,阻碍着非区位传统经济向区位现代经济的转化,从而导致区域经济中资源配置失调,经济效率低下。这些阻滞因素,反映了我国西部不发达地区和东部发达地区在发展机制和产业结构成长机制等方面的差异。这些差异的弱化,意味着西北区域经济发展机制和产业结构成长机制的完善,也意味着西北地区与东部发达地区经济发展差距的缩小。

(三)产业结构调整是西北区域产业政策的选择

在《重建西北经济的支撑点》(兰州大学出版社,2001)一书中,周述实先生研究西北地区经济发展的轨迹后,认为决定西北地区产业结构的因素有三:一是传统的农耕经济因素;二是传统体制因素;三是在改革开放中不断成长的市场化因素,西北地区产业结构就是在这三种因素的影响下成长的。自改革开放以来,市场化因素的影响日益增强,传统的农耕经济因素和传统体制因素的影响趋于减弱。但总的看来,西北及其各省区传统农耕经济积淀久远,传统体制影响深重,市场化因素成长滞缓,因而其产业结构表现出与这些因素相联系的特征:一是产值结构与就业结构严重偏离,二是农村工业化发展水平低,三是虚高度化。

周述实先生对西北区域产业政策进行了深入的研究,发现"六五"末期,我国西北地区正处在跨越低收入"门槛"向中等收入水平迈进的阶段,西北区域经济正孕育着产业结构新的变革和经济新的启动。在这一新的发展阶段,西北区域经济面临着区域经济病态运行机制等障碍。要想解决这个重要问题,进行产业结构调整是西北区域产业政策的首要选择。西北区域产业结构的调整,必须通过制定服从于国民经济宏观全局,符合西北区情,并能为西北各省区的经济发展提供指导意义的产业政策来予以实现。西北区域产业政策的基本内容主要包括产业结构政策、产业组织政策、产业技术政策,西北区域产业政策应着重于改善二元技术结构,形成能够推动企业技术进步,促进经济向集约化、质量型转变。通过这一产业政策的指导,西北地区将能够提高省区之间、城市之间、产业和企业之间专业化协作水平,发展联合与分工的基础上,形成既能发挥各省区优势,又能将这些优势合理组合起来,形成区域经济整体优势的产业结构体系。在这一结构体系中,第一产业将得到积极的发展,第二产业将是发展的重点,第三产业将得到长远的发展。这将是一个以有色金属、石油化工、能源、机械(包括电子)、建筑材料、轻纺、食品等工业组成主导产业群,资源配置较为合理,资源转换效率较高的产业结构体系,也是一个能使西北经济步入 21 世纪的产业结构体系。

(四)工业是西北地区经济发展优势

早在 20 世纪 90 年代,周述实先生就敏锐地判断 20 世纪末到 21 世纪初,开发、建设大西北将成为我国经济建设的战略重点。认为要迎接这一战略新时期的到来,西北地区从那时起就必须积极、稳妥地作好开发大西北的前期准备工作。正确认识并充分发挥西北地区的经济优势,把西北地区的工业发展建立在可靠的基础上,是开发建设大西北不可缺少的重要条件,应该成为研究振兴、发展西北地区经济的重要课题。只有正确地认识西北地区的经济优势,才能制定正确的政策方针,使西北地区工业得到真正的发展。发展西北地区工业的方针应该是:发挥现实的经济优势,依靠能够得到直接利益的经济优势,积极为把潜在的经济优势变成现实的经济优势创造条件,建立与西北地区经济优势相适应的工业体系。发展西北地区工业的主要途径就是发展中小型工业企业。

二、为加快甘肃省经济发展研究做出重要理论贡献

作为甘肃本土的经济研究专家,周述实先生在从事经济研究的生涯中,一直把加快甘肃经济发展研究作为重点,研究成果也对甘肃经济发展发挥了重要的作用,得到了甘肃省委省政府的认可,被评为甘肃省优秀专家。

(一)对甘肃经济发展有充分的认识

周述实先生认为甘肃经济实际上是一种"双重封闭二元结构"《甘肃产业政策几个问题的思考》(《甘肃社会科学》1988.5)。以城市工业为主体的区位现代经济和以农业为主体的非区位传统经济,构成甘肃"双重封闭二元结构"的第一个层次。大中型企业为主的远辐射经济和地方工业的内向型经济形成甘肃"双重封闭二元结构"的第二个层次。甘肃区域经济的"双重封闭二元结构",是我国西部不发达地区在其经济发展中的特有现象。它肇始于不发达地区经济初始扩张时期,在高度集中的旧体制下得到发展,在20世纪80年代,则成为中央导控与地方导控、计划调节与市场调节融合的障碍,使新的经济机制难以导入区域经济。

"双重封闭二元结构"使甘肃区域经济呈现为病态的运行机制。一是区位落差大,区位现代经济成为"孤岛经济"。二是区位现代经济

与非区位传统经济之间，区位现代经济的大中型企业与地方小企业之间形成两个不良的循环。三是产业链缺损，使区位现代经济处于低技术水平上的超负荷运转状态。总之，甘肃产业结构尚处于低级、幼稚的水平，并未形成一个资源配置合理的产业结构体系。

周述实先生同时认为"六五"以来，甘肃产业结构的发展环境发生了新的变化，对甘肃产业结构的调整和重组，带来了新的挑战和机遇。其一，国际大循环战略将使要素倾斜更为加剧，但将推动甘肃传统产业进入第三次发展高潮。其二，甘肃资源开发难度增大，但西北地区的大规模资源开发，将巩固甘肃传统工业的地位，并对其发展产生新的启动。其三，区位断层的存在，增加了甘肃区域产业结构调整的困难，但在新体制中崛起的国家—地方集团化产业，将对区域内地方产业产生吸附效应，为建立合理的区位网络提供契机。

经过认真分析，周述实先生对甘肃产业结构调整提出了新思路，认为甘肃应以发展第二产业为重点，积极发展第一产业，相应发展第三产业，形成有可靠基础、服务配套的资源—技术型产业群体。根据这一模式，甘肃区域经济将形成由有色金属、电力、石油化工、机械、建筑材料、轻纺、食品等工业组成的主导产业体系。通过产业结构政策、产业组织政策和产业技术政策的引导，在提高区域间产业间和企业间专业化协作水平、发展联合与分工的基础上，甘肃的资源优势能够最大限度地转化为商品优势和效益优势，形成具有甘肃特色的产业结构体系。

(二)对甘肃所有制结构改革较早地提出了对策

在《甘肃经济发展应有质量观》(《发展》1997.11)一文中，周述实先生认为在新旧世纪交替之际，甘肃与全国一样，面临着推动经济持续快速健康发展的历史性契机。对于甘肃来说，这一历史性契机集中地表现在党的十五大报告中所阐述的跨世纪时期我国经济体制改革和经济发展战略。特别是报告中对调整和完善所有制结构,加快推进国有企业改革等方面在理论上的新突破和新发展,给予所有制结构高度倾斜于国有经济,且国有企业改革至今尚未取得根本性突破的甘肃来说,廓清了思路,指明了方向。这些理论上的新突破和新发展,之所以为甘肃的改革与发展提供了新的历史性契机,乃是因为,自党的十一届三中全会以来,尽管甘肃在改革与发展方面取得了历史上所不曾有过的辉煌成就,但由于种种原因,形成了悬殊的落差。这种落差集中地表现在所有制结构的差异方面。其一,在推进甘肃所有制结构的变革中,根据本省所有制结构过于纯粹的实际,坚定地确立非国有经济的取向。其中包括,在国有经济内培育非国有经济的成长点;在传统体制外促进非国有经济的发展;促进国有经济向混合所有制乃至使其中一部分向非公有制经济转变;此外,在增长投入中,不再兴办国有独资企业。其二,甘肃应对单一地定位于国有制的所有制形式进行重塑,"努力寻找能够极大促进生产力发展的公有制实现形式",其中包括股份制和各种股份合作制;促进劳动者联合和劳动者资本联合为主的集体经济发展。其三,甘肃在调整和完善所有制结构时,应把长期沿袭的国有经济增量扩张和机制复制,转变为提高质量,重塑机制,确立起"宁要少些,但要更精更好"的发展国有经济的质量观。其四,对于甘肃来说,这是优化国有经济战略布局,使资本以效率为取向进行重组,促进国有企业实现低成本扩张的大好时机。在这方面,应纠正资本"流动=流失"等认识上的偏颇,"大胆利用一切反映社会化大生产规律的经营方式和组织形式",在促进公有制实现形式多样化的进程中,使国有经济从大部分竞争性行业和中小企业中退出,以集中国有资本,并通过国有资本与民间资本和外资的多种形式的结合,培育和发展有较强竞争力和市场扩张力的企业集团,建立起一支能够在国内、国际市场上竞雄的主力军。最后,就甘肃的现实情况而言，则主要是如何解决国有经济在本省资源配置结构中占据空间过大、控制力过强的问题，这些，正是甘肃在落实党的十五大精神的过程中发挥创造性，开拓新局面的重要方面。

（三）系统深入研究甘肃非公有制经济发展

在我国市场取向的改革探索和推进市场化的进程中，非公有制经济的迅速崛起，成为我国经济发展中一支重要的推动力量。改革开放以来，甘肃非公有制经济快速发展，在甘肃经济发展中发挥着重要的作用。周述实先生十分关注甘肃非公有制经济的发展，在其主编的《转型成长中的甘肃经济问题研究》（甘肃人民出版社，2004年）一书中，对甘肃非公有制经济发展的有利条件和抑制性因素做了深入系统的研究，探讨加快非公有制经济发展的有效途径。认为，首先，甘肃非公有制经济的发展历程与我国改革开放的进程密切相关。甘肃非公有制经济的发展轨迹，是我国市场取向改革的探索及市场化改革对非公有制经济的孕育、催化、推动作用的反映，也是甘肃逐步摆脱传统体制及其形成的思想观念的束缚，不断解放生产力的反映。其次，对甘肃非公有制经济的现状及其评价。改革开放以来，甘肃非公有制经济几乎是从零起步，从小到大；由涉足于以商业流通为主的少数几个经济部门，扩展到国民经济的大多数部门；由作为"公有制经济的必要的、有益的补充"，到成为"社会主义市场经济的重要组成部分"，经过20多年的发展，甘肃非公有制经济的发展规模和水平与改革开放初期相比，已不可同日而语。再次，对甘肃非公有制经济发展的障碍因素进行了分析。认为制约甘肃非公有制经济发展的因素和条件包括以下几个方面：一是"两难选择"与不良的"市场生态"的结构性障碍；二是生产要素质量差，资源配置效率低的要素资源障碍；三是低水平投资的积累能力障碍；四是资源配置的非市场因素干扰体制性障碍。最后，面对我国加入WTO和党和国家在世纪之交实施的西部大开发战略的历史性机遇，提出了加快发展甘肃非公有制经济的对策和措施。进一步解放思想、更新观念，排除对发展非公有制经济的思想观念束缚；新时期，促进甘肃非公有制经济发展要有新起点、新思路、新举措；针对甘肃非公有制经济的自身弱点，结合工业强省战略，选择非公有制经济发展壮大的正确方向；加大政策扶持力度，加快甘肃非公有制经济健康发展。

（四）对甘肃发展农业产业化经营的深入思考

农业产业化经营作为推动传统农业向现代农业转变的重要形式与途径，在我国受到了极为广泛的重视，甘肃也进行了积极的探索，并取得了显著的成效。在《黄土地上的绿色希望——甘肃农业产业化经营研究》（兰州大学出版社，1999 年）中，周述实先生认为尽管甘肃农业产业化的进程只是刚刚开始，处于尝试和探索阶段，但也显示出其推动全省农业和农村经济改革与发展的巨大作用，农业产业化经营是面向 21 世纪甘肃经济发展的"绿色希望工程"。同时，也应看到，甘肃农业和农村经济的商品化市场程度还比较低，在这一基础上起步的农业产业化经营因受到各种抑制性因素的障碍和制约，必然表现出幼稚、低级的特征。实际上，甘肃还处于社会主义初级阶段的低层次，特别是在农村，其经济形态还表现出浓厚的自给自足的小生产的特征。这种特征与农村经济积累不足，农民的组织化程度低，农户投资能力薄弱，农村现代经济要素，特别是资本、技术要素稀缺，农村劳动力资源文化技术素质低下等因素相联系，由此也必然形成阻碍农业产业化向深度和广度拓展的观念障碍、体制障碍、投入障碍、要素障碍及质量障碍。要排除这些障碍，就需要正确处理这些障碍所涉及或者导致产生这些障碍的一些重要关系。诸如，市场导向与政府指导之间的关系，渐进发展与跳跃发展之间的关系，农业产业化的积累机制的形成过程中劳动积累与其他积累之间的关系，在促进农业产业化一体化经营体系的成长过程中农业与其后向基础及前向延伸的关系,农业产业化组织成长中的组织类型及各类型组织之间的关系,农业产业化在培育县乡财源中的作用与财政、金融等支持条件之间的关系等等。所有这些,都对甘肃农业产业化的全面扩展和提高产生着重要的影响。

(五)较早研究加快甘肃民间投资发展

周述实先生早在 2004 年出版的由其主编的《转型成长中的甘肃经济问题研究》中对加快甘肃民间投资发展进行了深入全面的研究。周述实先生对甘肃民间投资现状和存在的问题进行了全面分析,认为改革开放以来,随着我国市场取向改革深化和对外开放的扩大,民间投资迅速发展,已成为我国资源配置中的重要组成部分。由于种种原因,甘肃民间投资的发展规模及水平,与全国特别是与东部地区存在着显著的差距。甘肃要推进西部大开发,加快全面建设小康社会的步伐,就必须充分动员一切社会经济资源,其中,聚集、扩大民间投资规模,提升民营经济的发展景气,就是不可或缺的重要方面。

改革开放之初,甘肃 1978 年到 1980 年的 3 年中,民间投资中仅有集体经济的投资,分别为 403 万、654 万、798 万元,3 年合计为 1855 万元,仅占同期全省全社会固定资产投资的 0.56%。1981 年,个体经济开始进入投资领域,1994 年,其他非公有制经济开始进入投资领域。在这一过程中,甘肃民间投资经历了 1981—1984 年的起步阶段,1985—1988 年的奠基阶段,1989—1992 年的调整阶段,到 1992 年以后,进入蓬勃发展阶段。对甘肃的民间投资现状,存在着以下特点:一是低起点、高速度、小规模;二是投资主体多元化且存在明显结构差异;三是投资来源结构多样化但投资能力弱;四是进入产业广泛但层次较低,地区分布广泛但高度集中;五是民间投资对经济增长产生了明显的拉动效应,但投资效益低。

新旧世纪之交,甘肃民间投资迎来了加快发展的新局面。党的十六大提出了到 2020 年全面建成小康社会的宏伟目标;同时,1999 年党和国家提出并实施西部大开发战略。甘肃要加快全面建设小康社会的步伐,必须下决心、求实效,壮大民间投资这一"短腿"。为此,甘肃必须坚持不懈地推进解放思想,更新观念,真正把人们的思想认识"从那些不合时宜的观念做法和体制的束缚中解放出来,从对马克思主义的错误的和教条式的理解中解放出来,从主观主义和形而上学的桎梏中解放出来"。要把"三个解放出来"转变落实为发展的新思路,改革的新突破,开放的新局面,各项工作的新举措。对于促进民间投资发展来说,这些新思路、新突破、新局面、新举措主要包括以下几个方面:一是转变政府职能,变管制型政府为指导服务型政府;二是推进体制和制度创新,为民间投资的发展营造良好发展环境;三是推进产业和区域开发的市场化,促进收入—积累的良性循环;四是必须规范投资市场秩序。

三、扶贫开发研究具有十分重要的理论和实践价值

甘肃作为西部欠发达地区,解决贫困地区的发展问题一直是甘肃的重中之重。周述实先生十分关注贫困地区的扶贫开发研究,竭力对贫困地区,尤其是老区的经济发展进行深入研究,提出有可操作价值的对策和建议。20 世纪 90 年代初,周述实先生通过深入调研庆阳地区的贫困问题,对以庆阳地区为代表的贫困老区存在的贫困问题归纳为"贫困综合症",提出了以国土资源开发为手段的反贫困战略。庆阳地区经过长期努力,目前经济发展取得了长足的进步,发展的思路和路径,印证了周述实先生扎实的经济学研究功底和前瞻的经济研究实力(《庆阳老区反贫困战略研究》兰州大学出版社,1995 年)。

（一）创新提出庆阳老区"贫困综合症"

周述实先生将庆阳老区经济社会发展约束因素的综合效应归纳为"贫困综合症"。20世纪90年代，庆阳地区农民家庭处于低收入和低消费，导致庆阳地区农民的生活贫困和生产贫困，严重制约了老区经济社会发展，形成了"贫困综合症"。主要表现在以下几个方面：一是资源、人口、环境的关系失调。从国土资源开发和整治的角度来看，资源、人口和环境的失调，给庆阳地区经济社会的发展造成了这样的恶性循环：环境封闭→资源配置效率低→资源质量劣化→人口分布结构和劳动力就业结构低度化→环境封闭……二是国土资源开发的边际报酬低与积累和消费不足。在庆阳地区，国土资源开发与社会再生产之间尚未形成良性循环，而是形成了国土资源开发的边际报酬水平低—积累、消费不足扩大再生产的推动力量乏弱—国土资源开发水平低的因果链。三是资源容量、经济容量与经济流量的比例关系失衡。开发的规模，由此形成的人均资源容量与人均经济容量、经济流量之间的较大反差，又导致了国土资源开发中的"资源开发程度低—经济容量小—经济流量小—资源开发程度低"的恶性循环。

认为庆阳地区国土资源开发形成的三个恶性循环，集中地反映了其生产和生活"双重贫困"的本质特征。这些特征，是前述的约束条件综合作用的结果，因此可以说是一种"贫困综合症"，这种"贫困综合症"，既表现为由低素质的人力资源及低度化的人力资源配置结构与劣化的环境之间形成的互为因果的关系，从而导致资源、人口、环境关系的失调；也表现为国土资源的粗放型开发与人口收入水平低之间互为因果的关系，从而导致社会扩大再生产能力的乏弱；还表现为国土资源赋存、国土资源开发和配置之间的转换能力弱，从而导致国土资源配置的低效率。因此，对庆阳地区来说，它所要解决的贫困问题，是由各种约束综合作用、原生性贫困与继发性贫困结合在一起、绝对贫困与相对贫困并存的"贫困综合症"。

（二）因地因时制宜制定老区反贫困战略

周述实先生认为加快庆阳地区的经济开发，打好扶贫攻坚战，必须从根治其"贫困综合症"出发，把国家和省上扶贫开发的各项政策及投入，与改善内部的环境、体制与结构结合起来，制定反贫困战略。这一战略，就是围绕脱贫致富奔小康的目标，制定阶段性的国土资源开发利用规划，明确不同时期的任务和措施，以求均衡而又充分地开发利用国土资源，形成以市场为基础的最优资源配置结构，以使老区人民通过国土资源的合理开发、有效整治和优化配置，最大限度地增进收益。首先，厘清了庆阳地区反贫困战略的内涵。20世纪80年代中期以来，庆阳地区的扶贫开发已取得了长足的进展，大部分贫困人口的温饱问题已得到初步解决。这是庆阳地区的干部、群众在国家、省上的各项扶贫开发政策及投入的支持下，在脱贫致富方面进行艰苦卓绝努力所取得的重要成就。但是，还应当看到，导致庆阳地区"贫困综合症"的各种内外约束条件仍然存在，扶贫攻坚战的任务仍十分艰巨，从老区经济社会发展所面临的内外条件及其变化来看，反贫困仍是老区开发的主题。这一主题的核心，就是立足于国土资源的有效开发和整治，促进老区脱贫和经济发展迈上新台阶的反贫困战略。庆阳地区的反贫困战略应确立为："固基础，启民智、强科技、兴产业、优结构"。其次，明确了反贫困战略的指导思想。立足于国土资源开发、整治和配置的庆阳地区反贫困战略，其指导思想是：面向市场需求，充分调动各种积极因素，发挥资源优势，合理开发资源，有效整治资源，优化配置资源，提高资源的利用效率、配置效率和转换效率，实现资源、人口与环境的协调，经济效益、社会效益与生态效益的有机统一，最大限度地提高区域经济实力和人民生活水平。再次，是确定了反贫困战略的重点。反贫困战略的"固基础、启民智、强科技、兴产业、优结构"的内涵,决定了其战略重点包括以下几个方面:一是以发展农业、交通运输和邮电通讯、城镇体系为重点,强化国土资源开发、整治和配置的基础,建立反贫困的稳定机制。二是以发展科技教育为重点,开发人力资源。三是以培育地区工业化和农村工业化的主导产业为重点,对国土资源进行产业化、商品化开发。四是以协调人与环境、资源与市场的资源为重点,优化国土资源配置结构。最后,制定了实施"反贫困"战略的步骤。实施"反贫困"战略,应当在市场化进程中有序展开,其实施步骤可分为两个阶段:第一是稳定脱贫阶段。这一阶段大致是90年代初到"九五"中期,为时5~6年。这一阶段的目标是:使现有的贫困人口实现脱贫,走上温饱之路;使已经脱贫的人口达到稳定温饱。第二是发展阶段。这一阶段大致为"九五"中期到20世纪末21世纪初的5~6年。其目标是:区域经济由扶贫开发模式转变为发展模式,在基本消灭贫困、不断提高温饱水平的基础上,向小康水平迈进。

四、加强企业管理研究为企业发展服务

企业发展是推动经济增长的核心,加强企业管理,使企业健康快速发展一直是周述实先生的主要研究内容之一。具有代表意义的就是在20世纪90年代初主持完成了全国百家大中型企业之一兰州炼油化工总厂的调查。

1991年初,由当代中国研究所牵头,与中国社会科学院工业经济研究所、科研局和中国企业管理协会共同组成百家企业调查领导小组。全国社会科学基金会也批准将百家企业调查列入"八五"重点项目。百家企业调查是新中国成立以来首次进行的大规模的企业调查工作,这次调查从不同行业、不同地区和不同类型的大中型企业中选定了100家企业,以使调查具有较充分的代表性。此次调查要求对企

业的历史、现状以及内外部环境的各个方面和各种问题,都进行实事求是的描述和深入的分析。

兰州炼油化工总厂是列入第一批百家企业调查的企业,也是甘肃省唯一一家列入第一批百家企业调查的企业。周述实先生作为该书的主编,拟定了调研、写作大纲,对全书进行了统稿定稿工作,同时,还承担了部分章节的撰写工作。《全国百家大中型企业调查——兰州炼油化工总厂》(当代中国出版社,1994)对兰州炼油化工总厂的发展历程有着系统、全面深入的描述、分析,也是对我国炼油化工行业发展的系统总结,更是我国大中型国有企业发展历史的真实写照,有着极其丰富的学术和史料价值。

五、创办西部开发学术平台《开发研究》

周述实先生自从事经济研究工作以来,敏锐地认识到学术期刊对做好研究工作的积极作用,开始着手创办经济研究刊物,在甘肃省社会科学院领导和同事的大力支持下,1985年11月16日经甘肃省委宣传部批准,甘肃省社会科学院主办的《开发研究》杂志创刊。该刊物定位于旨在研究和探讨西部不发达地区开发和建设规律的理论刊物。《开发研究》是国内最早也是最集中地研究西部欠发达地区改革与开放、开发与发展的理论问题和实践问题的经济类综合性期刊,由甘肃省社会科学院主管主办,国内外公开发行。

1994年,《开发研究》被评为甘肃省第一届社会科学类一级期刊,1997年被评为甘肃省第二届社会科学类一级期刊;多次入选北大中文核心期刊要目总览、中国人文社会科学核心期刊要览、中文社会科学引文索引期刊(CSSCI)、CSSCI扩展版、武汉大学"RCCSE中国核心学术期刊";2007年、2009年被评为"中国北方优秀期刊"。在历年刊发的论文中有相当数量的论文荣获全国性和地方性专业学术团体以及政府部门的奖励。

周述实先生自《开发研究》创刊以来,长期担任杂志主编和编委会负责人,为《开发研究》的创办成长付出了大量的心血。

常红军

2019 年 7 月

区域发展篇

中国西北地区经济发展差距的原因分析

西北地区(包括陕西、甘肃、青海、宁夏、新疆五省区)属于中国西部不发达地区。在中国 20 世纪 80 年代的改革开放中,西北地区的经济虽然取得了长足的发展,但是与东部发达地区日益扩大的差距引起了人们的普遍关注。本文拟对形成这种状况的一些重要因素进行分析和探讨,文中的资料,来自于《中国统计年鉴》及西北各省区的统计年鉴,并对有关指标进行了整理和分析。

一、人口过快增长:西北区域经济增长中的抑制性因素

改革开放以来的 10 年中, 西北区域经济总量有了可观的增长,但在全国的经济地位却呈现下降趋势。以国民收入为例,1980—1987 年,西北地区国民收入按可比价格计算增长了 0.85 倍,平均每年增长 9.17%;人均国民收入按当年价格计算增加了 260 元。但在此期间,西北地区国民收入占全国的比重, 由 1980 年的 5.76% 下降到 1985 年的 5.38%,再下降到 1987 年的 5.35%;而东部的辽宁、河北、山东、江苏、浙江 5 省(以下简称东部 5 省)国民收入在全国的比重,则由 1980 年的 30.40%, 上升到 1985 年的 31.54%, 到 1987 年则上升到 32.56%。从国民收入的人均值来看,1980 年西北地区人均收入比全国平均水平低 16.76%, 比东部 5 省低 28.21%;1985 年, 分别低 22.61% 和 35.88%;1987 年,则分别低 22.75% 和 38.74%,不仅国民收入如此,其他如国民生产总值、社会总产值、工农业总产值等指标也

表现出大体相同的趋势。

为什么西北地区在经济增长的同时,与东部的差距也在扩大? 表层和直观的原因是发展速度低于东部。例如,1980—1987年,西北地区国民收入增长速度,按可比价格计算,比全国水平低0.52个百分点,比东部5省低2.68个百分点。而人均水平的差距,还要加上人口增长的因素。以人均国民收入为例:

$$IN(L)=IN/L \tag{1}$$

式中IN是国民收入,IN(L)是人均国民收入,L是人口。由(1)得

$$\triangle NI(L)=AIL/L-IN \cdot \triangle L/L \tag{2}$$

(2)式表明,人均国民收入的增量取决于两个因素,即国民收入增量的正向影响和人口增量的逆向影响。

把全国、东部5省和西北地区有关指标的数据代入(2)得到表1。

表1　1980—1987年西北地区人均国民收入增长因素的比较分析

	NI (1987)	L (1987)	△NI	△L	△NI(L)	△NI(L)/L	NI· △L/L	(2)/(L)
全国	9321	10.81	5633	0.94	488	521	−75	−0.1439
东部5省	3048	2.79	1927	0.22	656	691	−86	−0.1254
西北	501	0.75	287	0.07	356	383	−62	−0.1619

说明:(1)NI,△NI的单位为亿元,均为当年价格;NI(L),△NI(L)的单位是元;L,DL的单位为亿人。(2)△NI,△NI(L),△L均为各指标1987年相对于1980年增量。

表1表明,西北地区国民收入增长对人均收入增加额的贡献(△NI/L),远低于全国和东部发达地区,其中因人口增加而减少的数量(NI△DL/L)所占的比重,则高于全国和东部发达地区的水平,为了进一步探讨国民收入增长和人口增长对人均国民收入的影响,对(2)

式两边同除以 NI(L)得：

$$\triangle NI(L)/NI(L)=\triangle NI/NI-\triangle L/L \qquad (3)$$

（3）表明，人均国民收入增长速度是国民收入增长速度和人口增长速度的代数和。

把有关指标的数据代入（3）得到表2。

表2 1980—1987年西北地区人均国民收入增长速度的比较分析（%）

	$\triangle NI/NI$（1）	$\triangle L/L$（2）	$\triangle NI(L)/NI(L)$	（1）/（3）	（2）/（3）
全国	9.69	1.31	8.38	115.63	15.63
东部5省	11.85	1.18	10.67	110.06	11.06
西北	9.17	1.41	7.76	118.17	18.17

说明：（1）国民收入按可比价格计算；（2）$\triangle NI/NI$，$\triangle L/L$，$\triangle NI(L)/NIL$ 分别为各有关指标的年增长速度；（3）表中的 $\triangle NI(L)/NI(L)$ 系根据（3）式算出，与实际数据略有误差。

表2说明，与全国和东部发达地区相比国民收入增长速度低而人口增长率高，因而人均国民收入增长速度低，其中人口增长率对人均国民收入增长速度的逆向影响，显著地高于全国和东部发达地区的水平。

一个区域的人均国民收入是衡量区域经济发展水平的重要指标。由此可以衡量该区域的经济在整个国民经济中的相对地位，在区域经济分析中，把区域经济总量占国民经济的比重与人口占全国人口的比重之比称为该区域相对于人口的聚集程度。以 NI 表示全国的国民收入，NI_i 表示区域 i 的国民收入；L 表示全国人口，L_i 表示区域 i 的人口；P_i 表示区域 i 相对于人口的国民收入聚集程度，则

$$P_i=(NI_i/NI)/(L_i/L) \qquad (4)$$

即：$Pi=(NIi/Li)/(NI/L)$ （5）

说明 Pi 实际上是区域 i 的人均国民收入与全国的人均国民收入之比。某一时期 Pi 的变化能够反映该区域的经济在国民经济中的地位的变化。由（5）得：

$$\triangle Pi=(\triangle NIi/L-NI\cdot\triangle Li/Li)/NI-NIi\cdot L(\triangle NI/NI$$
$$-\triangle L/L(Li\cdot NI) \tag{6}$$

注意到（2）和（3）式，并用 Y（L）表示 $\triangle NI/NI$，则（6）式可改写为：

$$\triangle Pi=[(\triangle NI(L)-NI(L)\cdot Y(L)]/NI \tag{7}$$

虽然在计算 $\triangle Pi$ 时，用（4）或（5）比用（7）式更为简单，但（7）式的意义则在于揭示了经济增长因素和人口增长因素对区域经济在国民经济中地位的影响，其中人口增长显然是一个抑制性因素。

根据表 1 和表 2 提供的有关数据，利用（4）或（7）式，可以计算出 1980—1987 年期间，国民收入相对于人口的聚集程度，东部 5 省由 1.17 上升到 1.27，增加了 0.10；而西北地区则由 0.84 下降到 0.77，下降了 0.07。显而易见，东部发达地区在国民经济中的优势地位在增强，而西北地区在国民经济中原来较弱的地位则更加削弱了。

综上所述，西北地区与东部发达地区经济发展程度差距扩大的原因，在表面和直观层次上，人口过快增长是一个重要因素。西北地区要缩小与东部发达地区的差距，遏制人口过快增长是一个不容忽视的重要方面。

二、经济波动：西北区域经济发展中的不稳定因素

1985 年以来，中国数量经济学界对社会主义经济增长中的波动问题进行了广泛而深入的研究。毋庸置疑，这些研究对于揭示我国社会主义有计划的商品经济的运行规律，有着十分重要的意义；同时，对于研究区域经济的发展，也有重要的启迪和指导作用。

由国务院经济技术社会发展研究中心的学者张风波主编的《中国宏观经济结构与政策》一书中指出：新中国成立以来，完整的经济周期已经出现了 6 次，再加上正处于第 6 年的第 7 个周期，它们依次为：1953—1957 年，1958—1962 年，1963—1968 年，1969—1972 年，1973—1976 年，1977—1981 年，1982—1987 年。这 7 个周期，有 5 个发生于 1977 年以前，高度集中的传统管理体制和经济运行机制居于统治和主宰地位的时期。这一时期，西北地区曾在"一五"时期和 60 年代中期开始的"三线建设"时期成为国家重点建设地区，依靠国家强有力的资金输入的推动，完成了区位现代经济的植入和初始扩张过程。因此，1977 年以前，西北地区也经历了与宏观经济波动大体相同的 4 个周期，其波动的主要根源在外部，而且这种外源型的振荡程度更为激烈。

1977 年以后，西北区域经济发展大体可以分为两个阶段，即 1978—1982 年的新经济体制和经济运行机制的孕育、萌发阶段，在此以后，新的经济体制和经济运行机制的发育并进入区域经济成长阶段。这两个阶段，恰恰与宏观经济波动的第 6、第 7 两个周期大致吻合。

实际上，西北区域经济在 1977 年以后也经历了与宏观经济波动时间阶段的两次周期，即 1977—1982 年的第 6 次周期和 1983 年开始的第 7 个周期。

1977—1982 年，西北地区社会总产值的年增长率在 1978 年最高，达到 11.60%；1981 年最低，为 1.48%，高峰与低谷的差为 13.08 个百分点。

1983—1987 年，西北地区社会总产值的年增长率在 1985 年达到高峰，为 18.86%；1986 年为低谷，为 0.7%，高峰与低谷的差为 18.16 个百分点。

把这两个周期与宏观经济波动的第 6 个和第 7 个周期比较,最直观的结论就是两个周期出现的时间阶段相同,在每个周期内高峰与低谷发生的年份也相同。例如,在全国经济波动的第 6 个周期,高峰和低谷的年份也分别是 1978 年(13.10%)和 1981 年(4.6%);在第 7 个周期,高峰(16.5%)和低谷(9.1)发生的年份同样分别是 1985 年和 1986 年。另一个直观的结论则是西北地区经济波动的幅度大于全国经济波动幅度,在这两个周期,宏观经济波动高峰和低谷的差分别为 8.5 和 7.4 个百分点,仅分别为西北地区的 2/3 和 2/5。与宏观经济波动的同步,说明西北区域经济作为宏观经济的一个子系统,其涨落不能不受全国宏观经济、社会、政治等因素的制约。这已为西北区域经济过去出现的波动所证实;而在现在和今后,这种区域经济波动的外部原因仍然继续存在。宏观经济波动的差异,则是区域经济自身的特点所决定的。

造成区域经济波动的内部原因,可以分为机制性原因和结构性原因两个方面。这里主要分析机制性原因。

1. 外部资金推动型的经济增长。1952 年到 1980 年的 28 年中,国家对西北地区的基本建设累计投资达 867.13 亿元,占同期基本建设累计投资总额的 12.34%,由此构建了区域经济中区位现代经济的基础,奠定了西北地区以能源、原材料等重化工业参与国民经济地域分工的地位。但是,在旧体制下对西北区域经济的资金输入,不能也不可能培育区域经济的自积累、自发展能力;加之西北地区原有的经济基础十分薄弱,现代经济的初始扩张既不能从区域内部获得资金供给,在外部又受到宏观经济中"扩张—收缩"交替的周期振荡性的干扰,因此,西北区域经济到了 80 年代,自我扩张的资金基础十分薄弱,表现出较强的外部资金推动型的两大特征。

其一是区域经济的涨落,与基本建设投资中国家投资增长速度的相关程度高。据对 1976—1987 年西北地区社会总产值与基本建设投资的相关分析，社会总产值的增长速度与基本建设投资中国家增长速度的相关系数为 0.62，而同期全国这一相关系数为 0.59，由此导致了西北区域经济依靠外部资金推动扩张的第二个特征，即：国家投入强度的变化，决定着区域经济波动高峰和低谷的发生。1977—1982 年的第 6 个周期中，社会总产值增长速度达到高峰的 1978 年，西北地区基本建设投资中，国家投资比上年增长了 44.80%，占基本建设投资比重为 85.32%，均高于这一周期的任何一年；而在低谷的 1981 年，这两个数字分别为 -21.73% 和 62.53%，仅次于最低水平的 1980 年（这也受到 1980 年投资滞后效应的影响）。1982—1987 年的第 7 个周期中，基本建设投资中国家投资增长速度和占的比重，1984 年分别达到 20.32% 和 58.62%，为这一周期的最高水平，1985 年仍保持着 12.41% 和 48.06% 的较高水平。与此同时，1985 年的社会总产值增长达到高峰，而在低谷的 1986 年，上述两个数字分别为 8.39% 和 47.74%，为这一周期的最低水平。由此可见西北经济的涨落与外部资金输入强度的变化大致同步，这正是不发达地区经济波动的显著特征。

2. 稳定程度较低的经济增长。西北区域经济波动的幅度高于全国经济波动幅度，说明其经济增长的稳定程度较低。1977—1987 年，全国社会总产值增长的不稳定系数为 0.0337，而西北为 0.0573，是全国的 1.7 倍。工农业总产值占全国社会总产值的 80%，占西北地区社会总产值的 77%，占东部 5 省的 83%。因此，工农业总产值增长的状况可以在很大程度上反映区域经济发展的不稳定程度。1980—1987 年，工农业总产值增长的不稳定系数，全国为 0.0398，东部 5 省为 0.0462，西北地区则高达 0.0531，为全国的 1.3 倍、东部 5 省的 1.15 倍。

西北区域经济发展的不稳定性既存在着区域内部地区和部门的差别,也存在着发展阶段的差别。在区域内部,陕、甘、青、宁4省区的社会总产值总计占全地区的80%以上,其社会总产值增长的不稳定系数,1977—1987年分别为0.0591、0.0696、0.0798、0.0704,都高于全地区的不稳定系数,只有新疆的不稳定系数最低,为0.0248;工业和农业相比,工业总产值增长的不稳定系数1977—1987年为0.0621,为农业的1.4倍。在1977年以后的两个波动周期中,第6个周期的不稳定系数为0.0449,第7个周期的不稳定系数则是第6个周期的1.2倍,为0.0543。

外部(国家)资金在区域内部不同地区和部门之间分配的差别,以及在区域经济不同发展阶段上输入强度的变化,是导致上述差别的重要原因。

1977—1987年,西北地区基本建设投资累计总额为697.82亿元,其中国家投资占近60%。国家投资占各省区基本建设投资的比重分别是:青海70.04%,甘肃61.06%,宁夏58.57%,陕西57.08,新疆最低,为54.22%。因此,各省区社会总产值增长的不稳定程度的差别,正是其经济发展对国家资金输入依赖程度的反映。

对国家资金输入的依赖程度,也导致了部门之间经济增长稳定程度的差别。工业是国家资金投入的重点部门,国家资金投入的"扩张—紧缩"周期对工业增长的影响最大,在西北地区更是如此。这是西北地区工业增长的不稳定程度高于农业的重要原因之一。

在西北区域经济波动的第6个周期中,国家资金占基本建设累计投资的73.17%,而在第7个周期中,由于国家投资的重点向东部发达地区倾斜,这部分投资占基本建设累计投资的51.72%,比第6个周期下降了21.45个百分点。这样,依靠国家资金输入来推动的西北区域经济发展就不能不受到严重影响。这可以从第7个周期的不稳定系数大于第 6 个周期得到验证。

如前所述，西北区域经济波动的第 6 个和第 7 个周期正是我国新的经济体制和经济运行机制的孕育、萌发和成长时期，经济发展水平较高、商品经济基础较好的东部发达地区比较容易形成新的经济体制和运行机制的成长环境，经济的自发展能力远远高于西部不发达地区。1980—1987 年，东部 5 省的基本建设累计投资总额中，国家投资估计不超过 40%；在社会固定资产投资中，以集体、个人为主的民间投资，1983 年占 44.02%，1985 年为 44.82%，到 1988 年则上升到50.44%，以地方小企业、城乡集体企业为主的地方经济的资金投入在东部迅速发展，使东部的区域经济比较容易化解国家资金投入"扩张—紧缩"振荡的冲击。而在不发达的西北地区，主要依靠国家资金输入而推动的经济扩张，对旧体制的运行机制和依赖性强，加之商品经济发育的水平低，缺乏新体制和运行机制成长的环境和物质基础，因此新体制和运行机制的成长比东部发达地区显得滞后和幼稚；以集体、个人为主的民间投资，尚未形成足够的规模，这部分投资占全社会固定资产投资的比重，1983 年为 12.58%，1985 年为 22.29%，1988 年达到 23.27%，也只有东部 5 省水平的 46.13%。同时，进入 80年代以后，在前 4 个周期中形成的现代工业已进入了固定资产更新期，而国家投资向东部倾斜，使西北地区的工业难以得到足够的连续投资，严重地削弱了作为西北现代工业主体的大中型企业的后续发展能力。这些因素，导致西北区域经济对国家投资的"扩张—紧缩"振荡缺乏抗干扰能力。因此，与东部 5 省相比，西北区域经济增长的不稳定程度要大得多。

综上所述，西北区域经济具有与国民经济波动同步振荡、稳定性较差的特征。国家投资的"扩张—紧缩"效应，在 80 年代仍是导致西北区域经济波动的主要因素，经济增长的不稳定性，是造成西北地区与全国和东部经济发展差距的机制性原因。

三、产业结构低度化：西北区域经济发展的阻滞因素

西北区域经济增长的稳定性差，但其产业结构演进却表现出较强的稳定性。

西北区域经济具有区位现代经济与非区位传统经济隔离度较大的二元特征。农业与非农业产业比较劳动生产率之间的差距大于东部发达地区。1987年，西北地区农业比较劳动生产率与非农产业比较劳动生产率的比值为0.35，而东部5省的这一比值为0.39，农业剩余劳动力向非农产业转移的可移性比东部发达地区小。

1987年，西北地区农业劳动力人均创造的国民收入为867元，仅为非农产业的25%，比全国水平约低13%，比东部5省的平均水平约低29%。农业居民的人均消费，全国为394元，占东部5省农民总数80%的辽宁、山东、江苏、浙江4省为409~540元，占西北5省区农民总数80%左右的陕西、甘肃、青海、宁夏4省区为271~350元。如果以农民的平均消费作为每个农业劳动力的平均消费水平，则农业劳动力人均创造的国民收入扣除劳动者个人消费后，剩余部分的最大限度，全国为600元，东部4省为687~1221元，西北4省区仅为375~638元。相比之下，西北地区农业劳动力人均创造的国民收入中，用于积累的部分十分有限，推动农业劳动力向非农产业转移的物质基础十分薄弱。

80年代蓬勃兴起的乡镇企业，正是农业剩余劳动力向非农产业转移的结果，它使中国农村传统的产业结构发生了急剧变化。但是在西北地区，农村产业结构的变化却比较迟缓。1983—1988年是全国农村非农产业蓬勃发展的时期，这一时期农村社会总产值的结构变化值，全国为39.80%，东部5省为46.08%，西北地区则为30.08%；到

1988 年，全国农村社会总产值中非农产业的比重达到 53.21%，东部 5 省为 65.32%，而西北地区仅为 33.65%。同一时期，农村就业结构的变化值，全国为 25.42%，东部 5 省为 44.06%，西北地区仅为 13.74%，到 1988 年，全国和东部 5 省农村劳动力在非农产业中的就业比重分别达到 21.49% 和 31.83%，而在西北地区仅为 15.30%。这些都表明，西北地区的非区位传统经济繁衍现代产业的能力十分弱小，其产业结构具有较强的封闭性和稳定性。

另一方面，西北地区的区位现代经济与非区位传统经济之间的联系微弱。处于初始发育时期的农村非农产业，进入和参与区位现代经济的层次低，主要是体力支付型的初级产业；同时，也没有形成足够的规模，乡镇工业仅占西北地区工业总产值的 12.28%，大大低于全国 24.85% 和东部 5 省 36.07% 的水平。因此，农村非农产业还不足以形成促进非区位传统经济向区位现代经济转化的中间过渡产业。而从区位现代经济来看，与非区位传统经济有密切关联的产业发展不足。1988 年，以农产品为原料的轻工业在工业总产值的比重，全国已达到 30% 以上，而西北地区还不到 25%；对农产品的加工度，全国为 0.8，东部 5 省为 0.9，西北地区仅为 0.5 左右。总的来看，西北区位现代经济对非区位传统经济的拉动能力比较弱，相对于后者具有较强的封闭性。

西北区位现代经济在区域内部的封闭性，与其产业结构和生产要素的高度倾斜有关，区位现代经济的产业结构倾斜于能源和原材料工业。这些工业的工艺技术可分性差，又是计划导控的产品输出型产业；其生产要素则集中于大中型骨干企业。1988 年，西北各省区共 250 家最大经营规模的企业，其数量仅占西北地区工业企业数的 1.03%，但工业总产值却占全部工业的 45.47%，利税占 50.25%，职工人数占 29.45%，分别比东部 5 省 250 家同类企业高 25、16.85 和

17.35 个百分点。工业生产要素向大中型企业的集中在 80 年代呈加剧趋势。1981 年，西北地区大中型企业集中全地区 57.61% 的工业总产值，到 1988 年这一比重则上升到 61.71%，分别比全国和东部 5 省大中型企业高 11.28 和 19.08 个百分点，这表明西北区位现代经济在初始扩张时期所经历的生产要素极化过程仍在延续。但是，这种极化过程由于产业关联低而抑制了小企业的扩张。1981—1988 年，西北地区小企业的扩张弹性只有 0.90，相对于企业数的规模经济水平下降了 9.05%，1988 年，相对于企业数量的规模经济水平还不到 0.4，仅分别为全国和东部 5 省水平的 75% 和 66%；按产值计算的平均规模为 86.2 万元，还不到大中型企业平均规模的 2%。在 80 年代，西北地区小企业的平均规模与全国和东部小企业水平的差距在逐年扩大。1981 年，与全国和东部小企业平均规模的比分别为 0.66∶1 和 0.56∶1，到 1988 年则分别下降到 0.60∶1 和 0.43∶1。小企业规模经济不足，反过来又制约了大中型企业外部经济的扩展，难以形成以大中型企业为核心、集中与分散相结合、开展资源加工深度和广度的产业链体系。尽管西北各省区致力于发展加工工业，企望以此来提高增值效益，但 1981—1988 年，全部加工工业占工业总产值比重的增长速度还不到 0.3%，其中轻工业在工业总产值的比重，则由 41.63% 下降到 36.58%。加工工业发展迟缓，使原材料产品在区域内加工度很低。1988 年，医药、化纤、橡胶和塑料制品、金属制品等加工工业与石油、冶金、化学等原材料工业总产值的比仅为 0.25，而全国和东部 5 省的这一比值则高达 0.40 以上，这表明西北区位现代经济的产业结构具有资源转换效率低、结构演化呆滞的低度化特征。

区位现代经济的结构倾斜，还导致西北区域经济波动与宏观经济波动，特别是与国家资金投入的"扩张—收缩"周期密切相关。1980—1987 年，西北地区大中型企业总产值的波动与整个地区和全国经济波动相比,其高峰和低谷发生在相同年份,二者的波动状态十分吻合。大中型企业是国家在西北地区投资的主要对象,因此国家投资的波动是导致大中型企业产值增长波动的重要因素。实际上,这一期间大中型企业总产值的增长速度与国家对西北地区基本建设投资增长速度的相关系数高达0.92,呈现为正的强相关,其相关程度,远远高于西北地区工业总产值增长速度与国家投资增长速度之间的相关关系;而小企业总产值的波动与区域经济和全国经济波动之间吻合程度则很低,其增长速度与国家投资增长速度的相关程度很弱,相关系数仅为0.15。从工业总产值增长的稳定性来看,大中型企业远远不如小企业。大中型企业的不稳定系数为0.0883,是整个地区工业增长不稳定系数的1.3倍;而小企业的不稳定系数为0.0283,仅为全地区工业增长不稳定系数的42%,还不到大中型企业不稳定系数的1/3。大中型企业作为区位现代经济的结构重心,是决定西北区域涨落的主导因素。

西北地区大中型企业的经济波动,必然要影响区域经济在国民经济中的地位。国家对西北地区的投资水平在80年代大幅度下降,有限的投资又以"松—紧"交替的形式投入,使处于固定资产更新期的西北地区工业,特别是以能源、原材料工业为主的大中型企业陷入波动型投资不足—波动型低水平增长的因果链,再加上全国工业的过度膨胀,更加重了能源、原材料工业的负荷,从而导致了能源、原材料工业的相对萎缩。1981—1988年,西北地区的电力工业产业扩张弹性为0.75,煤炭为0.65,石油化工为0.85;只有冶金工业为1.48,呈现为相对扩张。能源、原材料工业总的产业扩张弹性为0.98。表明西北区域经济参与国民经济区域分工的地位正在削弱。

由上述分析可以看出,西北区域经济中既存在着非区位传统经济与区位现代经济的二元隔离,也存在着区位现代经济内部大中型企业与地方小企业、原材料工业与加工工业的二元隔离。这种双重封闭的低度化产业结构,形成了产业结构成长的阻滞因素,是导致区域经济波动的内部根源,成为阻碍西北地区缩小与全国和东部发达地区经济发展差距的结构性原因。

四、结束语

在 80 年代,导致西北地区与全国和东部发达地区经济发展差距扩大的原因是多方面的。本文只是从人口增长、发展机制、产业结构等方面进行了分析。这两个方面实际上是相互影响、相互联系的。人口增长虽然有增加劳动力供给的有利一面,但新增劳动力在经济效率很低的情况下,创造的财富往往难以满足人口增长带来的消费需求增长,而人口的过快增长,更使不发达地区难以摆脱贫困的困扰,特别是在占西北地区人口总数 80% 的农村,人口膨胀与低收入人口、低素质劳动力的增加密切相关,由此导致积累不足,成为非区位传统经济向区位现代经济转化的阻滞因素。西北区位现代经济的增长与国家资金输入的相关程度高,这种外部资金推动型的增长机制,是导致区位现代经济资源配置失调、经济效率低下的重要因素。这些因素的存在,也充分反映了中国西部不发达地区和东部发达地区在发展机制和产业结构成长机制等方面的差异,这些差异的弱化,意味着西北地区发展机制和产业结构成长机制的完善,也意味着西北地区经济发展差距的缩小。

(本文发表于《数量经济技术经济研究》1990 年第 12 期)

亚欧大陆桥对甘肃经济发展的影响

1990年9月,北疆铁路与苏联的铁路干线在边境的阿拉山口接轨。至此,东起我国连云港,途经中亚、东欧、西欧,西至荷兰鹿特丹港的亚欧大陆桥全线贯通。这一新的大陆桥于1992年投入运营以后,使地处内陆的我国西北地区,形成对外开放的新局面,从而对其经济的发展,将起到重大的推动作用。

以我国的陇海—兰新—北疆铁路为东段的亚欧大陆桥,在今后的运行过程中,将给甘肃经济的发展带来新的机遇,提出新的要求。

1. 对甘肃发展外向型经济带来的机遇和要求

1991年12月,苏联解体。苏联的加盟共和国成为独立的主权国家。虽然这些主权国家中的绝大多数又成立了"独立国家联合体",即"独联体",但并未改变其主权独立的性质。苏联高度集中的计划经济体制倾刻土崩瓦解,由苏联一手包揽的外贸体制随之荡然无存,尽管独联体成员国面临着政治、经济的重重困难和矛盾,但其经济体制的市场经济趋向已成定势。这种状况,对我国西北地区发展边外贸易既带来了有利的因素,也带来了一些制约和障碍。

重要的障碍和制约因素是:我国西北地区通过亚欧大陆桥向西输出的货物,将由原苏联一国的贸易关卡,增加为经过独联体国家多重贸易关卡,从而增加了贸易的交易费用,加之独联体国家政治、经济、社会的动荡,尚难在发展外贸上予以更多的关注,给西北的边外贸易带来了诸多的不可测因素。

　　有利的因素是:(1)原苏联统制型的贸易体制已经解体。独联体国家已拥有完全的外贸自主权,从而解除了这些国家与我国西北地区发展经贸关系的体制束缚。(2)独联体国家在重建自己的经济体制过程中,将重构自己的外贸空间,而与我国西北边境毗邻的俄罗斯、哈萨克斯坦、塔吉克斯坦、吉尔吉斯斯坦以及相近的乌兹别克斯坦、土库曼斯坦等独联体国家,必然把与我国发展贸易关系放在重要位置。实际上,上述国家在独立后,其国家元首、政府首脑或政府要员,都曾先后来我国访问,表示了同我国发展经贸关系的愿望,并签订了有关的贸易协定。在这种背景下,我国西北地区的边外贸易伙伴已由原苏联一家转变为独联体国家的多家伙伴。(3)独联体国家在重建本国外贸体制的过程中,将按照国际通行的规则和方式与其他国家发展经贸关系,这将使我国西北地区与独联体国家的边外贸易推向更高层次,并在更广泛的领域里得到发展。

　　独联体的俄罗斯和中亚五国(即哈萨克斯坦、塔吉克斯坦、吉尔吉斯斯坦、乌兹别克斯坦和土库曼斯坦)在苏联时期,消费品工业长期发展缓慢,在成为独立的主权国家后,几乎都陷于消费品极度困缺的困境。这些国家是苏联的能源、重化工业基地,独立以后,又面临着重构国家政治体制和经济体制的艰难局面,调整产业结构更是步履维艰,不但消费品供求关系日益紧张,而且为资源开发配套的装备供应也出现短缺。据估计仅中亚五国每年需要输入 130 万~200 万吨蔬菜,290 万~320 万吨水果,300 万~1200 万米毛棉纺织品 9 万~15 万吨食糖,400 万双皮鞋。2 万~3 万吨植物油以及大宗优质奶粉、奶制品、糖果、点心、清真肉食罐头、啤酒、地毯、首饰、服装、针织品和日用工业品:也需要输入电视机、录像机、收录音机、电冰箱、吸尘器等家用电器;此外,对石油钻井设备、采煤设备以及载重和矿山运输机械、医药和医疗器材等机电产品的需求也很旺盛。这种需求结构表明了独联体国家是一个潜力巨大的市场,与独联体毗邻的东欧国家,其情况也大体类似。

包括阿富汗、伊朗和海湾国家在内的中亚、中东地区,经过 20 世纪 80 年代以来的战乱(阿富汗战争、两伊战争、海湾战争),经济受到严重破坏。在战争结束以后,面临着经济的恢复和重建。这一地区的国家,消费品历来依赖国外的输入。由于政治和宗教等方面的原因,使这些国家与美国和西欧国家之间产生许多矛盾和纠葛。这种情况,为我国发展与这些国家的贸易提供了契机,而通过亚欧大陆桥西出,则是我国发展与这些国家经贸关系的捷径。

总的来看,与我国西北接壤和邻近的周边国家,是一个区位层次相对较低而潜力巨大的消费品市场。正是这一背景,推动了我国西北地区边外贸易的高速增长。据新疆维吾尔自治区有关部门统计。1992 年 1—4 月,新疆与周边国家进出口贸易额达 8333 万美元,相当于上年同期与周边国家贸易额的 2 倍。实际上,新疆与周边国家的贸易还包括我国内地货物的转手贸易。因此,其贸易额的增长,也得益于包括西北其他省区以及陇海—兰新铁路沿线的中部、东部有关省市对边外贸的参与。尽管这种参与目前主要是间接的方式(如由新疆向内地采购再出口等),但也为亚欧大陆桥的我国沿桥省区提供了进入边外国际市场的经验和机遇。随着边外贸易的扩大以及我国贸易体制改革的深化,我国的沿桥省区,特加是西北地区各省区将有可能直接参与边外贸易,对甘肃来说,这将为其传统的轻工消费品汇入陆桥贸易货流提供一个便捷的通道。

应该看到,通过亚欧大陆发展边外贸易,绝非新疆一家所能包揽。西北地区经济的主轴线是沿桥的陕西、甘肃和新疆。直至 90 年代初,甘肃的社会总产值仍高于新疆(1990 年,陕西、甘肃、新疆的社会总产值分别为 757.12 亿、505.10 亿、453.65 亿元),3 省区 1990 年的轻工业总产值,按美元折算,也仅与伊朗纺织品工业1985年的水平相当。因此,扩大边外贸易的根本途径,仍在于西北五省区乃至沿桥各省的联合。这将为甘肃具有地方特色的轻工业(如食品工业等)走向边外国际市场开辟广阔的前景。

就甘肃的实际情况来看,发展以消费品为主的边外贸易,目前尚未形成规模,究其原因,从外部来看,除了周边国家的政治、经济形势尚不稳定之外,还在于我国边外贸易的新体制尚未形成,由于种种原因,还未形成直接参与边外贸易的条件;从内部来看,甘肃的出口贸易,仍以海外国际市场为主要对象,其中轻工消费品出口从1985年以来,波动起伏较大,轻工业品在出口总额中的比重,1985年曾达到35.10%,1989年下降到15.47%,1990年虽上升到32.11%,但仍低于1985年的水平,且其出口额不足6000万美元。因此,扩大轻工业品的出口规模,利用亚欧大陆桥开通的机遇,适时调整国际市场的空间格局,是甘肃发展外向型经济一个重要的内容。

2. "一线两口"对外开放的新格局对甘肃资源型经济的影响和要求

新亚欧大陆桥的贯通,使西北地区成了"一线两口"的对外格局。甘肃的产业结构,从总体上来看,仍属于资源开发型。以能源、原材料和初级产品为主的资源型产业在工业总产值中的比重,1980年为60.61%,1991年为53.39%,11年中仅下降了7.22个百分点。在出口商品中,五金矿产类和化工类等产品所占的比重,则由1980年的26.80%上升到1990年的41.02%,这种与产业结构高度耦合的出口商品结构,表明资源型产业不仅是甘肃的主导产业,而且是其出口创汇的主导产业。而资源型产品的国际市场,则主要是日本、东南亚等矿产资源短缺或相对贫乏的国家和地区。另一方面,在甘肃的进口商品结构中,五金矿产类和化工类产品比重由1980年的22.51%上升到 1990 年的 34.01%，与这些产品在出口商品总额中的比重表现为同步增长的趋势，从而说明，甘肃在资源型产品的进口出口方面具有明显的互补性。从海外进口这些产品主要是弥补某些资源型产品种类的不足（如钢材等）或数量的短缺（如铜矿石等），而这些产品供应者也主要是太平洋国家和地区。所以，海外国际市场，历来是甘肃进行资源型产品贸易的主要市场。

"一线两口"的对外开放新格局，为甘肃与周边国家进行资源开发方面的经济技术合作和贸易提供了有利的机遇。其一，甘肃可以凭借在石油、有色金属矿产资源开发方面形成的雄厚的技术积累，参与中亚、中东国家资源开发，并利用这些国家的资源作为自己的资源补给。金川公司积极参加巴基斯坦西北边境地区山达克铜矿的开发，就是在这方面的尝试；此外，独联体的俄罗斯和中亚五国在石油和有色金属方面的开发，也是进行合作的重要领域。其二，甘肃的一些优势的资源产品也为周边国家进行经济建设所急需，例如水源及建筑材料等。其三，甘肃在与周边国家发展经济贸易中，可以换取急需而国内比较短缺的原材料，例如钢材、木材等。因此，边外国际市场，是甘肃进行资源型产品贸易的新空间，并且具有广阔的发展前景。

需要指出的是，在苏联解体以后的短短时间内，无论是欧美发达国家，还是与独联体国家毗邻的伊斯兰国家，都对独联体的中亚诸国表现出浓厚的兴趣，它们除了积极插手这些国家的政治事务以外，还力图通过建立地区性经济合作组织，把独联体中亚诸国的经济纳入其经济扩张的范围之中。作为欧洲共同体成员国的土耳其，已在发展与独联体中亚诸国经济关系方面，进行了积极的活动；伊朗则力图促使独联体的中亚诸国成为伊斯兰经合组织的成员国，并与这些国家在油气资源、有色金属、铁矿、煤矿等矿产资源开发方面，在输变电工程和铁路建设方面发展合作。由于中亚诸国在民族、宗教、文化等方面有强烈的认同感,因而在地区性经济合作方面,容易取得进展。这对包括甘肃在内的我国西北地区来说,也是一个现实挑战。因此,我国西北诸省区乃至沿亚欧大陆桥地区必须进行广泛的联合,形成区域经济优势的互补和聚集,才能在边外国际市场方面取得有效的进展。

3. 东部地区经济发展对甘肃产业结构调整的影响和要求

我国能源、矿产资源在空间分布上极不均衡。从资源的潜在价值来看,东部沿海地区仅占20%,中部和西部则占80%。从资源开发程度来看,能源、矿产资源的开发系数(矿业总产值/矿产资源潜在价值),若以东部为1,则中部为0.24,西部仅为0.14;甘肃在西部省区对矿产资源的开发程度较高,其矿产资源开发系数也仅为东部的33%。从人均矿产资源潜在价值来看,若以东部为1,则中部为2.22,西部为2.55,甘肃为1.74。因此,资源丰裕是包括甘肃在内的西部地区比之于东部地区的一大优势。这一优势,使甘肃及西部地区在我国社会主义工业化进程的初始阶段,就成为支撑工业化发展的资源供给基地,由此形成了西部的资源开发与东部雄厚的加工工业相结合的垂直型分工的格局,或者说,形成了西部与东部之间互补型的产业结构。

进入80年代以后,我国的工业化进入了中期发展阶段,这一新发展阶段与我国改革开放的背景结合起来,对东西部的产业结构成长及区际分工产生了深刻的影响。

首先,工业化中期发展阶段对能源、矿产资源仍保持着旺盛的需求,具有资源禀赋优势而开发程度较低的甘肃及西部,仍然承担着构筑我国工业化资源支撑体系的重任。特别是80年代中期以后,西部地区陆续探明了煤炭、石油和天然气、有色金属等重要的资源,为西部进行新一轮的大规模资源开发奠定了基础。在西北地区,甘肃的镍、钴及贵金属、铅锌等重要资源的开发,陕甘宁毗邻地区油气资源的开发,陕北、宁夏煤炭重化工业基地的建设,新疆内陆油田的开发,甘、宁、青三省区水电资源的开发,都是我国"八五"和今后 10 年的重大建设项目。这些项目的建成和投产,将使甘肃和西北地区的资源型产业实现新的腾飞。从而使我国在新的发展阶段中形成更为雄厚的资源基础,增强整个国民经济的发展后劲。

其次,改革开放过程中,我国已初步形成了按照商品经济原则建立起来的区域发展利益格局。传统体制下忽视区域发展利益,特别是损害资源产区发展利益的垂直型区际分工格局已逐渐向市场经济新体制下的水平型区际分工转变。在水平型区际分工格局下,甘肃和西部地区原先比较单一的能源、资源指向产业正在向能源、资源和技术的双重指向,甚至包括市场指向在内的多重指向产业发展。例如,对资源产品的加工增值,为满足市场需求发展消费品工业,等等。东部发达地区则利用开放的有利条件,积极进行产业结构调整,使原先以国内市场为指向的产业结构转变为国内、国际市场双重指向的产业结构,并且不断增加国际市场指向产品的比重。虽然这种转变的程度目前还不足以从根本上改变长期形成的对西部地区原材料和初级产品高度依赖的局面,但却显露了西部地区从资源开发走向市场,东部地区由国内市场走向国际市场的端倪。东西部之间这种正在发展的水平型区际分工,对西部地区来说,能够使其立足于资源优势,并选择适宜的市场区位发展资源开发—加工型产业,提高资源产品的技术含量,使市场需求成为启动资源开发的重要因素,对东部发达地区来说,则有利于改变过去单一的国内市场指向型的产业结构,向高区位的国际市场来扩展自己的经济能量。这种区际分工,从宏观国民经济来看,将改变东西部之间长期形成的原材料和初级产品—加工制成品对流的局面,形成资源开发—国内区域市场—国际市场有序的开放式经济循环。这种开放式经济循环的形成和发展,是 90 年代甘肃产业结构成长的一个重要因素。甘肃与东部地区发展水平型的区际分工,一方面,将使其得以发展对资源型产品的适度加工增值,提高其产业结构的整体功能和效益;同时经过适度加工增值的资源型产品,能够直接进入东部发达地区外向型产业体系之中,借东部之"船"进入海外国际市场,从而使甘肃的资源型产业,成为以东部发达地区为中介的开放式经济循环体系的有机组成部分。

最后,新技术革命的潮流,将促进甘肃产业结构整体素质的提高。我国的改革开放是与世界新技术革命的大潮流联系在一起的。东部地区要进入国际市场,必然顺应世界新技术革命的发展趋势,提高产品价值中的技术含量。为此,促进产品结构的更新,就成为东部发达地区产业结构调整中的一个重要任务。在"八五"期间和今后10年,东部发达地区的高新技术产业将取得突破性的发展,建成适应新技术革命发展大趋势的前沿产业体系。或者也可以说,东部发达地区将在我国率先进入工业化的后期发展阶段。在这一阶段,东部发达地区的产品结构将由对资源的加工,转变为高新技术产品的开发,产品价值中的资源含量将大幅度减少,整个产业结构对原材料和初级产品的依赖程度也大大减弱,产业结构将向更高的层次转变。要完成这一转变,东部地区必须加速对资源进行加工的传统产业的转移。另一方面,高新技术产业的发展,在降低产品价值中资源含量的同时,对资源产品的质量和性能将提出更高的要求,特别是要求进一步深化资源开发,发展新材料产业。这些都要求进一步提高资源开发产业的生产技术水平。对甘肃及西部地区来说,这就要求在用先进技术改造其传统产业的同时,依托资源优势,发展资源的深化开发的综合利用,建立起与东部发达地区在高技术产业中进行分工的新材料产业。近几年,甘肃镍、钴和贵金属生产及综合利用稀土产品生产和深度开发等方面的新发展,就顺应了这一发展趋势。这是甘肃及西部地区在全国产业结构调整和建立新型地域分工格局的基本方向。

还需要指出的是,东部地区向西部地区转移传统产业,已不再采取传统体制下以行政指令推动企业要素整体迁移的方式,而是以现代市场经济中"互惠互利,共同发展"的原则,广泛开展资金、技术、物资、人才、信息方面的联合与协作。到 1990 年底,甘肃同各省、市、区(绝大多数是东部、中部地区)和中央一些部门的单位、企业共签订并落实了 3565 个经济技术合作项目,引进资金 11.33 亿元,引进各种先进适用技术和传统工艺的技术合作项目 2497 项,开发新产品 700 多项,引进各类技术、管理人才和短期咨询、技术攻关的专家 1.2 万多人次,劳务输出 530 万人次,协进协出物资金额 10.4 亿多元。经济技术合作的重点领域是有色金属等原材料工业部门,还包括建材、能源、轻纺、食品等工业。由此可见,伴随着新经济体制的成长,传统产业生产要素的西移已通过最广泛的渠道,采取最有效的形式,形成了较大的转移规模,促进了西部地区传统产业的发展。

在东西部之间的经济技术协作发展初期,东部以生产要素参与西部地区的资源开发,其目的主要是巩固其国内市场的资源基础;从 80 年代后期开始,随着亚欧大陆桥的建设取得进展并即将开通,东部地区对沿桥西进的热情日益高涨,东部与西北地区的经济技术合作也出现了联合开发资源、共同进入边外国际市场的新趋势,从而表明,东部地区开始把传统产业向西转移,与其向边外国际市场的扩张结合在一起。因此也可以说,新的亚欧大陆桥的开通,为推动东部传统产业西移提供了新的动力。这种动力所产生的效应,远远大于沿海地区参与国际大循环(其目标指向是海外国际市场)所产生的传统产业转移效应。同时,东部地区要进入海外国际市场,仍需以中、西部的资源供给为支撑。在这些方面,甘肃因处于亚欧大陆桥国内部分的中段,既有优势的能源、原材料工业作依托,又得承东启西之地利,因而处于"左右逢源"的有利地位。向东,可与东部建立资源补给关系,"借船出海";向西,可接受东部优势生产要素的辐射,获取联合西进之益,从而形成"一线两口""东进西出"的对外开放的新局面。

综上所述,新亚欧大陆的开通,对甘肃来说:(1)开拓了国际市场的新空间,把以资源型产品面向海外国际市场的单一、单向型开放格局转变为同时面向海外、边外国际市场的开放格局,从而为扩大区域经济的开放程度添注了新的动力;(2)通过"一线两口",发展"甘肃资源—沿海加工"的一头在内、一头在外的外向型产业,借船出海,以及联合西进,发展资源加工在内、市场和部分资源在外的外向型产业,为资源开发添注新的启动因素,促进资源的深加工和轻纺工业的发展,变封闭型经济循环为面向国内市场、国际市场的开放型经济循环,提高产业结构与市场需求结构的耦合程度;(3)利用东部地区产业结构高度化的进程,建立利益共享互进的水平型地域分工,以充分吸收和利用东部地区生产要素,提高本省以资源型产业为主的传统产业的生产技术水平,提高资源开发和综合利用的程度,使资源优势转变为技术比较优势。

(本文发表于《甘肃社会科学》1993 年第 5 期)

甘肃资源开发新模式与战略选择

一、中国工业化发展新阶段与甘肃自然资源开发面临的挑战

社会主义市场经济体制及其运行机制的改革目标模式的确立，标志着中国工业化推进方式将发生根本性变革，即由传统体制的推进方式向市场经济推进方式转变，这一大背景的变革，使甘肃的资源开发方式发生了积极的变化，也使其面临着严峻的挑战。

（一）改革开放中甘肃自然资源开发的新变化

20世纪80年代，中国改革开放的推进，使甘肃自然资源开发的体制环境发生了较大的变化，使资源开发的目标、开发方式、要素投入方式、资源开发领域发生了变革。一是区域经济利益开始成为资源开发的重要目标取向。在改革开放中，传统体制的高度集中统一已趋于松动和弱化，中央和地方在社会经济活动中的分权关系逐步建立，使地方有了相对独立的经济利益。地方开始参与资源开发过程，80年代以来，甘肃重要的资源开发项目，其资金投入由国家和地方共同承担，地方由此获得了资源产品的分享，这种分享促进了地方加工业的发展。

二是在资源开发中，对国家投入的依赖程度明显减弱。由于地方参与资源开发，加之80年代国家投资重点向东部沿海地区倾斜，甘肃资源开发中国家的投入份额显著减少。80年代，国家在甘肃全民所有基本建设投资额中的比重，已由80年代以前的90%以上下降到

45%左右,在资源开发方面,已越来越具有自力开发的特征。

三是在扩大资源开发规模的同时,出现了提高资源转换效率和综合利用程度的积极趋势。其重要标志是原材料的加工度有了显著的提高。1991年,全省原材料工业按产值计算的加工度已达到0.65%,比1980年提高了35.4%。

四是在要素投入方面,科学技术要素的投入已越来越受到重视。提高资源转换效率和综合利用生活方式本身就是科学技术要素投入得到加强的结果。在这方面,长达10多年的金川资源综合利用联合科技攻关已取得了显著的成就。同时以技术替代资源的趋势也日益加强。由于技术要素投入的增加,传统的资源开发产业已孕育着高新技术产业成长的因素。

五是资源开发的广度得到有效扩展。80年代,甘肃生物资源,特别是其中的农副土特产资源的开发利用得到了较快的发展。已成为全省农村工业化的支柱产业,到80年代末,全省乡镇工业总产值中,以农产品为原料的轻工业占28.64%。

六是资源开发的空间布局趋于合理化。经40多年的发展,特别是改革开放以来,甘肃自然资源开发向深度和广度不断开拓,在体制改革中各区域之间在自然资源开发方面的专业化分工与协作关系得到了发展,全省以原有的资源开发基地为基础,聚集相关产业,初步形成了各具特色的资源开发区。即以兰州为中心的能源矿产资源生物资源开发—加工型综合开发区;以金昌、嘉峪关、玉门为基地,包括武威、张掖、酒泉、敦煌在内的河西能源、矿产资源和生物资源、气候资源、旅游资源开发区;以天水为中心的矿产资源、生物资源开发区;以平凉、西峰为基地的能源、生物资源开发区;临夏—甘南能源和生物资源开发区。这些资源开发区在总体上,覆盖了全省各种优势自然资源的开发;在各个开发区,则形成了各自的比较优势,并以资源为指向，形成了主导产业的基础，构成全省资源综合开发的空间新格局。

（二）甘肃自然资源开发面临的挑战

尽管在改革开放以来甘肃自然资源开发发生了上述诸方面的积极变化，但在中国以市场化来推进工业化发展的新阶段，也面临着新的挑战。

挑战之一，是甘肃自然资源开发尚未形成与市场化相适应的开发模式，或者说，自然资源，特别是能源、矿产资源的开发仍受到传统体制时期开发模式的较强束缚。80年代以来，在沿海发达地区，市场机制已向自然资源开发领域广泛投入，在投入方面，已形成了中央与地方、内资与外资共同参与的多元化格局；资源开发企业不但充分利用国内资源，而且也积极利用国外资源；产品不但直接进入国内市场，而且打入国际市场，从而使整个资源开发显示出生机与活力。但在甘肃，重要的能源、矿产资源，仍主要由隶属于中央部门的企业开采开发。一方面，资源开发主体与资源赋存主体之间利益配置关系的错位未得到根本扭转，地方作为能源、矿产资源赋存主体，与其在资源开发收益中所获得的份额很不相称，从而抑制了地方参与资源开发的积极性，使资源开发的投入难以摆脱对国家投入的过分依赖。另一方面，能源、矿产资源开发企业仍受到中央指令性计划的强约束，还不具备市场主体的地位和职能，使市场机制的导向作用显得比较乏弱，从这两方面看，甘肃资源开发还未形成依靠市场机制来启动和拉动的新模式，而开发模式转换的滞缓，就意味着资源产品市场地位的削弱甚至丧失。

挑战之二，是甘肃自然资源开发的深度和广度与工业化的全面推进不适应。中国工业化是在体制模式转换及由此而产生的产业成长方式、区际分工关系、农村非农产业崛起等方面的变革这一宏观背景下进入发展新阶段的。这一宏观背景,既为自然资源开发向深度和广度开拓提供了条件和契机,又对自然资源的开发提出了更高的要求。例如,体制转换必然推动产业成长方式由数量扩张型转变为科技先导型,由传统体制的垂直型区际分工转变为水平型区际分工,使农村传统经济向现代经济转变。这些转变必然要求自然资源的开发重现强化科技要素投入以提高资源转换效率,在增加单位产品技术含量的过程中使传统的资源开发产业成长为现代产业;要求自然资源赋存地区技术比较优势,作为发展水平型区际分工的基础,并把这种分工发展为产品细分化的市场分工;要求把过去倾斜于能源、矿产资源的开发,转向对所有能够利用的自然资源进行全面开发,特别是在传统农业居于主导地位的农村,通过对各种非矿物质资源的开发,形成农村工业化的产业体系,这些方面,是拥有自然资源赋存优势的内陆不发达地区经济走向振兴之路的根本途径,也是与沿海发达地区进行产业竞争的重要条件。但是在甘肃,相当一部分资源开发企业仍沿袭着传统体制数量扩张型的发展模式,以至于90年代初,甘肃尚未形成发展水平型区际分工的基础。

与沿海发达地区相比,甘肃农村工业化水平还很低,1991年,农村工业占全省的比重,全国平均30.83%,甘肃仅为14.05%。

从上述这些方面来看,在现阶段,甘肃自然资源开发还具有传统体制时期简单、初级的低水平开发的显著特征。继续沿袭传统体制的粗放式开发模式,既不利于工业化发展新阶段甘肃产业结构的成长,也会使其在区际分工的转型中失去比较优势。同时,也不利于充分发掘农村的自然资源潜力,阻滞农村传统经济向现代经济转变的进程。

挑战之三,甘肃资源开发产业的后续发展能力严重不足,使其优势地位受到严重削弱。传统体制的数量扩张型开发模式,以及对资源开发企业重索取、轻投入的开发管理体制,严重地削弱了这些企业的后续发展能力,重采轻储,重后向规模的扩大轻前向能力的提高,使资源开发的前向和后向环节的比例关系严重失调,已成为传统体制自然资源开发模式的痼疾。同时,对现有的具有一定优势的资源开发企业,由于长期以来不重视连续投入,使这些企业技术和设备严重老化。另一方面,由于国民经济高速发展对资源产品需求的持续高涨,导致甘肃能源、原材料工业在 80 年代始终处于"超负荷运转"的困境。在 80 年代,采掘、原材料工业的超前系数,全国为–0.15,甘肃则为–0.55。甘肃的资源开发产业承受的巨大压力,使其延误了转变发展模式的进程,在市场化进程中,难以形成以比较优势为基础的竞争能力。特别是在改革开放全方位扩展的新形势下,由于甘肃资源开发产业后续发展能力的不足,生产成本高昂,产品档次较低,更难以与国际市场中同类产业进行竞争。

二、甘肃自然资源综合开发战略

虽然在中国改革开放和工业化的新阶段,甘肃自然资源开发面临着严峻的挑战。但是,通过以上的分析,只要我们正视挑战,利用机遇,还是可以找到一条与甘肃工业化水平相一致的自然资源综合开发战略。

根据甘肃自然资源的赋存及其开发的现实基础以及国家工业化和地区工业化的推进对资源产品的需求,顺应市场化进程的大趋势,甘肃自然资源综合开发战略的基本思路是:

1. 开发两类资源,巩固两个基础。其一,就是以开发和利用生物资源为主,努力增加粮食生产,积极发展农牧副产品的商品化、产业化,建立农村工业化的主导产业体系。其二,以开发和利用能源、矿产资源为主,加快能源、矿产资源由潜在优势向产品优势、商品优势的转化,巩固和扩大现有的能源、原材料工业的优势。

2. 开拓两个市场,加快自然资源开发的市场化进程。以满足市场需求为目标,启动自然资源开发。一是面向国内市场,强化具有竞争能力的资源产品开发,并促进产品细分化、高级化;二是面向国际市场,以能源、原材料产品为主,打入海外资源产品市场;以农副土特产品及其加工制成品为主,进入边外消费品市场,形成"东进西出、双向对外"的市场开拓能力。

自然资源开发市场化,必须要求投入来源的市场化,即通过生产要素市场,建立新的自然资深开发的投入结构,形成中央与地方、集体与个人、内资与外资共同参与自然资源开发的新格局。

3. 确立两个先导,推动两个创新。在自然资源开发中,以后向开发为先导,建立资源—加工相配套的综合开发体系。具体来说,就是在能源、矿产资源开发中以煤炭、水电、石油等能源开发为先导,带动耗能型工业和基本原材料工业的发展;在原材料工业的发展中,首先要强化开采、采选等后向环节,为前向加工提供资源保证;在资源开发产业与加工业的发展中,以有色、黑色金属和基本化工原料为先导,推进资源产品的精细化、高级化,扩展资源产品加工的深度和广度。

在农牧土特产资源的开发方面,以扩大各种动、植物资源的数量和规模为先导,形成这类资源商品化、产业化生产基地,保证与之相关的加工工业的原料供给。

在以后向开发为先导进行自然资源开发的同时,要以科技为先导,使自然资源开发摆脱传统的数量扩张型开发模式的困扰,走科技先导型开发之路。在资源开发过程中,投入资源综合利用技术,提高资源综合利用程度;在资源产品生产的前向环节,投入高新技术,促进资源产品的精细化和高级化,形成高技术含量、高附加价值的产品。

对现有的资源开发产业,应以市场化来推动"两个创新",一是产业组织创新。即以市场化所形成的生产要素流动、重组的机制,组建各类企业群体和企业集团,把城乡大中小企业纳入资源链式开发和综合开发体系,实现产前、产中、产后分工合理化和专业化,形成有规模效益和关联效益的产业群体。以企业联合促进产业联动,以产业联动促进自然资源的优化开发。二是产业技术创新。这就是以传统产业的技术更新作为科技先导作用的着力点,在传统产业中培育高新技术产业的成长点,以科技进步推动资源开发产业的成长。

4. 发展"两个融合",形成"两个纽带"。所谓"两个融合",一是轻、重工业的融合。即以重促轻、以重带轻,使以能源、矿产资源开发为主的重化工业轻型化,扩展其前向产业链,提高资源产品的加工深度,实现原材料、初级产品的就地加工增值。二是中央工业和地方经济的融合,即以大型骨干的资源开发企业带动地方小型资源开发企业的发展,进行中央与地方对能源、矿产资源的一体化开发,提高地方小企业的组织化程度,实现资源开发集中与分散的有机结合。

所谓"两个纽带",一是以城带乡,发展城乡结合、工农结合的中间产业。这些产业或者依附于现代工业中资源开发产业体系,发展乡镇矿业或初级加工业,或者以生物资源为原料,与城市消费品工业进行合理分工,开发和生产消费品。以这类中间产业为纽带,推动农村自然资源的开发和利用,促进农村工业化的城乡一体化。二是依靠大专院校、科研机构、大型骨干企业的研究与开发的技术优势,扩大技术要素的供给,奠定开拓资源开发深度和广度的技术基础,以新技术、新工艺、新材料、新产品的商品化和产业化开发,形成推动资源优势向经济比较优势转化的纽带。

5. 进行"双向调整",实现"两个协调"。甘肃自然资源开发既需要提高集约化程度,也需要扩大资源开发的规模。甘肃财力严重不足,

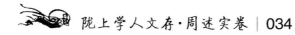

要使有限的投入获得最大的收益,就必须选择合理的投入方面,对以自然资源开发为主的产业结构进行双向调整。一是进行外延扩大再生产时,合理调整投入的增量结构,在扩大资源开发规模的同时,适当增加原材料工业的前向环节和加工工业的后向环节的投入,以弥补产业链的中间性缺损。二是增加内涵扩大再生产的投入,强化资源开发产业的薄弱环节,提高资产存量的质量,改善资源开发产业体系的整体功能。通过增量和存量的双向调整,实现外延扩大再生产和内涵扩大再生产的动态有机结合,推动产业结构的整体优化。

根据上述基本思路,甘肃自然资源的综合开发战略指导思想可以概括为:巩固和强化资源开发的基础,满足市场化进程中工业化发展新阶段对资源产品的数量、质量和品种的需求,建立以科技为先导,内涵发展与外延扩张相结合,产业成长与区域发展相结合,资源开发与加工增值相结合,各类市场主体共同参与的自然资源综合开发新模式。

（本文发表于《甘肃理论学刊》1995 年第 5 期）

西北地区城市布局与城市体系的发展

城市(本文中的"城市",是指县级以上的建制市,除非特别指明,不包括县城、镇、集等小市镇),是一定地域的政治、经济、文化中心和交通枢纽,是非农业人口聚集的区域和现代经济的载体。在国家和区域生产力布局中,城市居于主导地位,其发展水平是一个国家和地区工业化水平的重要标志。因此,完善和发展城市布局体系,合理选择城市化道路,是发展西北区域生产力布局的重要内容,也是促进其开发与发展的重要途径。

一、西北城市布局及城市体系的发育过程

城市是经济社会发展的产物。城市发展水平与经济发展水平相适应,经济发展是推动城市发展的决定因素。循着经济发展过程,不难探觅到西北地区城市发展的轨迹。

在中国的历史长河中,西北地区的城市经历了由形成到鼎盛,再到衰落,又重新振兴的过程。

20 世纪 80 年代,在我国经济体制改革的推动下,西北地区城市化进程有了显著的进展。到 80 年代末,西北地区已初步形成了一个聚集现代经济并带动区域经济发展的城市布局和城市体系。城市作为区域内劳动力、资金等生产要素的高投入地区,已成为推动西北地区工业化的主导力量,并为之提供着自我积累和自我发展能力的资金和产业支撑。

由于推动城市发展的社会、经济、地理环境等要素的差异,西北地区生产力布局体系的发育过程中,形成了不同的类型结构。

从产业结构所决定的经济特征来看,西北地区的城市可分为以下几个类型:

1. 综合型。这一类城市包括各省区省会、首府城市以及陕西的宝鸡、咸阳,甘肃的天水等城市。这些城市的国民收入、国内生产总值都在 10 亿元以上,非农产业占国内生产总值的比重超过 60%。其工业结构一般表现为多种门类的多元化特点。它们具有综合发展的功能。

2. 工矿型。这一类城市产业布局指向比较单一。即以资源指向为主。其中以煤炭开采为主的有陕西的铜川和韩城,宁夏的石嘴山;以石油开采为主的有新疆的克拉玛依,甘肃的玉门;以有色金属冶炼和加工为主的有甘肃的白银和金昌,宁夏的青铜峡;以黑色冶金为主的有甘肃的嘉峪关等等。这些城市,是西北地区能源、原材料工业基地的主体,其主要产业在本市、各省区及西北地区都占有较大的比重。

3. 农业—工业型。这类城市的产业布局指向农牧业资源为主,以农产品为原料的轻工业在其产业结构中具有重要地位。除了上述两个类型城市之外,西北地区的大部分小城市都属于这一类型。

4. 内陆口岸型。这一类城市主要分布在新疆边境地区。主要有阿勒泰、塔城、伊宁、阿图什、喀什等城市。它们是新疆和西北地区的内陆口岸,对于加强西北地区与周边国家的经济联系发展向西出口有着重要的作用。

5. 旅游型。这一类城市是依托旅游资源优势而发展起来的。西北地区旅游资源得天独厚。旅游业已成为相当一些城市的主导产业,而其中主要为发展旅游业而设立的典型城市是甘肃的敦煌市。它因拥有世界艺术宝窟——莫高窟而闻名遐迩。

从总体上看。西北地区已经形成了以大中型城市为依托,以工业城市为骨干，以农业—工业型城市为城乡结合纽带的多功能、多层次城市体系。虽然各省区城市数量多寡不同，不同类型的地区内分布的疏密不同，不同城市的辐射范围不同，但这些城市的经济能量已经覆盖了区域中的绝大部分地区，起着带动不同类型经济发展的重要作用。

二、西北城市布局与城市体系的特征和城市化发展障碍

1949—1989 年的 40 年中，西北地区依托交通运输网络，形成了叶状脉络的城市布局和城市化的基础，其城市布局和城市体系表现出如下的特征：

1. 城市布局主轴线与生产力布局主轴线高度拟合，但分布比较稀疏。城市分布呈现为东密西疏、铁路沿线和经济发达地区密度高的格局。

2. 已经形成了中心城市为核心的城市群体，但城市群体之间在产业配置上表现出较大的离散性。

（1）以西安为核心的东部城市群。

（2）以兰州为中心的黄河上游城市群，或称中部城市群。

（3）以乌鲁木齐为中心的远西部城市群。

3. 城市的产业配置体系与其所在地区的资源储存及生产要素组合的质量与水平比较适应，但却表现出典型的"孤岛经济"特征。

4. 城市化水平有显著提高，但存在着严重的结构缺陷。其一是城市的等级结构失衡，大城市和中等城市数量少。其二是城市人口和经济聚集规模的严重错位。其三是城市网络体系不健全。

总之，西北地区虽然已形成了城市布局和城市化发展的基础，但其结构缺陷却表明城市体系仍处在初期发展阶段。这些结构缺陷，既是制约城市布局和城市化发展的内在原因，也是城市发展环境约束

作用的结果。这些约束，主要反映在两个方面：

其一是区域经济自我发展能力弱，西北五省区自我发展机制十分微弱，相当一部分城市无力去改造和建设基础设施，产业的发展也受到较大限制。这是制约西北地区城市布局和城市化发展最重要的经济因素。

其二是自然地理环境不良。幅员辽阔的西北地区，地貌类型构成复杂，切割强烈，加之处于内陆干旱地区，使城市发展受到环境的强约束。

上述障碍和制约西北地区城市布局和城市化发展的主要因素之间，形成了互为因果的循环：不良的地理环境导致城市布局稀疏以及城市体系的结构缺陷；由此导致城乡之间的二元隔离，削弱了区域经济的自我发展能力，从而也削弱了改善城市发展条件的物质基础。因此，与东部发达地区相比，西北地区城市布局体系和城市化的发展将更为艰难。

三、西北城市布局体系的发展和城市化道路的选择

关于我国发展城市布局体系和城市化道路的选择，理论界有代表性的意见有三种。第一种观点是从提高规模经济和节约土地出发，主张以发展大城市为重点，可称之为"大城市重点论"；第二种观点从抑制"大城市病"的弊端、促进城乡融合出发，主张大力发展小城镇，可称之为"小城镇重点论"；第三种观点从形成功能完善、结构合理的城市体系出发，主张大中小城市和小城镇并举，可称之为"并举论"。

根据前述对西北城市布局体系的现状、特点以及制约城市化进程的因素分析，我们倾向于"并举论"。但是，根据西北地区的具体条件。其内容和侧重点与东部发达地区和中部次发达地区有所区别。

其一，从城市的发展规模上来看，在西北地区，一方面要限制现

有特大城市规模的过度扩张，同时也要适当增加大城市的数量和提高中小城市的规模水平。

其二，从完善城镇体系的方向来看，西北地区，则主要是加强城市外围地区的县(镇)建设，在城镇稀疏地区建设新的功能中心。

其三，从完善城市的结构功能来看，西北地区，则主要是促进中小城市形成综合功能，提高其辐射力和吸引力，使之成为区域经济增长及体系中的有机组成部分。

总之，根据西北地区经济社会发展水平和自然地理条件等方面的实际，其城市布局及城市化发展速度不可能很快。发展目标也不可能很高。与西北地区总体上作为待开发地区相适应，其区域城市布局体系和城市化发展道路可以选择为："以中小城市为主，大中小城市并举"。其发展模式可以概括为：改善结构，完善功能，群体互补，点极扩散，形成点、线(轴线)、面(城市群体)有机结合的城市体系。

1.改善城市布局及结构。(1)强化主轴。即适当扩大主轴线上现有中小城市规模，增加城市数量。两大主轴线上的渭南等小城市可以发展成为中等城市；银川、咸阳、宝鸡、石河子等，可以发展成为大城市；武功等县镇可以发展成为建制市，形成新的科技开发中心(武功)、贫困地区发展中心(定西)、新的工业基地(陇西、民和)和能源基地(灵武)、新的交通枢纽(中卫、柳园)，等等。(2)充实群体即完善城市群体的结构，扩展其外围辐射范围。一是在资源富集的城市稀疏区，以资源指向优选区位，建立和发展一些新城市。二是适当扩大贫困地区和少数民族地区现有城市的规模。(3)发展网络。把新的交通干线发展成为新的城市布局轴线。由此可以形成纵横交错的城市网络，把现有的城市群体有机地联系在一起。

2.完善不同层次、不同类型的城市功能。(1)西安、兰州、乌鲁木齐等3个特大城市，应具有区域一级中心城市的功能，发展跨省区、跨地带的产业。(2)银川、西宁两个省区省会、首府城市,除了作为省区中心城市以外,还应成为扩大西北区域外延范围的前沿城市。(3)中小城市应成为区域开发的综合基地,其中省区省会、首府附近的中小城市,应发展成为省区中心城市的反磁力中心,发挥生产要素梯级扩散的中介功能。(4)工矿型城市应建设资源递补型的综合型产业基地,增强城市自调控能力、后续发展能力和内辐射能力。(5)在低梯度地区,选择和建立农村工业化的产业区位,培育和发展小城镇,形成这些地区的经济增长点。

3. 促进城市群体之间的分工和互补、发展东部城市群的加工工业与中部城市群的原材料工业、中部城市群的资源加工工业与远西部城市群资源优势的互补分工,以及二大城市群中的轻纺工业之间的产业关联,形成推动西北区域经济内优势组合的推动力量。为了克服空间阻隔对发展城市群之间分工合作关系所造成的障碍,可以考虑各城市群的过渡地带以中小城市为主的小型城市群。

4. 培育以城市为依托,以县(镇)为结点的点极扩散体系。为此,必须发展小城镇,以形成点极扩散体系的基础。一是在三线地区,以企业为依托,进行社区环境建设,发展小城镇;二是在能源、矿产资源富集地区,在发展工矿业的同时,进行基础环境的配套建设,发展小城镇;三是在农牧业区,使乡镇企业向适宜地区适当集中,发展小城镇,并把这些小城镇发展成为立足于农村,与现代经济联系程度高的农业—工业型产业聚集中心,使它们能够成为中心城市—中小城市—县(镇)的生产要素传递扩散网络的末梢环节,在区域经济中形成以中心城市为依托,生产要素传递畅通、覆盖空间大、辐射能力强、聚集效益高的增长极体系。

通过改善结构,完善功能,群体互补,点极扩散等途径,进一步提高特大城市和大城市的经济密集程度,推动中小城市的规模扩张,促进小城镇形成适于现代经济成长的发展环境，使西北地区形成以特大城市为基点、以交通干线为主轴、以城市群为网络的城市布局和城市化发展格局。这一格局，与西北区域生产力布局的扩展模式相对应，是"大中小城市和小城镇同时并举"的城市布局体系和城市化发展道路在西北地区必然、现实和具体的选择。

（本文发表于《城市》1993 年第 2 期）

甘肃工业化：由"双重封闭二元结构"到成长新阶段

　　甘肃是中国的一个不发达省份，经济基础薄弱，经济发展条件远逊于沿海地区，因而其工业化的起点、工业化的推进方式，与沿海地区迥然相异。

　　从 1949 年开始到 80 年代以来的改革开放时期，甘肃的工业化完成了初始发展阶段，进入了中期发展阶段的再启动时期。以 1978 年党的十一届三中全会为分界点，在此前和此后，甘肃工业化表现出不同的发展特征。

一、工业化初始发展阶段："位入型"的现代经济和"双重封闭二元结构"

　　1949 年以前的甘肃，经济社会发展极度落后，以手工作坊为主体的工业，植根于自给自足的农业体系之中，缺乏自我繁衍和扩张所必需的资本和技术积累。因此，在社会主义经济制度建立之后，社会主义工业化初兴的 60 年代初期，甘肃几乎不具备发展现代工业的资源配置能力。这种状况，使甘肃只能依靠中国当时建立起来的高度集中的计划经济体制（以下简称为"传统体制"），通过国家集中组织和动员外部生产要素，以行政力量进行注入和移植，来形成工业化的初始基础。

　　"一五"时期，国家确定的 156 项重点工程，有 16 项安排在甘肃，占 10.26%,投入的基本建设资金达 24.35 亿元,占这一期间全国基本建设投资的 4%以上。在全省的基本建设投资额中,农业投资额仅占 2.42%,工业投资额占的比重则高达 97.87%。这是甘肃工业化建设中的第一次高潮,奠定了甘肃以能源、原材料为主的重化工业基础。

60 年代中期开始的"三线"建设,是甘肃工业化建设的第二次高潮。1966—1976 年,国家从沿海地区向甘肃成建制地迁入了包括机械、电子、轻工在内的 70 多家企事业单位。这一期间,甘肃工业基本建设投资额占全国工业基本建设投资额的比重为 4.6%。工业基本建设投资额中,有 95.42%的投资用于重工业,农业基本建设投资额仅占全省基本建设投资额的 9.53%。

"三线"建设强化了能源、原材料工业在甘肃工业中的地位,同时,也使甘肃形成了以电力、石油化工、有色金属、机械、电子工业为支柱,门类比较齐全的工业体系。

甘肃工业化经过"一五"的启动,"三线"建设的推进,到 70 年代末,基本上完成了初始发展阶段。但是,这一过程毕竟是借助于传统体制实施外部生产要素(包括资金、技术以及组织管理和人力资源)高强度、密集性投入来启动和推动的超重工业化,因此,它一方面促进了甘肃工业化的高速发展,另一方面,也导致了以工业为主体的现代经济和以农业为主体的传统经济的隔离。其一,甘肃工业的高速发展,并没有产生对传统经济中现代化因素明显的催化和拉动作用。1962 年到 1980 年,甘肃工业总产值产增长速度高达 13.16%,高于全国同期工业总产值的年平均增长速度(11.24%),在社会总产值中的比重由不到 15%上升到近 60%,其工业化结构系数也达到了与全国大致相当的水平(1980 年,全国的工业化结构系数为 0.47,甘肃这一系数为 0.42)。但同一期间,甘肃的人力资源配置结构却未有显著变化。这一期间,虽然甘肃人均国民收入按可比价格计算,年均递增

3.41%,农业在国民收入中的份额年均下降3.23%,但农业人口占总人口的比重,第一产业劳动力占社会劳动力的比重,每年仅分别下降0.2%和0.8%。这表明,甘肃工业化过程并未形成人力资源由传统经济向现代经济转移的规模。这是城乡隔离二元结构的一个重要特征。实际上,在工业化初始发展阶段基本完成的1980年,甘肃二元结构水平指数高达3.49,是全国这一指数(2.37)的近1.5倍,与同为重工业省的辽宁相比,后者的这一指数(为1.23)仅为甘肃的1/3多一点。

其二,甘肃的超重工业化,使生产要素在能源原材料工业,特别是大中型骨干企业中高度聚集,导致现代经济中资源配置的严重倾斜,使沟通城乡经济联系的产业长期萎缩。1952年,甘肃无一家大型企业,轻工业在工业总产值中占65%,到1980年,全省工业总产值中,能源、原材料工业占61.68%,仅39个大型企业的工业总产值,就占57.46%,轻工业的比重,则下降到不足20%,地方小企业的平均产值规模,仅为46万元,还不到全国小企业当时平均水平的60%。这样,就在甘肃现代经济中形成"畸大畸小""畸轻畸重"的两极。能源、原材料工业作为国家工业化资源支撑体系的重要组成部分,其前向产业链在东部沿海地区,在本省的工业基地形成封闭的"孤岛型"大企业群落,"畸小、畸轻"的地方工业,特别是与传统经济联系紧密的轻工业和小企业,由于传统经济的脆弱和后向供给渠道的堵塞,既不能对传统经济产生有效的牵引,也难以进入重化工业的产业链体系。1980年,以农产品为原料的轻工业与农业总产值之比(以后者为1),全国为1.12,辽宁为1.66,甘肃则为0.47,以非农产品为原料的轻工业与原材料工业总产值之比(以后者为1),全国为0.84,辽宁为0.36,甘肃则为0.13。现代经济产业结构的二元化,也是导致联系甘肃城乡的产业纽带十分薄弱的一个重要原因。

传统体制虽然使经济极度贫瘠的甘肃在较短的时间内完成了工

业化的启动和初始扩张。但是,由于"植入型"现代经济生产要素的外生性和成长环境的封闭性,传统经济缺乏繁衍现代经济因素的条件和能力,因而形成了现代经济与传统经济的二元隔离。

二、改革开放:甘肃工业化成长的新阶段

党的十一届三中全会拉开了中国改革开放的帷幕,开启了中国经济体制转轨的新时期。宏观体制环境的变革,为甘肃工业化的进程添注了新的因素,也标志着它进入了一个新的成长阶段。

(一)甘肃经济发展条件的变化

在20世纪80年代,中国经济体制改革,使甘肃经济发展条件发生了根本性的变化。从工业化进程及其形成的城乡经济关系来看,这些变化表现在以下几个方面:

1. 依靠国家集中植入生产要素,特别是进行资金的高强度投入来推动现代经济扩张的条件已不复存在

从20世纪70年代末开始的中国经济体制改革以及与改革开放的区域推进相适应的国家地区发展政策、投资政策的制定和实施,使甘肃现代经济资源配置的方式产生了根本性的变化。其一,传统体制作为改革的对象,在改革深化的过程中不断弱化,削弱了国家以行政力量集中组织和配置资源的体制基础。因此,尽管甘肃在完成了工业化初始发展阶段之后需要进一步扩张规模,但却不可能再沿袭传统体制时期那种扩张方式。依靠国家进行生产要素的"再植入",既无可能,也无必要。其二,国家从国民经济非均衡空间格局的现实出发,确立了改革、开放从沿海向内地逐步推进的时空顺序,并通过重点投入、引进外资等方式,启动沿海地区经济高速发展,从而使甘肃这样的内陆不发达地区,失去了依靠国家高强度的资金投入,推动现代经济进一步扩张的条件。1953—1980年,国家对甘肃全民所有制基本

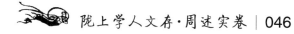

建设投资累计总额，占同期国家预算内投资的 3.27%，而在进入 80 年代以后的"六五"期间，这一比重下降为 2.13%；"七五"期间，虽有所上升，但也仅为 2.42%。国家预算内投资占全省全社会固定资产投资的比重，1953—1980 年平均为 87.70%，1981—1985 年则下降到 32.55%，1986—1990 年又进一步下降为 19.54%。新的体制环境所产生的这些变化，迫使甘肃不得不进行发展模式的再选择。

2. 利益主体地位的确立，形成了地方参与区域经济资源的利益导向机制

在传统经济体制时期，地方没有独立的经济利益。在改革中，国家实行"分灶吃饭"的财政新体制，从而赋予了地方利益主体的地位。但在传统体制有限松动的情况下，中央与地方的利益配置关系，只能以既有的资源配置结构为基础。在甘肃，国家是区域内优势资源的开发主体，通过对垄断性产业（能源、原材料工业）及其大中型骨干企业进行指令性计划导控来获得经济利益，地方作为利益主体，其利益实现的基础，主要是畸小、畸弱的竞争性产业和小企业。尽管"双重封闭二元结构"所导致的区域经济资源配置结构与国家、地方之间的利益配置结构严重失衡，构成了确定地方利益主体地位的初始条件，但利益主体地位的确立，毕竟为地方参与资源配置，提供了利益扩张导向。其一，甘肃能够以投资参与的方式，与国家共同进行区域内优势资源的开发，以获得自己的经济利益。例如，"六五"期间，甘肃对国家重点建设工程金川镍基地投资 6000 万元，以投资参与取得了对镍金属的分享权。其二，甘肃以促进轻工业和地方中小企业的发展，作为增进自身经济利益的产业基础。1953—1980 年，甘肃全民所有制工业基本建设投资中用于轻工业的投资比重仅为 4.48%，而在"六五"期间，这一比重上升为 8.13%，"七五"期间，则达到 9.01%。1980 年到 1990 年，轻工业在工业总产值中的比重，由 23.39% 上升到 30.85%，

小企业在工业总产值中的比重由 25.28% 上升到 35.47%，与此相对应，在全部独立核算工业企业的利税中，轻工业企业所占的比重由不到 15% 上升到 39.80%，小企业所占的比重由 10% 左右上升到 25.34%。这些在一定程度上反映了地方利益主体地位的确立，使区域经济的资源配置结构和利益配置结构发生了具有积极意义的变化。

3. 农村商品经济的发育，促进了农村工业化的发展

在传统体制时期，甘肃农村经济实际上是被"一大二公"的人民公社体制扭曲了的自然经济。20 世纪 70 年代末 80 年代初，农村联产承包责任制的实施，极大地激发了农民发展商品经济的热情。虽然在甘肃，农村联产承包责任制的实施初期，曾一度出现了自然经济的回归，但随着"两权分离"，产权关系的牢固确立和政府的诱导和推动，自 80 年代中期开始，甘肃农村兴起了发展乡镇企业的高潮。乡镇企业作为传统经济内生的现代经济因素，其成长和崛起，标志着农村工业化的兴起。1985 年到 1990 年，甘肃农村劳动力中，在农村非农产业中就业的比重由不到 10% 上升到 16.76%，农村非农产业在农村社会总产值中的比重，由 27.94% 上升到 39.28%，农村工业占全省工业总产值的比重，由 6.3% 上升到 13.24%。传统经济内生的现代经济因素的成长，改变了甘肃农村经济呆滞和超稳定的结构状态，为改变"双重封闭二元结构"所形成的区域工业化超前和农村工业化严重滞后的状况，提供了有效的途径。这是在新的成长阶段中，建立协调型的城乡关系所产生的影响最为直接的积极变化。

（二）促进工业化发展的新因素

如上所述，进入 20 世纪 80 年代以后，甘肃工业化被置于一个不断变革的体制环境之中。这种新体制环境的基本特征，就是市场经济体制及其运行机制的孕育和成长。尽管建立社会主义市场经济体制及其运行机制的改革目标模式是在党的十一届三中全会以后的 14

年,1992年党的十四大上才得以确立,但不容置疑的是,在党的十四大以前,中国改革开放的历程,就是这一改革目标模式的探索过程,其间所进行的改革,绝大多数具有市场取向的性质。在甘肃,虽然由于种种原因,市场经济体制及其运行机制的孕育和成长远比沿海发达地区缓慢,但即使是这种低水平的成长状态,仍旧为甘肃工业化的发展添注了新的因素。

1. 区域经济利益配置结构的重构

地方作为利益主体地位的确立,改变了旧体制中拥有优势资源的地方难以参与资源开发、难以获取相应的经济利益的不合理状况。不合理的利益配置结构,必然导致"资源富而地方穷,使地方缺少推进工业化的资金积累。在改革中,地方确立了利益主体地位。发展利益的扩张动机,引发了地方参与资源配置的积极性,一方面改变了旧体制单一依靠外力来推动工业化的被动局面,同时,也使地方能够依据比较利益原则,寻找增进发展利益的产业空间。80年代,甘肃轻工业和地方工业的发展,就是地方为增进发展利益而作的努力。另外一个事实是,在国家作为投资主体,减少对甘肃投入份额的同时,地方作为利益主体,通过各种途径和方式,提高了投资能力。1953—1980年,甘肃全社会固定资产投资中,自筹投资所占的份额微乎其微。进入80年代以后,自筹投资在全社会固定资产投资中的份额大幅度上升,1980—1990年平均为47.18%。利益配置结构的重构,使甘肃工业化从传统体制时的外力推动型,开始向利益扩张的内力推动型转变。

2. 区域经济资源配置结构功能的改善

轻工业和地方小企业的发展表明,80年代,甘肃产业结构已出现适度加工型、轻型化的发展趋势,传统体制时期形成的超重型的产业结构重心已适度下移。一是采掘、原材料工业占工业总产值的比重由1980年的61.17%下降到1990年的46.28%;二是加工工业和以非农产品为原料的轻工业占工业总产值的比重,1990年达到31.58%,比1980年提高了6.06个百分点。资源配置结构重心的下移,是地方在参与区域资源配置的过程中,选择易于进入,且能充分利用地方各类资源的产业进行工业化过程再启动的必然结果。这种对超重型结构的逆向调整,表明甘肃在工业化发展的新阶段,确立了顺应产业结构成长规律,提高资源配置效率的新基点。改善资源配置结构功能,已成为80年代甘肃产业结构成长的一个重要特征。

特别需要指出的是,80年代长期被忽视的第三产业也得到了较快的发展。1980年到1990年,全省国内生产总值中第三产业的份额,由23.81%上升到30.59%,在第三产业中就业的劳动力占社会劳动力的比重,由9.72%上升到15.73%。第三产业作为联系各物质生产部门的纽带,作为市场经济运行的产业基础,其成长标志着甘肃现代经济的产业结构已出现了向高度化演进的积极因素。

3.多元化市场主体结构的初步形成

改革以前,甘肃经济所有制结构"一大二公三纯"的特征异常突出。在农村,是"一大二公"的人民公社一统天下。在城市,全民所有制经济占有绝对比重。甘肃工业中,全民所有制企业,特别是大中型企业占的比重之大,为全国各省、市、自治区所仅见。1980年,集体所有制企业占工业总产值的比重,全国为23.54%,辽宁为18.31%,甘肃则仅为8.22%。

中国改革的市场取向必然要求建立以公有制为主,兼容其他经济成分的多元化市场主体结构。在甘肃,虽然由于体制和经济发展条件等方面的原因,构建多元化市场主体结构的进展比较缓慢,但仍然取得了成效。大体上说,甘肃构建市场主体的途径,一是利用大企业闲置的生产要素,发展厂办集体企业(即"一厂两制"),这是在旧体制有限松动的条件下衍生的市场主体;二是"五轮驱动"(即乡办、村办、联营、合作、个体),发展乡镇企业,这是在传统经济中孕育的市场主体;三是巩固和壮大城市集体企业,这是在体制转变时期,实施功能转换的市场主体(传统体制下的集体企业,实际上也是一种"准全民所有制"模式的企业);四是发展私营、合资企业,这是在改革开放中出现的新的市场主体。经过这些途径,到1990年,甘肃工业总产值中,全民所有制企业占的比重为75.01%,比1980年下降了17.2个百分点,城乡集体所有制企业占的比重则达到20.52%;其他经济类型企业的比重分别为:城乡个体企业占4.04%,私营合作、合资等企业占0.43%。尽管全民所有制企业与全国其他省、市、自治区相比,仍占有相当高的比重(1990年全国的这一比重为54.60%,辽宁为61.23%),非公有制企业的比重还相当小,但毕竟形成了多元化市场主体结构的初始格局。

综上所述,在传统体制时期启动并完成初始发展阶段的甘肃工业化进程,在改革开放时期,正在孕育并发生资源配置方式的重大变革,而表现为新的发展状态。经济发展条件的变化及其所产生的积极因素,必然导致其城乡关系突破"双重封闭二元结构"的屏障,逐步形成与新的体制环境相适应的城乡协调发展的新格局。

(本文发表于《科学经济社会》1993年第2期)

社会主义市场经济条件下我国东部 与中西部区域经济关系的重构

从现在起到 21 世纪初,是我国建立社会主义市场经济体制及其运行机制的关键时期。在这一时期,能否有效地遏制东部与中、西部地区发展差距拉大的趋势,建立起区域协调发展的新格局,是关系到我国能否形成统一市场的区域基础以及能否顺利实现改革、开放、发展的战略目标的重大问题。因此,探讨建立与社会主义市场经济相适应的东部与中、西部区域经济新关系的途径,有着十分迫切、十分重要的意义。

影响我国东部与中、西部区域经济关系的因素是复杂的。其中既包括二者在我国漫长的历史发展过程中所形成的经济、社会、文化等方面的差异,也包括二者由于自然地理环境的不同所形成的发展条件的优劣之别。这里主要从 1949 年以后我国经济体制变迁的角度,来探讨东部与中、西部区域经济关系的形成与发展。

一、体制变革过程中我国东部与中、西部经济关系的演化

在 20 世纪 50 年代高度集中的计划经济体制(以下简称为"传统体制")初创时期,我国按照沿海和内地两大块的划分来展开生产力布局;80 年代,在改革开放的区域推进过程中,又把全国划分为东、中、西三个经济地带。在不同体制时期的这两种划分之间,形成了后者以前者为基础的继承关系,同时,在由传统体制向市场取向改革的

转变过程中,东部与中、西部之间的经济关系也发生了重大变化。

(一)区域发展态势由均衡型转变为非均衡型,形成区域发展重点的转移和经济增长区域结构的转变

1949年,在全国的社会生产总量中,农业占58.53%,工业仅占25.13%。如此薄弱的工业,其50%以上的企业,60%以上的职工,70%的固定资产和工业总产值则集中在沿海地区,而天津、辽宁、上海等3个省市又集中了沿海地区工业总产值的55%以上。

为了改变这样一个落后的农业国中现代经济与传统经济二元对立以及与之相对应的资源配置空间结构二元化的格局,在当时的历史条件下,我国选择了高度集中的计划经济体制,依靠这一体制集中和组织社会经济资源,以实现资源空间配置结构均衡化为目标,启动现代经济及其布局体系的全面扩展。在这一过程中,我国社会主义工业化的推进表现出两个特点:一是重点发展以能源、原材料工业为主的重化工业来构筑工业化的基础支撑;二是以内地为重点来展开生产力布局,改善现代经济资源严重失衡的空间结构。这两个重点,奠定并强化了内地在区域经济发展中的重要地位,使现代经济部门在内地迅速崛起。1952年到1980年,按可比价格计算的工业总产值年均增长速度,沿海为40.75%,内地则为12.08%;各个地区在全国工业总产值中所占的比重(按当年价格计算),沿海地区由67.03%下降到56.12%;内地则由32.95%上升到43.88%。

传统体制用了不到30年的时间,初步改变了自近代以来我国经济偏集于沿海的畸形格局,启动和推动经济贫瘠的中、西部地区走上了工业化发展道路,从而为我国工业化的全面推进奠定了区域基础。这是传统体制伟大的历史功绩。但是另一方面,以高度集中、排斥市场机制为基本特征的传统体制,窒息了区域经济的内在活力,加之"左"的指导思想的滋生和蔓延,削弱乃至否定了区域经济协调发展

的利益机制,抑制了区域经济协调发展的内在动力,使我国区域经济长期处于低水平均衡状态。

1978年召开的党的十一届三中全会,开启了我国改革开放的历史新阶段。为了加快改革开放和经济发展,国家确立了优先发展经济基础较好、开放条件优越的东部地区的区域推进战略。区域发展战略重点向东部的倾斜改变了我国经济增长的区域结构。1952年到1980年,在全国国民收入按可比价格计算的增长额中,东部占44%,中、西部占56%;1978年到1992年,在按可比价格计算的全国国内生产总值增长额中,东部占63.23%,中、西部则仅占36.77%,这说明,我国经济的区域增长结构已由传统体制时期的相对均衡型转变为东部推动的非均衡型。

(二)生产要素配置由行政推动型的产业西移转变为市场牵动型的东部再集聚

在我国社会主义工业化的启动时期,以传统的农耕经济为主、现代经济因素十分稚弱的内地,基本上不具备自我繁衍现代经济部门的能力。在这种情况下,国家通过"一五"和"三线"建设两次工业建设高潮,从沿海地区集中和组织现代经济的生产要素,向内地进行了大规模"植入"。"一五"时期的156项重点工程建设,其项目的3/4、投资额的2/3都安排在内地;"三线"建设达到高潮的"三五"时期,在全国工业基本建设投资中,有3/4投向中西部地区。同时,国家还组织了沿海地区老工业基地的产业西移。1964年到1971年的"三线"建设期间,从沿海迁入内地的项目有380个,设备3.8万台,职工近15万人。国防、军工、机械、电子工业在中西部的"三线"地区迅速崛起,加上"一五"时期建成的能源、原材料工业,使内地用了不到20年时间,建成了以重化工业为主的产业体系,完成了现代经济的初始扩张。传统体制行政推动型的产业西移是生产要素由东部向中、西部的大流动。

进入 80 年代以后,生产要素在区域间的流向就发生了逆转。中、西部的资金、人才、劳动力等生产要素大量东流,而且随着改革开放的推进,生产要素东流受市场机制驱动的作用越来越强,其流动的规模和范围也越来越大,大大提高了东部生产要素及其经济的聚集程度。而在现代经济完成初始扩张之后,亟须进行连续投入的中、西部地区,生产要素占全国的份额则大幅度下降,在质量上也趋于劣化。以国有单位专业技术人员在各个地区的集中度(各地区国有单位专业技术人员占全国的比重/各地区国有单位职工占全国比重)为例,1981 年到 1994 年,东部由 0.97 提高到 1.04,中部由 0.97 下降到 0.91,西部则由 1.12 下降到 1.09。再以工业企业固定资产地区构成的变化为例,1980 年到 1992 年,各地区占全国独立核算工业企业固定资产原值的比重,东部由 44.84% 提高到 54.11%,中、西部则分别由 34.28%、20.88% 下降到 30.12%、15.77%。

与生产要素向东部集中的趋势相对应,国内生产总值的地区构成也向东部加速倾斜。在全国国内生产总值中各个地区的比重(按当年价格计算),1980 年东部为 50.67%,中、西部分别为 33.26% 和 16.04%,1990 年东部为 53.79%,中、西部分别为 29.85% 和 16.36%;1994 年东部又上升到 60.30%,中、西部则进而分别下降到 28.14% 和 11.56%,呈现出向传统体制初期的状况复归的态势,导致东部与中、西部的经济差距拉大。

(三)地区之间的利益配置由非均衡集中—均等化分配转变为向东部倾斜的非均衡分配

传统体制时期,中央对地方在财政上实行"统收统支"的体制。中央对地方的投入是进行地区之间利益配置的基本手段。1953 年到 1980 年的 27 年中,国家从各地区集中的财政收入达 5000 多亿元。

在这些财政收入中,有近 2/3 分配给地方,其中,用于东、中、西 3 个地区的基本建设投资分别占 31.75%、31.15%、31.49%,对西部地区的财政补贴占 5.61%。这些财政收入,93% 来自沿海地区,7% 来自内地的中部地区;而国家对东部地区基本建设投资占其上缴财政收入的份额,仅为 22.95%,中部地区所获得的基本建设投资,为其上缴财政收入的 2.9 倍,西部地区则完全由国家进行财政补贴,由此形成地区之间非均衡集中—均等化分配的利益配置机制。

改革开放以来,随着东部地区战略重点地位的确立,国家的投入也相应向东部倾斜。"六五"期间,国家投向各个地区的基本建设资金中,东部占 42.71%,中、西部分别占 36.74%、20.55%;"七五"期间,东部的比重上升到 51.48%, 中、西部的比重则分别下降到 28.73%、19.80%。整个 80 年代,国家对东部投入的基本建设资金,为东部地区财政盈余总额的 1.3 倍。

与此同时,国家还对东部地区实施了优惠政策的倾斜,其中包括减免税收、扩大地方投资权、开放和建立金融市场、建立沿海开放城市和经济特区等政策措施。这些政策措施的"含金量"高,使东部获得了巨额的无形投入。1985 年到 1992 年,东部仅由于其工业企业享受税收减免等优惠政策,相对于中、西部所获得的优惠,就由 19 亿元增加到 225 亿元,年均增加近 30 亿元,这比 1992 年新疆、青海、宁夏 3 省区工业企业上缴税收的总和(28.1 亿元)还要多。

地区间利益配置由传统体制时期非均衡集中—均等化分配转变为以东部为重点进行资金和政策的倾斜投入,对促进东部经济的高速增长,从而奠定全国经济高速发展的基础起了极为重要的作用。1978 年到 1992 年,按可比价格计算,全国经济的年均增长速度为 8.29%,而东部则为 10.29%, 其对全国经济增长速度的贡献高达 65.48%。东部地区已成为全国经济的增长中心。

（四）区际分工由"资源—加工"型转变为结构趋同，中、西部的利润双重转移仍未遏制

我国能源、矿产资源西丰东欠和现代经济资源东裕西缺的空间分布格局，促成了中、西部资源开发产业与东部加工工业之间的垂直型分工。1980年，在全国工业的主要消费品生产中，沿海地区占的比重大部分在65%以上，而内地产品占全国同类产品比重超过50%以上的主要是能源、原材料产品。

传统体制时期形成的"内地资源—沿海加工"的区际分工，是依靠产品的指令性计划调拨和不合理的比价关系来维持的。内地生产的能源、原材料和初级产品，由国家以指令性计划低价调往沿海地区，使沿海地区获得加工工业利润；同时，内地对沿海地区工业制成品的购买，又使沿海地区获得商业利润，从而形成了内地利润的双重流失和沿海地区的双重获利。

从区际产品交换条件看，1957年，沿海与内地劳均净产值（以1952年不变价格计算，下同）之比（以内地为1）为0.96，这说明当时区际交换的条件还稍有利于内地，但在此后，沿海与内地劳均净产值之比就呈不断上升之势，1962年为1.11，1972为1.37，1980年则达到1.91。也就是说，到1980年，沿海地区劳动者用1个单位劳动时间生产的社会产品，可以交换到内地劳动者用大约2个单位劳动时间生产的产品。剔除其中管理水平、生产效率低等因素的影响，内地与沿海地区比较利益的差额，1962年为28亿元，1972年为204亿元，1980年为695亿元，即在18年中，内地相对于沿海的比较利益损失，平均每年增加37亿元。这相当于同期国家给内地基本建设投资额和财政补贴平均规模的1/2左右。

改革开放以来，国家对计划、财政、税收、金融、外贸、投资等体制进行的改革，扩大了地方自主权，赋予地方利益主体的地位，激发了

地方的利益扩张动机。但是,由于价格改革还不到位,价格体系中加工工业产品与能源、原材料产品比价不合理的情况依然存在,以加工工业为主的东部仍能比较容易地获取"双重利润",因而继续投资于风险较小的传统加工业;以原材料和初级产品为主的中、西部地区,则为遏制利润的"双重流失",力图使原材料加工本地化。由于各个地区追求加工化,进行盲目建设、重复建设,严重削弱了区际分工,导致地区间产业结构的严重趋同。在 80 年代后期,各省、市、自治区与全国工业行业产值结构的相似系数, 最低的为 0.70, 最高的则达到0.97。但是,地区间产业结构成长的趋同化取向,无助于改善中、西部在区际产品交换中的不利地位, 不平等交换的情况依然严重。1992年中、西部通过铁路向东部净输出货物 2.5 亿吨,以该年中、西部平均每吨货物的净产值含量 85.80 元来计算,并剔除其中管理水平、经济效率低等方面的因素,则中、西部在输出这些货物的同时,其比较利益也流失了 58 亿元,这几乎相当于西部地区青海省当年创造的国民收入。

上述情况说明,在传统体制时期,表面上看,是国家从东部集中资金,投入到中、西部,但在中、西部初步建立起来能源、原材料为主的重化工业体系的同时,中、西部的利润就以双重隐蔽性渠道转移到东部。这种对中、西部实行"输血(重点投入和财政补贴)—抽血(利润双重流失)",对东部实行"明抽(财政上缴)暗补(双重获利)"的耗损型的非市场利益配置机制, 改革开放以来在区域利益关系中仍然发挥着作用。非但如此,东部地区除了继续从中、西部地区获得双重利润外,还从国家得到了远远高于其财政盈余的资金投入(其中包括通过优惠政策而得到的无形投入),从而形成了中、西部与东部之间在利益配置上的"马太效应",由此导致二者之间利益耗损(中、西部)—增益(东部)的区际摩擦。

（五）中、西部体制与结构变革的滞后，使其与东部之间形成资源配置机制的分异

改革之初，无论是东部，还是中、西部，都是公有制"一统天下"。这是传统体制以计划配置资源的基础。党的十一届三中全会确定的改革开放的基本路线，启动了市场化因素的成长，推动了全国各个地区体制与结构的变革。但是，由于东部与中、西部之间在人文地理环境、经济发展基础和条件等方面的差异，使改革效应在地区之间表现出较大区别。到 90 年代初，中、西部与东部之间已形成了显著的体制和结构落差。从体制变革方面来看，1992 年，国有经济占工业总产值的比重，东部为 40.36%，中、西部则分别高达 61.60%和 66.71%；在此期间，工业增加值按当年价格计算的增加额中非国有企业的贡献份额，东部为 45%左右，中、西部则仅为 20%左右。

在计划体制改革的过程中，虽然指令性计划的范围逐步缩小，但国家在煤炭、石油及其制成品、钢材、水泥、木材等重要的产品以及战略物资方面仍保留着一定比例的指令性计划，而生产这些产品的行业的总产值，要占中、西部工业总产值的 22%以上，占东部工业总产值的比重则不到 15%。同时，我国的国防军工企业也主要分布在中、西部地区。因此，中、西部地区受指令性计划控制的范围和力度，远远大于东部。

从结构变革方面来看，改革开放之初，我国宏观层次的产业结构呈现为工业化初期阶段的"二、一、三"的类型。到 1992 年，第一、二、三产业增加值占国内生产总值中的比重，全国为 23.81%、48.02%、28.17%，东部为 19.93%、50.96%、29.11%，中部为 28.75%、45.75%、25.5%，西部为 31.34%、41.19%、27.47%。这表明，全国国内生产总值的结构已由"二、一、三"型转变为"二、三、一"型，东部结构转型的水平更高于全国；而中、西部地区仍表现为低度化的"二、一、三"型结构。

80年代初,东部以农村经济体制改革为契机,掀起了农村工业化高潮,而在中、西部地区,农村工业化的启动则比东部迟了3~4年。到1992年,东部与中、西部的农村产业结构已形成显著的差别。农村劳动力在非农产业中就业的比重,东部为26.56%,分别比中、西部高3.32和12.34个百分点;农村社会总产值中非农产业的比重,东部为72.56%,中、西部则仅分别为53.06%和44.52%,1980年到1993年,全国农民人均纯收入增加了730多元,东部增加了1000多元,中、西部则仅分别增加了604元和491元。90年代初,全国7000多万农村贫困人口中的80%以上集中分布在中、西部地区。中、西部城乡之间的二元反差也大于东部。1993年城镇居民人均生活费收入与农民人均纯收入的比(以后者为1),东部为2.27,中、西部则分别为2.41和3.19。

从开放程度来看,1992年,我国经济对外贸的依存度(进出口贸易总额/国内生产总值)为37.43%,东部高达59.75%,中、西部则仅分别为10.6%和8.27%;全国外商投资企业84.73%集中在东部,中、西部则分别仅为10.63%和4.64%;中、西部的全部省区实际利用外资额合计为10.5亿美元,只不过与山东省的规模(10.27亿美元)相当,还不到广东省规模的1/4。

值得注意的是,尽管80年代,我国对外开放已由沿海扩展到沿边(境)和内陆地区,但国内各个地区之间,却表现出互相封锁、画地为牢、地方保护的"诸侯经济"行为。地区之间贸易壁垒森严,争夺资源的"大战"屡屡兴起,形成区域之间的恶性竞争,不但提高了区际贸易的成本,而且恶化了区际关系,成为阻碍全国统一、开放的大市场形成与发展的不利因素。

从上述几方面来看,改革开放以来,中、西部与东部相比,其市场化因素发育缓慢,在促进体制与结构变革,扩大经济的开放程度方面发挥的作用也比较弱;东部的资源配置机制已具有较强的市场取向特征,而中、西部的资源配置机制的传统体制惯性仍然明显。

二、区域经济协调发展:我国社会主义市场经济启动阶段的大局

改革开放以来,我国东部与中、西部之间经济关系的发展出现了新的趋势。这一趋势的基本特征就是市场化因素已经长入区域经济运行过程,在区域发展战略重点的选择、区域之间资源配置和利益配置关系的形成以及区域经济的体制、结构成长等方面发挥的作用也越来越大。特别是党的十四大确立了建立社会主义市场经济体制及其运行机制的改革目标模式,标志着我国区域经济关系的发展进入到以市场化为主导的新阶段。在跨入这一新阶段之际,我国区域经济关系的失调却日益凸显,成为我国经济实现世纪性跨越的重要障碍。因此,在新旧世纪交替之际,我国面临的一个事关大局的问题,就是如何适应发展社会主义市场经济的要求,重构区域经济关系,以实现区域经济的协调发展。

(一)区域经济协调发展:跨世纪时期我国的发展大局

早在 1978 年,邓小平同志就提出了允许一部分地区、一部分企业、一部分工人农民先富起来的大政策。10 年之后,邓小平同志又进一步指出:沿海地区要加快对外开放,使这个拥有两亿人口的广大地带较快地先发展起来,从而带动内地更好地发展起来,这是一个事关大局的问题。内地要顾全这个大局。反过来,发展到一定的时候,又要求沿海拿出更多力量来帮助内地发展,这也是个大局。

80 年代我国的大局是什么?这就是要打破传统体制导致普遍贫穷的封闭、僵化、平均化、停滞的模式,以改革开放促进发展。我国的改革开放是在经历了"文化大革命"十年浩劫,国民经济遭到严重破坏的基础上起步的。这种情况,不仅使传统体制的均衡发展战略难以

为继,而且沿袭这一战略,只能导致有限国力的分散,阻滞发展的进程。70 年代后期,我国曾一度出现"遍地开花"的"洋跃进"导致的国民经济发展的波折,就是明证。因此,80 年代我国以东部作为区域发展战略的重点,乃是从国情、国力的实际出发,尽快振兴经济的必然选择。这正是邓小平同志提出的"允许一部分地区先富起来"的大政策的具体实施。在这一大政策的推动下,东部初步实现了先富;与此同时,中、西部地区也获得了前所未有的发展。

实践证明,80 年代,我国确立的以东部为重点的改革开放大局是正确的。但是,我们也应看到,虽然东部初步实现了先富,但在带动后发展的中、西部实现区域协调发展方面,却因种种原因,收效并不显著。不但如此,在我国建立社会主义市场经济体制及其运行机制,实现世纪性跨越的关键时期,却受到区际关系不协调的困扰。这种状况的持续,必然会导致中、西部改革与发展的继续滞后,并不断拉大其与东部之间的差距。这不但会阻滞我国体制转轨的改革战略目标的实现,而且会延误我国的工业化、现代化进程。这是因为,其一,中、西部地区的人口约占全国总人口的 60%;土地面积占全国国土面积的 85% 以上;我国绝大多数少数民族聚居在中、西部地区;中、西部地区与邻国的边界占我国边境线总长度的 90% 以上。由此不难设想,人口如此众多,土地面积如此广袤,在国家的统一和安全中地位如此重要的中、西部地区,如果长期处于后发展状态,怎么可能有整个国家的兴旺发达?怎么可能会形成国家统一、安全、团结、稳定的可靠基础?怎么可能实现中华民族的自立和振兴?又怎么可能实现整个国家的工业化和现代化?其二,中、西部地区天赋资源富集,特别是开发程度较低的西部地区,拥有全国草原资源的 94%,森林资源的 51%,煤炭资源的 50%,天然气资源的 46%,可开发水能资源的 73%,各种有色金属资源的 90%;此外,其石油资源也有十分广阔的开发前景。中、

西部地区人均土地和耕地以及生物资源、能源矿产资源的占有量均高于全国水平。由此也不难设想,在世界上没有任何一个国家能够解决我国发展中的资源问题的情况下,如果离开中、西部地区的资源基础,怎么可能实现整个国家的可持续发展?其三,中、西部地区在长达40多年的建设和发展中,形成了能源、原材料工业和航空、航天、电子、核工业等尖端技术产业以及机械、汽车制造等产业优势;还拥有数量丰裕、成本低廉的劳动力资源。东部地区的优势则主要是资金、技术、组织和管理资源雄厚,信息灵敏,经济发展条件较好;具有一批市场竞争力强,与中、西部形成分工的优势产业。总体上来看,中、西部与东部之间基本上形成了"己之所长,彼之所短"的互补关系。由此不难设想,如果中、西部与东部各自孤立地固守自己的优势,而不去发展"以彼之长,补己之短"的互补合作关系,怎么可能增强各自的经济扩张能力?又怎么可能使整个国家的经济凝聚力和综合经济实力得到有效的增强和提高?其四,我国的经济体制改革,最终是要在全国建立社会主义市场经济体制及其运行机制,由此也不难设想,如果不能尽快地消除中、西部与东部之间的体制差异,又怎么可能使整个国家的体制、结构及增长方式转变到与社会主义市场经济相适应的轨道上来?正是从这些方面看,实现东部与中、西部经济的协调发展,是跨世纪时期我国实现体制转轨这一战略目标之下首要的历史任务。由此出发,在新旧世纪交替时期我国的大局,必然定位于重构中、西部与东部的区域经济关系,实现区域经济的协调发展。之所以得出这一结论,还基于以下几点理由。

1. 区域经济关系失调所产生的消极影响已不容忽视

90年代初,中、西部与东部之间在发展水平上已呈现出强烈的二元反差,并且在市场化启动时期,这种二元反差仍保持着较强的惯性。1994年,东部人均国内生产总值分别是中、西部的1.79和2.17

倍,与1992年相比,东部高出中、西部人均国内生产总值的绝对差额分别增加了81.80%和89.72%。

国际政治学界和经济学界公认,一个国家或一个地区,其发达与落后部分之间的经济差距应限制在3∶1以下,否则其社会经济乃至政治就会产生不稳定因素,甚至酿成动乱。这在世界上已不乏其例。从上述情况来看,东部与中、西部之间的发展差距已呈现向这一界限逼近之势。1993年,上海的人均国内生产总值为11700元,居东部和全国之冠,这一水平,是中、西部各省区该指标最高的新疆(2980元)的3.93倍,是该指标最低的贵州(1034元)的11.32倍;人均国内生产总值居于东部前列的北京(8240元)、天津(6075元)、辽宁(5015元)、广东(4938元)也分别为中、西部省区水平的3倍以上。这种情况对全国经济、社会及政治所产生的消极影响已有不同程度的显露。正视这一严峻现实并予以解决,已显得十分迫切。

2. 协调区域经济关系是正确处理改革、发展、稳定的关系不可缺少的内容

妥善处理改革、发展、稳定的关系,是使我国经济持续、快速、健康发展的重要前提。区域经济关系是改革、发展、稳定三者关系的集中反映。改革与发展所需要的稳定的社会经济环境必然包括协调区域经济关系的重要内容。而在现阶段,要解决发展水平较高的东部与相对落后的中、西部之间经济发展差距过大的问题,不能也不应该再采取传统体制时期平均化的均衡方式,发展中的问题只能靠加快改革、促进发展来解决。其含义,一是改善国家调控区域经济的方式,并强化调控力度;二是以市场机制作为优化资源空间配置,实现区域之间利益配置合理化的基础;三是加快中、西部的改革步伐,消除其与东部之间的体制差异。通过这些方面,形成并不断增强区域经济协调发展的内在活力和动力,使我国经济的持续、快速、高效发展建立在

区域协调的稳固基础之上。

还需要指出的是,80年代以来,世界经济向着区域化、一体化的方向迅速发展。国际经济竞争正在由国家之间的竞争向一体化区域之间的竞争转变。我国必须促进国内各个地区之间的协调发展,加快区域经济一体化的进程,以增强全国经济的凝聚力,提高我国参与国际经济竞争的能力。这是加快我国经济发展的重要着力点,也是把改革与发展结合起来,在区域一体化的基础上建立全国统一的大市场的重要目标。

3. 区域经济协调发展面临着前所未有的良好机遇

进入90年代,特别是党的十四大以来,我国区域经济运行进入一个新的发展环境之中。从改革的大环境来看,党的十四大和十四届三中全会以后,我国大大加快了市场进程。在财税、金融、外贸、投资体制等方面进行了全面改革,并且按照现代企业制度原则和要求,加快推进企业改革。这些改革,已经摒弃或大大减少了以前的改革中源于传统体制的消极因素,从而为市场化条件下建立新的、协调型的区域经济关系奠定了体制基础。另一方面,随着对社会主义市场经济条件下政府,特别是中央政府职能认识的深化和正确把握,党和国家对协调区域经济关系给予了高度重视,并且开始制定一系列旨在促进中、西部加快改革发展,扩大对外开放以及合理调节区域经济关系,使中、西部与东部实现协调发展的政策和措施。随着这些政策和措施的出台、完善,区域经济协调发展将得到强有力和有效的体制保证。

从发展条件来看,90年代与80年代初相比,我国区域经济的发展条件已不可同日而语。我国已经摆脱了改革开放之初普遍贫穷和停滞的发展状态,综合国力的迅速增强已令世人瞩目,调节区域之间资源配置和利益配置关系的能力也大大提高。就东部而言,经过10年多的优先和快速发展,其经济实力的聚集已达到了相当大的规模。

1993年,东部国内生产总值的总量已超过了澳大利亚。东部在初步实现"起飞"之后,已具有向中、西部辐射、扩散其经济能量的能力,这也是东部实现持续发展的希望所在,近年来所酝酿和发动的东部企业和产业西进的态势,正是东部蓄势待发,向中、西部扩展经济发展空间的反映。对中、西部来说,其落后仅是指与东部相比而言。不言而喻,中、西部比之于80年代初,取得的发展成就也是巨大的。同时,80年代末以来,随着国家在中、西部进行的一批重大的交通、通信设施工程建设的完成,中、西部也兴起了沿边、沿桥(陇海—兰新亚欧大陆桥)、沿(长)江开放的热潮。从这些方面来看,中、西部加快发展的条件已比过去有了很大的改善。

总之,在社会主义市场经济条件下,中、西部与东部之间经济的协调发展存在着良好的机遇和可能充分利用的有利条件,同时,也是我国改革、发展、稳定的大势使然。还需要指出的是,在进入全国推进市场化的"九五"前夕,我国的人均国民生产总值已达到720美元以上(按1980年不变价格计算,并换算为1980年的美元)。从国际经验来看,这正是进行结构变革的重要阶段,而区域经济关系的调整,正是结构变革的题中应有之义。我国区域经济关系的现状及其在市场化条件下发展的大趋势,都要求以加快中、西部的发展为基点,进行区域经济关系的调整和重构。所有这些,都说明我国确实到了"要求拿出更多的力量"帮助中、西部发展的时候,正如邓小平同志所指出的:"这也是个大局。"

(二)社会主义市场经济条件下区域经济协调发展的内涵

从社会主义市场经济的统一性和各个地区发展基础和条件的差异性出发,东部与中、西部之间的协调发展应包括以下几个方面:

1.区域经济协调发展目标:整体优化资源配置

统一性是社会主义市场经济的本质特征。一个国家经济实力的强弱决定于其凝聚力的强弱，故而也决定于国家从全局和整体上优化资源配置的能力。因此，消除区域经济关系中破坏社会主义市场经济的统一性，涣散全国经济凝聚力，降低资源配置质量和效率的悖逆因素，从整体上优化资源配置，应该而且必须作为国家调节区域之间资源配置和利益配置关系的目标；服从这一目标，则是各个地区选择本地区发展目标的前提。

2. 区域经济协调发展的基础：合理的区际分工

东部与中、西部的协调发展必须建立在合理的区际分工的基础之上。这也是整体优化资源配置的根本要求。与传统体制时期的区际分工相比，市场化条件下的合理的区际分工应具有这样的几个特点：一是开放性，即打破各种非市场壁垒，使各类资源能够自由流动；二是多样性，即突破传统体制中、西部与东部之间单一的"资源—加工"垂直型分工的局限，根据各个地区产业结构成长的阶段和特点，发展水平型分工或垂直型分工与水平型分工相结合的各种融合、渗透型分工；三是扩展性，即由过去的以工业为主体的分工扩展到第一产业和第三产业，由产业分工扩展到市场分工；四是比较优势原则，即在区际分工中，各个地区的产业发展，应有利于形成并增强本地区的比较优势。

3. 区域经济协调发展的动力：合理的利益配置

合理的经济利益关系，是区域经济协调发展的动力源泉。为此，必须通过体制转轨，把过去中央与地区之间、地区与地区之间耗损型或损益失衡型的非市场利益配置机制，转变为国家宏观调节和地区发展有机结合，中央与地方，地区与地区之间利益共享、互促互进的利益配置机制，使东部与中、西部之间结成"利益共同体"。

4. 区域经济协调发展的实现形式：区域联动和一体化的共同市场

以上各点,实际上构成了市场化条件下东部与中、西部区域经济关系所应该遵循的原则。这些原则,决定了实现区域经济协调发展的有效途径和形式,这就是建立区域联动和一体化的共同市场。所谓区域联动,就是东部与中、西部之间在体制、结构上的密切衔接和高度契合。具体来说,就是通过加大中、西部体制改革的力度,加快其市场化进程,提高东部市场化质量和规范化程度,把各个地区的经济运行统一到社会主义市场经济体制之中;在各个地区产业结构成长过程中,依据比较优势的原则,把资源的产业配置与空间配置有机地结合起来,形成各具特色、优势互补、具有较强的市场扩张能力且组织化、有序化程度较高的资源配置体系。所谓一体化,包括产业一体化、市场一体化和区域一体化等不同层次。其中产业一体化是指促进各个地区之间及其内部的生产要素在产业间有序流动和聚集、重组,提高产业的关联程度和综合发展能力;市场一体化是指消除地区之间及其内部的贸易壁垒,实现价格、投资、金融、财政等政策的统一;区域一体化则是指促进能够辐射、带动全国经济发展的经济核心区,能够辐射、带动一个区域发展的经济增长区的发育和成长,形成不同范围、不同层次的经济网络。经济核心区以大都市为中心的城市群为依托,经济增长区以中心城市为依托,以一体化的产业为骨架,以一体化的市场为纽带,使各个层次的区域形成全面开放,能够有效地聚集资源和配置资源的共同市场。建立、发展和完善区域联动、一体化的共同市场,是实现东部与中、西部区域经济协调发展的必由之路。

三、在市场化进程中重构东部与中、西部的区域经济关系

从新旧世纪之交我国改革、开放、发展的大局出发,根据区域经济协调发展的内容及原则,重构东部与中、西部的区域经济关系包括以下几个方面:

（一）建立政府与市场有机结合、双重驱动的区域经济协调机制

在社会主义市场经济条件下，要实现东部与中、西部的协调发展，一方面要充分发挥市场在区域之间资源配置和利益配置中的基础性作用，另一方面则要由政府实施有力和有效的宏观调控手段和措施，由此形成政府与市场有机结合、双重驱动的区域经济协调机制。

1. 发挥市场在区域协调中的基础性作用

要使市场机制在区域协调中的基础作用得到有效的发挥，就必须加快体制转轨的进程，按照市场经济的开放性、统一性和平等、公开、公平竞争，以效率为取向等基本特征和要求，规范区域经济关系。

（1）推进价格改革，改善区际贸易条件。理顺资源产品与加工产品、上游产品与下游产品之间的比价关系，使产品价格能够反映供求关系；对资源产品价格，还应反映资源的稀缺性。通过价格改革，使中、西部与东部之间建立起公平的商品交换关系，使各个地区在区际贸易中，能够获得大体均衡的收益，以有效地遏制中、西部利润的双重流失。

（2）提高市场的规范化程度，促进地区间的平等、有序、规范竞争。取消厚此薄彼的政策，使各个地区的市场主体享受统一、平等的国民待遇；严格限制地方政府非市场配置资源的范围和对市场的非理性干预，依法制裁和取缔地区封锁、地方保护等"诸侯经济"行为，拆除地区间的贸易壁垒。

（3）以企业为主导，促进地区间的资源流动和重组。把地区间资源流动和配置由政府为主导转变为以企业为主导，由企业以合乎市场主体规范的行为推动和组织地区间的资源流动和配置。

（4）把资源配置中单一的产业或地区的效率取向转变为产业和地区有机结合的双重效率取向。即把资源的产业配置效率与资源的

空间配置效率结合起来,促进产业成长区域化和区域开发产业化,实现产业优势、区域优势(包括资源优势和区位优势等)的有机统一。

2. 强化中央政府在协调区域经济关系中的宏观调控作用

"效率优先,兼顾公平"是社会主义市场经济的一个根本原则。市场行为的主要目标是效率;政府行为的主要目标则是公平。仅靠市场机制,很难自动地实现区域经济关系的协调,从而也不大可能使先富的地区自发地帮助和带动后发展地区,靠政治动员和道德的感召也难以在这方面取得显著和持久的效果。因此,必须强化中央政府在实现地区之间公平方面的主导作用,使地区之间形成公平的经济基础。

(1)强化中央政府的财力支配能力。进一步完善和健全已经实施的分税制改革,增加中央财政收入在全国财政收入中所占的比重,以改变中央财政支出占全国财政支出的比重持续下降("六五"期间为48.29%,"七五"期间下降到39.57%,"八五"的前两年略有回升,但也仅为40.66%)的局面,壮大中央政府调节区域经济关系的物质基础。中央政府对地区间利益配置调节的重点,应选择为遏制并逐步缩小地区间人均收入水平的差距。

(2)增强改革与发展政策和措施的区域针对性。要使改革与发展政策产生加快中、西部改革与发展的显著效果,就必须从中、西部的现实出发,纠正过去在政策制定和实施方面"一刀切"的偏颇,增强区域针对性。例如,对于已经实施的分税制改革,应充分考虑其所产生的使中、西部税负加重、不利于中小企业发展等负效应,予以进一步完善和规范。在这方面,可以考虑对中、西部实行低税和低利率政策;建立规范、科学的财政转移支付制度,革除目前以税收返还为主的财政转移支付制度所存在的缺乏稳定性、转移支付规模不足且不能及时到位等弊端,使中、西部地区能获得足够的利益补偿。

(3)制定对中、西部地区强有力和有效的援助性开发法规和发展援助政策。一是以中央政府为主,在地方政府的积极配合下,制定并实施对中、西部贫困地区进行发展援助的政策和计划,例如,在同等条件下,优先安排中、西部建设项目,加大对中、西部基础部门(农业、交通、能源等)的投入力度等;二是激励、诱导东部对中、西部进行资金、技术和人才的支援和帮助,鼓励外商到中、西部投资;三是借鉴发达国家开发落后地区的经验,制定发达地区对中、西部不发达地区进行援助性开发的法规,以法律的形式,明确援助方和受援方的权利和义务;四是增加政策性投资和信贷的比重,并适当降低中、西部地区国家建设项目中地方的资本金份额;五是建立专项基金,支持中、西部的资源开发、农业发展和老企业的改造。

(4)协调中、西部地区各省区之间的关系,促进中、西部地区内部的协作与联合。对于涉及中、西部相关省区的重大开发项目,应由国家进行组织,并协调有关各方面的利益关系,使各方在联合中受益,在联合中发展。

3. 发挥地方政府在区域协调中的积极性和主观能动性

地方政府是区域经济运行的直接组织者。如果只有中央政府的积极性,而地方政府缺乏积极主动精神,就很难实现区域经济协调发展的局面。应该看到,在协调区域经济关系方面,东部与中、西部的地方政府的作用是有区别的。对东部地区来说,地方政府应努力提高市场主体的素质,建立规范、有序的市场竞争秩序;推进产业结构升级,增强在国际市场的竞争力;同时,还应与中、西部积极合作,制定东西合作的发展规划、计划和政策,推动产业和企业的西进,与中、西部进行资金、技术、项目开发、市场开发等方面的合作。

对中、西部来说,政府必须把国家的扶持、东部的支援与自力开发结合起来;把宏观改革与发展政策与动员、组织全社会的经济资源结合起来;把促进区域内的资源流动、联合与重组同吸引东部和国外的资金、技术结合起来，加快体制、结构、增长方式转变的进程。在这方面，中、西部地区应该有新思路、新措施，迈出更大的步伐。例如，在培育市场体系方面，要加快非国有、特别是非公有制的市场主体的发展；努力培育并向国内外开放生产要素市场，促进资源、资本、土地等生产要素的市场交易；在促进国有企业改革方面，采取"抓大放小"的改革措施。与此同时，中、西部地区还应有更大的开放度。地方政府应将其投资由投向一般的竞争性项目转变为投向非竞争性的公共工程、基础设施项目，改善投资的"硬"环境；制定有吸引力的引进东部和国外资金、技术的政策，按照国际惯例和规则，完善和健全有关法规，改善投资的"软"环境；开放部分基础性项目，允许外商投资和经营。

（二）扩展和深化区域分工

发展东部与中、西部之间优势互补的合作关系，并使之扩展和深化。

1. 以不同的产业结构指向推进地区间产业结构同步变革

在产业结构成长指向上，东部应确立成为全国高新技术产业、出口创汇产业增长中心的发展目标，促进产业结构的升级，使之成为全国领航产业的技术、产品辐射源，参与国际市场竞争的产业基地。

中、西部则应确立资源开发产业聚集化、综合化、细分化的发展目标，增加先进技术要素在产业及其结构成长中的贡献份额，提高产品的附加价值，把天赋资源优势转变为比较经济优势，使之对东部和全国经济发展的资源产品供给，由数量适应型转变为质量—结构适应型。

2. 以比较优势为依据，发展多样化的区际产业分工

东部与中、西部以各自的优势产业为核心，发展各种纵向、横向的产业关联，在发展多样化区际产业分工的过程中，成为全国同类产

业的发展中心。特别是西部要利用科技人才聚集程度较高的优势,努力培育科技先导型产业和企业,促进先进技术与经济的紧密结合,以促进增长方式由数量型、粗放型向质量—效益型和集约型转变。

3. 发挥区位优势,发展市场分工

东部应利用开放的区位优势,进一步提高参与国际市场竞争的能力,以进入国际市场来启动产业结构的升级;中、西部则应致力于提高产品在国内市场的占有率,并利用沿边开放的有利条件,努力开拓边外国际市场。由此形成合理的市场分工,使各自的产业结构变革与市场分工有机地结合起来。

(三)培育区域经济协调发展的市场主体

推进和深化企业改革,塑造企业特别是国有大中型企业作为区域协调发展的主体的地位。

1. 推动体制创新和产业组织创新,培育东西联合的企业集团

以各地区优势产业为骨架,优势企业为核心或龙头,促进生产要素跨空间流动、聚集和重组,发展跨行业、跨地区、跨所有制的企业集团。其中包括中央部门与地方之间的国家—地方性企业集团、地区与地区之间的地方性企业集团。以这些企业集团为主体,促进东部与中、西部的互补合作。

2. 发展不同层次、不同类型的优势组合

企业集团应是地区之间的优势聚集和组合。其内容包括:资源(中、西部)与技术(东部)的结合,资源、劳动力(中、西部)与技术的结合,东部与中、西部优势技术的聚合,产品与市场的结合,等等。

3. 联合开拓企业发展新空间

在国内,东部企业应以中、西部作为自己成长与发展的新空间,特别是东部的传统产业,应向中、西部转移。东部的优势企业应向中、西部进行辐射和扩散,与中、西部合作,发展一批"东西合作示范工

程"。中、西部企业也应努力东进;在开拓国际市场方面,中、西部与东部的大中型骨干企业应组成向国际市场进军的"联合舰队",培育起一批中国的跨国公司,发展国际化经营。

(四)发展区域经济新组合

市场化条件下区域经济关系的重构必须以区域格局的重构为基础。既有的东、中、西3个经济地带的划分,虽然在实施非均衡发展战略方面发挥了积极的作用,但也存在着包含的地域单元过大,各地域单元之间形成板块式格局等局限性。为此,必须适应市场化进程的需要,依据地理区位、经济发展条件以及经济联系范围,发展不同层次的区域经济协作,形成纵横交错的网络型区域经济新格局。

1. 建立以东部经济核心区为中心的经济圈

这些经济圈以东部的大都市为依托,形成沿海向中、西部扩散、辐射的圈层,包括环渤海湾经济圈、长江三角洲经济圈、华南经济圈。这3个经济圈的核心区,是改革开放以来我国市场化进程最快、对外开放程度最高、经济发展速度最快的地区,是东部与中、西部结合,最具扩张能力的全国性经济增长中心。

2. 建立横贯东西的经济带

这些经济带以横贯东西的交通干线为骨架,以东部核心区的大都市为龙头,连接东、中、西3个地带的城市,形成东、中、西结合的产业带。主要包括沿桥经济带、长江产业走廊、沿浙赣—湘黔—贵(阳)昆(明)铁路和沿珠江—南(宁)昆(明)铁路经济带,这是我国未来生产力布局由东向西扩展的主轴线。

3. 建立接南济北的经济带

这些经济带除了已有的京沪、京广铁路沿线经济带外,在中部与西部结合部的焦(作)枝(城)—枝柳(州)铁路沿线,是我国三线工业的密集区;即将开通运营的京九铁路沿线,地处东部与中部的结合部,是最能直接接受沿海经济核心区辐射的地区。此外,随着包头—延安—西安—安康铁路的建设和开通, 西部地区也将出现一个南北向的产业带。所有这些接南济北的产业带的形成与发展,将使我国区域经济网络更为完善,生产力布局更为丰满,经济的凝聚力也将大大增强。

4. 培育西部的经济增长区

西部地区是我国可持续发展的资源后方。20 世纪末到 21 世纪初,西部地区将迎来资源大开发的新高潮。为此,西部地区应从现在起,通过培育经济增长区,作好大规模开发的准备。西部地区的经济增长区可以分为两类:

(1)资源型经济增长区。这一类增长区以优势的能源、矿产资源为依托,发展能源重化工产业,西部地区可采取参与制方式,吸引国家、地区和国外的资金、技术,进行资源的综合开发。西部资源型经济增长区主要有晋蒙陕宁毗邻地区能源重化工基地, 以兰州为中心的黄河上游经济开发区(主导产业为水电、有色冶金和石油化工等);甘肃河西、青海海西和新疆的石油及矿产资源开发区,等等。

(2)高新技术产业增长区。西部地区的成都、重庆、西安、兰州,是三线工业聚集,科技力量密集,电子通信、航空、航天等高新技术产业具有一定优势的地区。以这些大城市为依托,选择高新技术产业作为主导产业,能够在西部建立起一个创新型的高新技术增长区。加上这一增长区内和周围的资源型经济增长区, 就能够在西部地区形成一个具有较强综合发展能力的经济圈。

最后需要指出的是,促进东部与中、西部联动型一体化区域经济关系的发展,除上述几个方面以外,还必须提高一体化运行的质量。这主要是采取有效的形式,进行合理的组织。在这方面,发达国家的成功经验可供借鉴。例如,在培育资源型经济区方面,可借鉴苏联发展地域生产综合体的经验；日本的以重大工程为核心，促进地区产业一体化的经验，可以用于中、西部重大工程项目如三峡工程的建设和组织；在中、西部扶贫开发中，意大利向其落后地区实施政策倾斜的做法能够给我们以启示；在发展横贯东西、接南济北的产业带中可以采取欧洲共同体组织跨国、跨区的协调委员会的形式进行协调；在沿江、沿河的流域经济开发中，美国在密西西比河流域开发中组织田纳西工程管理局的经验对我们不无裨益。总之，当联动型、一体化、纵横交错的区域新格局形成之时，我国也就真正实现了区域协调发展。

（本文发表于《社科纵横》1995 年第 6 期）

体制、结构、市场、资源
——对社会主义市场经济条件下甘肃经济发展战略的再认识

在 20 世纪 80 年代中期,全国和各个地区都制定了发展战略。这些战略,对促进区域经济的发展,实现全国和各个地区第一步发展战略目标,起了重要的作用。但是,也应该看到,当时制定的发展战略有一定的局限性。其一,高度集中的计划经济体制(以下简称为"旧体制")当时虽然已经松动,但仍在各个领域,特别是在国有经济中起着主导作用,受旧体制的束缚,当时的发展战略不可能从根本上解决国有经济活力不足、效率低下等问题。其二,在当时,改革的目标取向还不明晰,尽管实行了市场取向的改革,但这些改革还不足以形成新体制运行的条件和基础,特别是在国有经济能不能进入市场,如何进入市场这一关系到改革方向的重大问题上,还存在着争论,因此,当时制定的战略,也只能建立在旧体制的微观基础之上。其三,无论是宏观经济还是区域经济,在当时都未能从战略上解决体制和发展模式双重转换的衔接和结合问题。其四,在当时以单项突破、区域渐次推进来进行改革,经济运行的环境呈现为要素短缺(特别是资金短缺),"扩张—紧缩"的周期性波动频繁发生的情况下,发展战略很难从整体上得到实施,在实施过程中,也缺乏稳定性。所有这些方面,都使发展战略对经济发展的指导作用受到限制。

在甘肃,80 年代中期制定的发展战略除了存在以上几个方面的局限性外,还由于甘肃特殊的省情与当时的体制环境、发展条件等因素结合在一起,使发展战略所要解决的问题更为复杂,更为艰巨,加之在改革与发展进程中,无论是省情,还是体制环境、发展条件均处于一个动态变化的过程中,特别是在80年代后期以来的变化为以前制定发展战略时所始料不及,这种情况,必然在客观上限制了发展战略的实施效果。实际上,从80年代中期以来,甘肃在改革与发展方面,与全国和沿海发达地区之间存在的"双重滞后",也证明了当时制定的发展战略,尚未在根除这种"双重滞后"的症结方面,发挥有效的治疗作用。

进入90年代,中国改革的市场化进程已不可逆转。党的十四大确立的建立社会主义市场经济体制及其运行机制的改革目标模式,为宏观经济和区域经济的运行指明了方向;党的十四届三中全会通过的《决定》,更进一步明确了建立社会主义市场经济体制及其运行机制的基本框架的内容。这种新的体制环境的成长,使过去的发展战略所依据的体制条件和基础发生了根本性变化;同时,80年代以来的省情也发生了深刻的变化,因此,顺应改革的进程,面向21世纪发展,进行新的战略选择,既有可能,也十分必要,十分迫切。

进入90年代的甘肃经济发展水平,与党的十一届三中全会召开时的1978年相比,无疑取得了长足的发展,这是选择和制定面向未来的甘肃经济发展战略的现实基础。另一方面,相对于全国沿海地区,甚至与同属不发达地区的西部其他省区相比,甘肃在改革与发展方面都明显滞后。导致这种状况的原因,是甘肃进行新的战略选择时必须注意解决的重要问题。

改革开放以来,体制和结构的变革,以及由此而形成的市场机制的成长,已成为推动各地区经济发展的强大动力。但是,由于各个地区在经济基础和条件、体制环境和资源配置结构、市场发育水平等方面的差异,其经济发展的内在动力也表现出强弱之分。甘肃则是属于内在动力不足的省份。同时,改革开放的推进也大大改变了地区经济发展与自然资源,特别是与能源、矿产资源的联系方式和相互依存关系。甘肃是在旧体制时期发展起来的资源省,资源对其经济发展的影响,与沿海发达地区相比,也有着明显的区别。可以说,甘肃是在体制与结构变革双重滞后,资源与市场的关系尚未理顺的条件下进入90年代并步入市场化进程的。体制、结构、市场、资源,既是甘肃进行新的战略选择的出发点,也是构成新战略框架的基本因素。

在20世纪90年代到21世纪,如何来认识和估价体制、结构、市场、资源这些基本因素及其变化对甘肃经济所产生的影响呢?

先看体制。体制变革是全国和各个地区经济发展的动力源,甘肃与全国及各省、市、自治区一样,都是在旧体制"一统天下"的基础上进行改革的。在90年代初期以前,对旧体制的改革主要沿着两个方面进行:其一是在旧体制内部进行调整;其二是在旧体制外部开拓新体制的成长空间。前者主要是对国有企业进行扩权让利等方面的改革,这些改革在党的十四大以前,并未突破旧体制的框架。从全国各个地区来看,其进展情况差别并不显著。后者主要是发展各类非国有经济,其中包括城乡集体经济,合作、个体和私营经济以及"三资"企业等。这方面的改革由于在政策取向、经济基础和发展条件等方面的差异,地区之间,特别是沿海发达地区和中西部次发达、不发达地区之间,取得的效果有着显著的区别。

就甘肃的情况而言,在80年代的改革进程中,各类非国有经济无论从规模的扩张,还是从其在全省经济发展的地位来看,与沿海发达地区相比,都表现巨大的落差。在沿海发达地区,体制变革比较滞后的是以"东北现象"而著称的辽宁。辽宁与甘肃都是国家在旧体制时期建设起来的工业基地。虽然辽宁工业基础远比甘肃雄厚,但旧体制对这两个省的影响大体相同,例如,都是按照重工业化的模式来推进工业化,大中型骨干企业在工业中占的比重大,都受到中央计划的直接导控,等等。即使如此,辽宁的非国有经济在改革中的发展水平也显著地高于甘肃。1978 年,非国有经济占工业总产值的比重,辽宁和甘肃分别为 17.51% 和 9.13%,甘肃比辽宁低 8.38 个百分点,到 1992 年,辽宁和甘肃的这一比重分别为 43.25% 和 24.23%,甘肃比辽宁低 19.02 个百分点,差距扩大了 1.3 倍。1978 年,辽宁与甘肃一样,几乎没有什么非公有制经济,但到 1992 年,非公有制经济在工业总产值中的比重,辽宁已达到 13.51%,甘肃则仅为 5.19%。在 80 年代,非国有经济在辽宁工业总产值增长中的贡献份额为 40.44%,其中非公有制经济的贡献份额为 19.63%,而甘肃则分别为 32.81% 和 14.44%,均低于辽宁的水平。甘肃与辽宁比尚且如此,与经济发展快于辽宁的广东、山东、浙江、江苏相比,其非国有经济,尤其是非公有制经济的发展更为滞后。

对甘肃来说,虽然体制内的改革与全国各个地区相比,其进程及效果的差别并不显著,但由于非国有经济、特别是非公有制经济发展滞后(这些经济成分一开始就是旧体制的对立物),因而新体制在旧体制外的成长空间就十分有限。在国有经济占绝对份额(1992 年,国有经济占工业总产值的比重高达 75.77%),且其运行仍囿于旧体制框架的情况下,不但导致经济发展的活力不足,而且使旧体制的弊端难以根除。其中最大的消极影响,就是难以突破旧体制所形成的"政府—企业—体化"的格局。

在旧体制内进行的以扩权让利为主要内容的改革,并未触动旧体制弊端的本质,即企业与政府之间的产权关系不清,经营责任不明。一方面,由于国有经济在甘肃经济中占有绝对比重,其损益决定着全省经济的涨落,因而使政府对国有经济的"关切"程度远远高于非国有经济。在政府职能尚未实现向新体制转轨的情况下,这种"关切"不但表现为决策偏好向国有企业倾斜,而且也往往表现为对国有企业的过多干预,企业的经营自主权难以得到落实。另一方面,一些改革措施,如承包经营责任制等,使企业对政府的依附关系在一定程度上得以固化。同时,政府依然是企业固定资产的主要投资者(在大多数情况下,甚至是唯一的投资者),由此导致产权关系不清在增量资产中的复制。因此,在甘肃经济中,旧体制不但在较大的范围里发挥着作用,而且也有着继续存在的条件。从而给甘肃经济发展向市场经济轨道的转变造成体制上的障碍。

再看结构。结构是体制运行的基础,结构变革是体制变革的桥梁。作为体制变革重要内容的所有制结构的改革,是形成地区经济活力源泉的重要条件,上述情况表明,甘肃经济的所有制结构仍然表现出"高纯度"的特征,这是甘肃经济活力不足的主要原因之一。

从产业结构的形成及演进过程来看,甘肃现有的产业结构,是在旧体制时期高速推进重工业化的过程中形成的。在这一过程中,农村被排除于工业化过程之外,传统农业长期低水平徘徊;第三产业则由于旧体制对市场经济的排斥而得不到发展;以工业为主体的第二产业,则形成了高度倾斜于重化工业的超重型结构。

改革开放以来,尽管甘肃为发展农业和农村经济付出了艰辛的努力,并在改善农村贫困面貌,促进农村工业化方面取得了前所未有的发展成就,但是,由于农业和农村经济基础薄弱,发展条件差,农业仍然是国民经济中的薄弱环节,农村工业化仍处于粗放、低级的初始发展阶段。1978 年到 1992 年,甘肃农民人均纯收入虽然由 100.98 元增加到 489.47 元,增加了 3.85 倍,但与此同时,低于全国平均水平的差额,却由 32.67 元扩大到 294.53 元,扩大了 8 倍多。90 年代初,全省农村有 680 万人口的年均纯收入不到 400 元,占农村总人口的 1/3 以上,稳定脱贫的任务还十分艰巨。1992 年,农村非农产业占农村社会总产值的比重，全国为 64.21%，辽宁为 88.79%，甘肃则仅为 45.23%；农村人均非农产业产值，全国为 1788.35 元，甘肃仅为 535.90 元，还不到全国水平的 30%。农业的基础地位不稳固，农村人口收入水平低，农村工业化落后，仍是甘肃农业和农村经济中存在的主要问题。

在旧体制时期，甘肃是全国国民经济资源支撑体系的重要组成部分，以原材料和初级产品的输出支持着东部加工工业区的发展。1978 年，采掘、原材料工业占全省工业总产值的比重达 55.55%，比同样是重工业省的辽宁还高 12.21 个百分点。这种后向型、超重型的结构，使甘肃工业受计划经济束缚强，产品结构中最终产品少，附加值低，导致"双重利润留失"，而地方工业和轻工业长期发展不足。

改革以来，甘肃为了增强地方经济实力，对不合理的产业结构进行调整，努力发展地方工业和轻工业。但是，80 年代国民经济的持续高涨对能源、原材料产品不断增长的需求，仍然给甘肃能源、原材料工业以强大的推动力，同时，由于地方工业和轻工业发展的起始水平低，因而经历 10 多年之后，甘肃产业结构在旧体制时期形成的主要特征并无显著变化。1978 年到 1992 年，轻工业占全省工业总产值中的比重，由 19.99%上升到 24.89%，仅增加了不到 5 个百分点。1985 年到 1992 年，轻工业在全省独立核算企业工业增加值的比重，由 18.26%上升到 20.25%，仅增加了不到 2 个百分点。不仅如此，每元资本投入获得的工业增加值，还呈下降趋势，1992 年与 1985 年相比，这一指标下降了 26%，与全国相比，则仅为全国水平的 88%。

从现状来看，甘肃现有的产业结构，脱胎于计划经济而与市场经济联系微弱。由此形成甘肃向市场经济转轨的结构障碍。

与结构相联系的是资源。在社会主义工业化启动时期，待开发且比较富裕的能源、矿产资源成为国家把甘肃作为重点建设地区的直接动因。由此建成了甘肃以水电开发、有色金属、石油化工为主导产业的现代工业体系，也奠定了甘肃以原材料和初级产品参与国民经济地域分工的地位。

另一方面，旧体制时期形成的资源开发模式，一是只注重增加数量，扩展规模，而忽视综合开发和加工增值；二是单一地定位于能源、矿产资源，而忽视对可再生的农副土特产资源进行商品化和产业化开发；三是以国家作为重要资源唯一的开发主体，而忽视资源开发与地方经济发展的有机结合。因此，甘肃虽然形成了较大的资源开发能力，但与市场需求的结合程度低，同时，也形成了资源富而地方经济实力弱的尖锐矛盾。

需要指出的是，在形成较大的资源开发规模的同时，甘肃的一些重要资源开发产业，却因后备资源不足而步入"开发后期"；同时，在市场经济成长的新阶段，甘肃相当一部分能源、矿产资源的优势地位已趋于下降甚至丧失，由此将使甘肃在国内统一市场中的地位受到动摇和削弱。这种状况事实上已经出现。在全国的采掘、原材料工业总产值中，甘肃所占的比重已由 1978 年的 3.63%，下降到 1992 年 2.32%，与此同时，在全国工业总产值中甘肃所占的比重，也由 1.77% 下降到不足 1%。

最后，再看市场。上述情况表明，旧体制在甘肃资源配置过程中仍存在着较大的影响。这不但表现在旧体制对企业，特别是对国有企业的束缚，旧体制所形成的超重型产业结构及资源开发模式排斥着市场机制的作用，即从市场体制及其运行机制成长的人文环境和物质条件来看，甘肃向市场经济转轨的过程也会遇到较大障碍。

从人文环境来看，旧体制长期运行所造成的社会经济关系的扭曲，导致了人们对公有制、特别是国有经济过分依恋甚至迷信的心理，恪守"社会主义=公有制（实际上是国有制）"的信条，加上甘肃经济不发达，小生产习惯势力和思维方式又与旧体制的种种弊端结合在一起，形成了排斥市场经济的合力；同时，源于旧体制的结构模式又导致对甘肃资源优势的过高估计，从而阻滞了市场机制对结构及资源开发模式转换的促进作用。

从市场形成的物质条件来看，甘肃第三产业发展水平低，特别是保证现代市场经济健康运行的交通运输业、金融业和科技教育等十分落后。交通运输、资金是长期困扰甘肃经济的"瓶颈"约束；人力资源素质低，科技意识薄弱，科技成果转化率低，则是甘肃资源配置效率低的主要症结。同时，甘肃的生产要素市场还只是处于初始发展阶段，市场运行规则不健全，组织化程度低，也使市场对改善资源配置的作用十分有限。

总之，体制、结构、资源、市场作为确定甘肃经济未来发展战略的基本因素，在90年代初，其互相之间仍表现为低效率循环关系，即僵化的体制—低度化的结构—低效率低效益的资源开发—低水平的市场之间的对应关系，在这一循环关系中，起主导作用是体制与结构变革的"双重滞后"，其直接表现则是旧的资源开发模式与市场化进程的不适应。因此，理顺体制、结构、资源、市场之间的关系，使其相互之间由低效率的不良循环转为具有较高效率，能够增强经济扩张能力的良性循环，应该作为走向未来的甘肃经济发展战略的重要内容。

在90年代和21世纪初，甘肃应充分利用党的十一届三中全会以来所积累的改革与发展经验和成果，充分利用邓小平同志南方谈话、党的十四大和十四届三中全会所开启的社会主义市场经济发展新阶段所提供的有利条件和机遇，根据省情、省力的动态变化，把握国际国内市场环境与市场的基本趋势，选择和制定以市场化来推进工业化和现代化，实现世纪性跨越的新战略。这一战略的主要内容，应包括这样几个方面：其一，推进体制变革，把资源配置的基础转变到市场经济的轨道上来;其二,推进结构变革,构建与市场经济相适应的产业结构;其三,转换资源开发模式,以市场需求启动资源开发,使资源开发与市场需求及其动态变化相适应。

通过上述三个方面的变革和转换,建立两个良性循环。第一个良性循环是市场经济体制与资源配置结构的良性循环。即通过建立能够充分激励各类市场主体的积极性和竞争精神,富有活力和效率的体制,按照"效率优先,兼顾公平"的原则,合理配置利益关系,形成优化资源配置结构的利益驱动机制,实现按生产要素的比例及其收益进行分配的扩大再生产的良性循环。第二个良性循环是资源与市场的良性循环。这主要是以效益为中心,以市场需求为导向,以技术比较优势为基础,以提高资源转换效率为目标,形成市场—资源型的价值扩大再生产的良性循环。

上述内容,概括起来,就是"三重转换、双重性循环"战略。在这一战略中,"三重转换"是前提,"双重良性循环"则是目标,在"三重转换"中,体制和结构的变革是先导,资源开发模式的转换则是基础。在"双重良性循环"中,第一个良性循环是资源配置结构与利益配置结构在市场经济条件下的对应关系,二者互为条件,互相依存;第二个良性循环则是在市场经济条件下,资源开发模式与生产要素配置之间的关系,效率和效益,则是使二者得以相互协调的前提的依据。

(本文发表于《社科纵横》1994 年第 6 期)

社会主义初级阶段与甘肃经济改革和发展

　　江泽民同志在党的十五大报告中指出："我们讲一切从实际出发，最大的实际就是中国现在处于并将长时期处于社会主义初级阶段。"处于社会主义初级阶段是我国的基本国情，这一阶段的长期性，也正如江泽民同志指出的，"至少需要一百年时间。至于巩固和发展社会主义制度，那还需要更长得多的时间，需要几代人，十几代人，甚至几十代人坚持不懈地努力奋斗。"

　　如何认识社会主义初阶段这一基本国情？应该看到，自 20 世纪 50 年代初我国建立社会主义制度以来，虽然我们在社会主义建设中取得了巨大成就，特别是党的十一届三中全会以来的近 20 年中，改革开放和发展社会主义市场经济，使我国的面貌发生了令世人瞩目的变化，综合国力得到前所未有的提高，"然而总的说来，人口多、底子薄，地区发展不平衡，生产力不发达的情况没有根本改变，社会主义制度还不完善，社会主义市场经济体制还不成熟，社会主义民主法制还不够健全，封建主义、资本主义腐朽思想和小生产习惯势力在社会上还有广泛的影响"。所有这些都说明我国建设社会主义的任务十分艰巨，同时也说明社会主义初级阶段是一个长期的历史过程。

　　既然中国最大实际就是"现在处于并将长时期处于社会主义初级阶段"，那么，对于经济社会发展水平与全国特别是与沿海发达地区的差距悬殊的甘肃来说，其最大的实际，就是处于社会主义初级阶段的低层次，这种低层次，仅从经济发展的层面来看，表现出这样几个典型特征：

一是经济发展水平更为落后。1990 年到 1995 年,人均国民生产总值,全国由 1638 元增加到 4754 元,甘肃则由 1007 元增加到 2288 元,低于全国平均水平的差额,由 631 元增加到 2466 元;按可比价格计算,同期全国人均国民生产总值年均增长 10.24%,甘肃则比全国平均水平低 2.55 个百分点, 低于全国人均国民生产总值的差额,则增加了 91.54%。我国人均国民生产总值仅为美国的 1/50,韩国的 1/5,泰国的 1/4,而甘肃的这一指标,还不到全国平均水平的 1/2。

二是生产效率更为低下。1995 年,平均每个就业人员创造的国内生产总值,美国为 5.81 万美元,韩国为 2.23 万美元,菲律宾为 2831 美元,我国则仅为 1031 美元,即仅为美国的 1/56,韩国的 1/21,菲律宾的 1/3 多一点,甘肃的这一指标,仅为 447 美元,还不到全国平均水平的 1/2。

三是市场化因素更为稚弱。1994 年,全国城市(包括市辖县)按产值计算的农林牧渔业商品率为 61.09%, 东部城市的这一指标为 63.12%,甘肃城市的这一指标则仅为 51.62%。甘肃城市农业的商品化程度尚且如此,农村的商品化程度则更低,实际上,全省农林牧渔业的商品率 1996 年也仅达 47.53%。农业的商品化程度不高,其他方面的市场化程度也很低。例如,1996 年,在全社会固定资产投资中国有经济的比重,全国为 52.48%,甘肃则为 69.83%;在独立核算工业企业资产中国有经济的比重,全国为 58.61%,甘肃则为 85.73%;人均第三产业增加值,全国为 1733 元,甘肃则仅为 859 元,还不到全国平均水平的 50%;经济对进出口贸易的依存度,全国为 35.18%,甘肃则仅为 6.06%;人均实际利用外资额,全国为 45 美元,甘肃则还不到 9 美元。所有这些都说明,与全国特别是与发达地区相比,甘肃的市场化进程起点很低。

此外，甘肃资源配置中的低度化二元结构以及与此相联系的产业结构畸形、地区结构失衡等状况，尚未从根本上得到扭转。即从经济发展最为直接的效果来看，1996 年，甘肃农民的人均纯收入和城镇居民人均可支配收入，均在全国各省、市、自治区中居最后一位，所有这些，使甘肃经济在世纪之交，面临着十分严峻的挑战。

如何把甘肃经济全面推向 21 世纪？党的十五大报告指明了方向和途径。首先，要立足于"中国现在处于并将长期处于社会主义初级阶段"这一"最大的实际"，甘肃处于社会主义初级阶段低层次这一具体的实际，"把集中力量发展社会生产力摆在首要位置"。对于甘肃来说，尤其要把注意力集中于解决束缚其生产力发展的"观念瓶颈"和"体制瓶颈"方面。所谓"观念瓶颈"，就是在传统的计划经济体制时期，形成的公有制经济和非公有制经济"水火不容"的对立观，和所有制结构越公、越纯、越好的价值判断，成为一种僵化、偏颇的思维定势，至今仍在束缚着相当一部分干部和群众的思想。所谓"体制瓶颈"，则是传统体制把公有制经济扭曲为部门所有制，地区所有制乃至单位所有制，形成"条条"林立，"块块"各自为政，条、块之间互相分割的体制壁垒。这种导致资源流动凝滞化和资源配置离散化的体制壁垒，至今仍未能获得根本性突破，并且由于全省的所有制结构高度倾斜于国有经济，而与传统观念的思维定势结合在一起，严重地抑制着市场化因素的成长。

首先，为了打破"观念瓶颈"和"体制瓶颈"，甘肃必须贯彻党的十五大精神，进一步解放思想。一是要破除姓"社"姓"资"、姓"公"姓"私"的思想束缚，牢固地确立邓小平的"三个有利于"的标准；二是要破除"公"与"私"非此即彼的对立观，突破"补充论"的思想局限，确立"非公有制经济是我国社会主义市场经济的重要组成部分"，"以公有制为主体，多种所有制经济共同发展"的共同发展观；三是破除狭隘、封闭的小生产意识,树立市场经济的资源流动观念,突破阻碍资源流动、重组的体制壁垒。只有打破"观念瓶颈"和"体制瓶颈"的束缚,才能有效地启动甘肃经济的市场化进程,增强其发展的活力和动力。

其次,要调整和完善所有制结构。甘肃虽然处于社会主义初级阶段的低层次,但却维持着高度倾斜于公有制经济,特别是国有经济的高"纯"度的所有制结构。这种状况,使甘肃的市场主体结构及经济增长的动力结构十分单一,与沿海发达地区形成强烈的反差。在沿海发达地区已基本实现市场主体结构和经济增长的动力结构多样化的同时,甘肃却陷于"仅靠国有经济不行,离开国有经济更不行"的两难困境。为了走出这种两难困境,甘肃必须采取更为开明、更为开放的措施,按照"三个有利于"的标准,以非国有化为取向,重构所有制结构。一是为非国有经济,特别是非公有制经济创造"法不禁止即自由"的发展环境和活动空间,摒弃一切歧视、偏见和人为的限制,积极鼓励并促进其加快发展;二是对一般的国有中小企业,采取租、包、股、售等形式,使其中的绝大多数乃至全部,都转变为民营经济;三是在大中型骨干企业中,采取多种方式建立公司制,广泛吸收省内外的民间资本和国外资本,促进其资本结构多元化。通过这些举措,提高所有制结构中非国有经济,特别是非公有制经济的比重,实现市场主体结构和经济增长动力结构的多样化。

需要指出的是,对于甘肃来说,由于国有经济在所有制结构中比重过大,对经济的控制力和影响力过强,以致造成抑制竞争,窒息了经济发展的活力。因此,以非国有化为取向来重构所有制结构,是从甘肃的实际出发,适当降低国有经济的控制力和影响力的一个现实的选择。

最后,要以对国有企业实施战略性改造为契机,推进结构调整,提高资源配置效率。改革开放以来,虽然甘肃在一些方面与沿海相比而显得滞后,但在国有企业改革方面,却与全国与沿海地区在大致相同的起点。这也就是说,在国有企业改革尚未取得根本性突破的情况下,无论是沿海和内地,都同样面临着实现国有企业改革的攻坚问题。

党的十五大报告指出:"把国有企业改革同改组、改造、加强管理结合起来,要着眼于搞好整个国有经济,抓好大的,放活小的,对国有企业实施战略性改组。"这一推进国有企业改革与发展的战略方针,既为甘肃搞好整个国有经济指明了方向,又为其加快发展提供了历史性契机。因为,只要国有企业改革取得根本性突破,使其为传统体制所束缚的潜力得到释放,就可以解开甘肃两难困境的"死结"。为此,甘肃必须采取切实措施,推进国有企业的"三改一加强",搞好"抓大放小",并且把国有企业实施战略性改组与优化产业布局、改善产业结构结合起来,以提高经济发展质量。在这方面需要强调的是:其一要正确理解和贯彻"抓大放小"的方针,不能把抓大扭曲为抓"死"和"层层抓",而要把大企业塑造为有活力的市场主体,并将其范围严格地限定为对国家安全和宏观全局的经济安全影响重大的少数企业;对于小企业,则要放够、放足、放彻底,纯粹的国有经济要退出小企业。其二,要在改革中,采取名种方式,开拓多种渠道,促进资本的流动、聚集和重组,建立跨部门、跨地区、跨所有制,并能立足于甘肃优势,扩展甘肃优势,具有较强市场竞争力的"陇原联合舰队",特别是要促进资本向本省急需发展且市场前景广阔的产业流动和聚集,以改善甘肃畸重型、低度化、低效率的产业结构。其三,要树立发展的质量观。对于要素资源的投入,特别是国有资本的投入,要以效率为取向,纠正长期以来不注重提高国有资本的使用效率,重外延扩张,轻内涵发展的偏颇。同时,要注重改革的成效。对于一项改革措施的实施,不要强求一律,更不要使之成为一种表面形式,在这方面,要纠正那种动辄就谈什么"一X就灵"的片面倾向，而应该做扎扎实实的工作，把改革措施转变为提高效率的管理实践。这是推进国有企业"三改一加强"，进而提高经济效率和经济发展质量的题中应有之义。

（本文发表于《经济管理研究》1997年第4期）

试析甘肃资源增值的障碍和有利条件

为了把甘肃经济的发展推向 21 世纪,甘肃必须切实推动经济增长方式由粗放型向集约型转变,以提高经济效益和效率,提高经济发展质量和经济竞争力,而提高资源增值水平,则是实行这一转变的题中应有之义。在这方面,甘肃既存在障碍和约束,也存在可以利用的有利条件。

甘肃资源增值的障碍因素,主要有以下几个方面。

1. 观念障碍:传统的资源观和优势观的误区

甘肃对资源的工业化开发和利用,是在传统体制时期开始并形成规模的,为了满足工业化的推进对资源产品不断增长的需求,甘肃的资源开发走上了一条持续扩张规模的道路。在这一过程中,甘肃立足于资源(主要是矿产资源)的天赋优势,形成了有色金属、石油化工等优势产业。这一发展道路,使甘肃实现了现代工业从无到有的飞跃,与此同时,计划经济对市场化因素的抑制和排斥,则把已形成的产业优势圈定于国家指令性计划对资源产品的数量、规模型需求的框架之内,从而把甘肃经济在全国的地位、甘肃经济发展的取向单一地定位在资源开发的基础上。这种定位在改革开放之前是以传统体制的行政权威为依据的,而在改革开放以后,由于我国进入了工业化再启动的新阶段,对资源产品仍然保持着高涨的需求,因而经济发展中的资源定位就成为甘肃经济发展中的一种思维定势。80 年代高潮迭起的"原材料"大战,则进一步强化了这种思维定势。在当时,人们对甘肃经济发展条件的分析,也总是言必称"资源优势",至于这一优势自身及其在市场化因素成长的过程中会发生什么变化,则未能给予深入思考和清醒的认识。到90年代初,当甘肃的一些重要矿产资源难以支撑产业优势,甚至昔日的能源大省出现能源严重短缺的时候,当矿产资源比较匮乏的沿海地区凭借着市场资源的优势实现经济起飞的时候,人们才看到,把资源及其优势固定化的传统的资源观和优势观,在市场进程中只能导致发展的"误区"。

问题还在于,甘肃又是一个以传统的农耕经济为主的农业省,积淀千年的小生产与传统体制紧密地结合起来,使传统的资源观和优势观仍然产生着较强的影响,以致在农产品资源的生产、开发和利用方面,也存在与矿产资源开发本质上相同的定位,使农产品的生产普遍存在着只问生产,不问市场流通,轻视加工增值的倾向。这种传统的资源观和优势观,造成甘肃在资源加工增值上的两难选择:发展,资源的加工增值难;不发展,则更难——因为不发展资源加工增值,甘肃就很难形成较强的市场竞争力,很难实现经济的可持续发展。

2. 环境障碍:资源的超强度开发

80年代,是改革开放解放生产力、促进我国经济持续高涨的年代。工业化的高速推进,使甘肃这样的原材料和初级产品生产省承受着巨大的需求压力。而正是在这一时期,经过传统体制20多年的高强度开发之后,甘肃的资源开发产业进入了以再投入进行更新改造的时期,由于国家的投资重点东移,对甘肃资源开发产业的再投入严重不足,更新改造也只能停留在"修修补补""小打小闹"的水平。有关研究表明,直至90年代中期,甘肃国有企业中经过全面技术改造的只占20%左右。而在80年代,甘肃的能源、原材料工业则处在高强度开发的超负荷运转之中。"七五"期间,全省能源生产的超前系数仅为-0.58,采掘业的超前系数为-0.49,原材料工业的超前系数则为-0.13,对能源、原材料和初级产品巨大的需求压力,只能迫使这些产业努力扩大生产规模,难以通过更新改造提高生产技术水平来提高自身的增值能力,就全省而言,也难以腾出手来,发展这些产业产品的加工增值。

3. 体制障碍:资源开发利用的"条块"分割

甘肃资源开发产业中,大中型骨干企业具有举足轻重的地位。这些企业大多数属于中央各部门,相互之间难以形成对资源进行综合开发的整体观念和能力。甘肃是全国有色金属工业大省,又是西北地区钢铁生产能力最大的省份,但却长期未能形成有规模的合金钢生产能力。甘肃的金昌是全国唯一的镍工业基地,但不锈钢的生产却长期没有形成规模,只是在1998年才建成了第一家生产不锈钢的企业。而与原材料直接相关的加工工业企业数量少,规模小,又多属地方企业,这些企业在过去很长一段时间,很难从原材料生产企业获得原料供给;地方和部门的分割,使这些企业难以与原材料生产企业之间建立产品、技术联系;兼之地方财力拮据,也很难给这些企业足够的资金投入,因此,延伸和扩展原材料产业的产业链,迄今仍无突破性进展。

在农产品资源开发和利用方面,则受到传统体制乡村农业、城市工业的分割格局的束缚。城乡二元结构,仍成为阻碍工业与农业结合的重要障碍,成为农产品资源开发利用水平低,增值程度不高的体制性根源。

4. 技术障碍:科技要素供给短缺

从总体上看,甘肃的科技要素拥有情况在一些方面在全国还有优势。例如,甘肃有以中国科学院兰州分院为代表的一批全国一流的研究与开发机构。以兰州大学为代表的全国著名的高等院校;甘肃的大中型企业中,建立了技术开发机构的企业占82.80%,远远高于全国大中型企业的平均水平(32.20%);每万人中的工程技术人员,全国不到14人,甘肃则高达30人以上,等等。从这些方面看,以科技推动资源加工增值,在甘肃是有有利条件的。但是,从现实来看,科技要素在促进甘肃资源加工增值方面的作用还不明显。以全省工业企业中科技资源比较雄厚的大中型企业为例,产品销售收入中新产品的产值,1990年为7.59%,1996年则下降为4.23%,1997年虽有所上升,但也只达到6.06%。1997年与1990年相比,新产品销售利税率,由10.89%提高到11.91%,仅增加了1.02个百分点。大中型企业尚且如此,小型企业的情况就可想而知了。

导致科技要素优势与其效应不相称的原因:一是甘肃科技体制改革还需要进一步深化,科技长入经济、科技与经济结合,促进经济发展的机制还有待形成和完善。这主要表现在研究与开发机构、大专院校与企业之间在科技成果开发、转化、应用、推广方面还未形成互动互联、互促互进的机制;科技成果转化率低,科技成果的工程化、产业化渠道还不畅通。二是研究与开发活动与资源增值的技术需求结合程度差。甘肃研究与开发的优势,主要在基础学科领域,直接面向工农业生产,为资源加工增值提供的科技成果既存在着数量少的问题,也存在着因转化条件不成熟,而难以工程化、产业化的问题,同时,科技人员的配置结构也高度倾斜于资源开发的后向产业,前向加工业的工程技术人员则十分短缺。1997年,全省工业企业的工程技术人员中,大中型企业占的比重近70%,平均每个企业拥有的工程技术人员数,大中型企业(以原材料和初级产品生产企业为主)为76人,小企业(大多数为加工业企业)则不到2人。三是科技投入不足。以资金比较雄厚、在科技方面有较强投资能力的大中型企业为例,其从各方面筹集的技术开发经费占销售收入的比重,1990年为1.80%,1995年下降到1.45%,1997年进一步下降到1.37%,其科技投入中用于新产品开发的份额也呈同样趋势,1990年为41.96%,1995年下降到36%,1997年则进而下降到28.38%。四是企业技术装备老化。1980

年，工业企业固定资产的新度系数，全国为 0.68，甘肃为 0.67；到 1997 年,全国为 0.67,甘肃则下降到 0.63。全省工业企业设备陈旧、工艺落后的现象比较突出，重点企业的关键设备达到或接近国际国内先进水平的仅占 15% 左右的设备属国内一般水平或落后水平。五是生产技术结构存在断层。全省资源开发和加工利用的生产技术体系中，原材料和初级产品生产技术的前向扩展能力和加工生产技术的后向延伸能力都比较弱。以金属原材料为例,其产品中以加工程度较低的坯、锭居多，而经过一定加工的型材（如板、管等）比重则很小，如成品钢材与钢产量相比,全国为 0.84,甘肃则仅为 0.66。这种状况，在基本化工原材料产品中也同样存在。由于原材料和初级产品加工程度和细分程度很低,大部分加工工业企业,特别是其中的中小企业缺乏对这些产品进行再加工的能力，因而难以消化吸收这些"粗粮"。这种由于中间产品开发技术短缺而出现的技术结构断层，成为资源实现加工增值的一个重要障碍。

除了上述几个方面以外，还有一些其他方面的因素也影响着甘肃资源开发的增值。例如,由于地处内陆,信息咨询和服务业发展滞后,使企业难以及时了解市场需求信息;由于囿于传统的经验管理，对合理组织生产要素缺乏比较先进的管理手段,从而导致生产效率低下;此外,包括矿产品和农产品在内的原料品质较差,使原料的品种结构难以适应加工制成品的需求,等等。所有这些,都严重地制约着资源加工增值能力的形成和提高。

尽管甘肃发展资源加工增值存在着诸多困难和障碍，但改革开放的推进和扩展,也给甘肃发展资源增值创造了条件和机会。

1. 市场化:发展资源加工增值的宽松环境

步入市场化进程以后，甘肃经济发展的体制环境发生了很大变化。首先,原材料和初级产品,以及农产品资源已由指令性计划调配转变为主要按市场供求规律进行调节，企业逐步摆脱了僵硬的计划体制的束缚，能够以市场需求来确定产品的生产和流向；而加工业企业则能够通过市场获得材料供给，根据市场需求及其变化进行加工增值。其次，随着对外开放的扩大，沿海地区原料供给的空间结构已由内地供给型，转变为内外结合供给型，对内地资源产品的依赖程度也明显减弱，从而减轻了内地资源型产业的压力，为其发展资源加工增值创造了一个较为宽松的市场环境。再次，在市场化进程中，包括资源、资本、技术、人才等在内的生产要素流动、重组的自由度大大提高，对甘肃这样的资源加工增值能力弱的省来说，发展资源的加工增值已成为生产要素流动和重组的重要取向。最后，市场化进程极大地解放了被传统体制束缚的生产力，大大提高了包括资源产品在内的各类物质产品的生产能力，昔日全面短缺的资源产品，今日形成了"买方市场"，而"买方市场"中，资源产品的品种、质量及加工增值程度，已成为决定企业竞争力的重要条件，为资源加工增值提出了明确的市场指向。

2.地域分工新格局：发展资源加工增值的空间基础

改革开放以来，随着市场化的发展，我国地域分工格局已发生了重大变化，即由传统体制时期内地资源、沿海加工的区域经济利益亏负转移性（即内地向沿海地区的"双重利润流失"，沿海地区向国家提供财政支持）垂直型分工，转变为地区间的水平型分工，与垂直型分工相比，水平型分工的基础是各地区的比较优势，促进比较优势形成的条件是各类要素资源按照市场经济的效率原则进行流动和组合，衡量比较优势的标志是市场竞争力。这些方面对甘肃的资源开发产业确立了新的发展取向，一是把依存于天赋资源的数量规模型优势转变为质量—结构型优势，即对资源进行综合化、细分化和高品质的开发，从而使资源开发在初始环节就能提高其技术含量和附加价值。二是充分利用资源产品的数量、品种、成本等方面的优势,面向市场需求拓展资源产品加工的范围和深度,提高资源产品在加工环节上的技术含量和附加价值,这种全过程的加工增值既有资源供给方面的有力支持,又有市场需求的有效拉动,因而能够形成比较优势的稳固基础。这正是地域分工由垂直型分工转变为水平型分工对资源省区所产生的积极效应。这种效应的产生还与我国进入工业化成长新阶段密切相关,这一转变,也是甘肃发展资源加工增值的重要契机。

3. 企业经营主体地位的确立:资源加工增值的强大动力

市场化确立了企业作为市场主体的地位,并赋予其相应的生产经营权力。企业能够根据市场需求,按照效率和效益原则,开发和生产为市场需要的产品。对资源开发型企业来说,发展资源加工增值,延伸和扩展产业链,已成为实现产业扩张,增强其市场竞争的内在要求;对于加工工业企业来说,充分利用本地区的资源,已成为其降低生产成本的一个必须考虑的重要因素。同时,在投资体制、科技体制等方面的改革进程中,在政府促进产业结构调整的有关政策和措施的贯彻实施过程中,资金投入、科技投入和政策投入等都已向发展资源加工增值的方向倾斜。这些都将形成促进资源加工增值的强大动力,开拓资源加工增值的深度,扩展资源加工增值的广度。

发展资源加工增值是甘肃面向 21 世纪的必然选择。为此,甘肃应努力排除阻碍资源加工增值的观念障碍、环境障碍、体制障碍和技术障碍,充分利用各种有利条件和机遇,在发展资源加工增值方面就一定会大有作为。

(本文发表于《甘肃经济管理干部学院学报》1999 年第 2 期)

西北地区经济发展和产业结构现状分析

西北地区是我国农耕文明的发祥地之一。在 19 世纪中叶发端的中国近代化进程中,西北地区的发展历经曲折和坎坷。20 世纪 50 年代初到 70 年代末,高度集中的计划经济体制(以下简称为传统体制)推动了西北地区工业化的初兴。1978 年党的十一届三中全会开启的我国改革开放进程,推动西北地区进入经济体制转轨、产业结构变革的新阶段。积淀厚重的传统农耕经济、高度集中的计划经济体制和不断成长的市场化因素在不同发展时期的作用,决定了西北地区经济发展和产业结构变迁的轨迹;而在改革开放进程中这些因素作用的消涨和矛盾冲突,则决定着西北地区产业结构的现状特征。

第一节 西北地区经济发展的轨迹

西北地区经济发展的历史久远,可上溯至三代。自那时以来的三四千年的漫长历史中,西北地区的经济发展可大体划分为三个阶段:第一个阶段是 19 世纪 60 年代以前,农耕经济由初兴到鼎盛再趋于衰落;第二个阶段是 19 世纪六七十年代到 20 世纪 40 年代末,近代化因素曲折缓慢地成长;第三个阶段是从 20 世 50 年代初开始步入工业化进程。但在第二个阶段中,西北地区的经济仍以传统的农耕经济为主;在第三个阶段中,以 1978 年为界,则经历了两个不同的体制。鉴于此,研究西北地区经济发展的历史,实际上可分为三个时期,即 1949 年以前的历史时期;1950 年到 1978 年的传统体制时期;

1978年以来的改革开放时期。

一、历史上西北地区的发展

西北地区是中华民族的一个重要发祥地,也是中华农耕文明的源头之一。据历史传说,中华民族的先祖伏羲生于天水,教民渔猎放牧;炎帝生于宝鸡,教民稼穑耕作;黄帝教民蚕桑,死后葬于桥山(今陕西省黄陵县黄帝陵);大禹"导河积石,至于龙门"(《书·禹贡》)。这些关于三代及其以上的传说虽有待实证,但田野考古发现的距今6000多年的西安半坡村遗址,比这更早的秦安大地湾遗址,以及在西北地区多处分布的马家窑文化、齐家文化等古文化遗存,就足以确凿无疑地证明,西北地区是中华先民渔猎耕作、繁衍生息之地。

殷商时期(公元前16世纪至前1066年),居于泾河、渭河流域的周人祖先,就从事稼穑,改善耕作,开拓了我国最早的种植业。武王伐纣灭商之后,农耕经济有了更大的发展。此后经秦开阡陌封疆,汉兴屯垦水利,降至隋唐,李唐开元天宝年间,西北地区的农业达到极盛。据《资治通鉴》(卷216)记载:"是时中国强盛,自安远门西尽唐境万二千里,闾阎相生,桑麻翳野,天下称,富庶者无如陇右。"

至唐以降,我国政治经济中心东移。西北地区在全国的政治经济地位下降。由于战乱迭起,兵连祸结,兼之自然灾害频仍,西北地区的生产力受到严重破坏,沦为全国的贫瘠之地。有清一代,国家在西北连年用兵,更加剧了西北地区经济的衰落。至清咸丰年间(1851—1861年),因东南地区太平军兴,清廷加重了西北地区的赋税,加之连年大旱,造成西北地区发生"饿殍载道""人相食"的惨景(袁林《西北灾荒史》,1994),民生涂炭,社会矛盾形如水火,终于在同治元年(1862年)爆发了大规模的回民反清斗争,西北地区又陷于战乱之中。与此同时,帝俄又在新疆扶持阿古柏政权,图谋分裂祖国。内乱外患交织,不独西北板荡,国家的统一也受到严重威胁。1866 年,清廷任命左宗棠为陕甘总督;1875 年,又任命左宗棠为钦差大臣,督办新疆军务。为平息内乱和收复新疆,左宗棠于 1869 年在西安随军设立了西安机器局,制造军火。是为西北地区创办最早的一个军事工业单位。1872 年,又将其迁至兰州,改为兰州机器局;1878 年(光绪四年),左宗棠又创建了兰州机器织呢局。左宗棠兴办的这些军需工业单位,有力支持了西北战事的需要;同时,也是 19 世纪 60 年代兴起的洋务运动向西北地区的延伸,成为西北地区近代机器工业之滥觞,其中的兰州机器织呢局,是中国近代毛纺织工业的鼻祖,首开西北毛纺织机器工业之先河(魏永理等,1993)。

由军事工业发端的西北地区近代工业,到 19 世纪 70 年代末期以后,由于地方官僚开办近代企业及官商合办企业的发展而扩展到民用工业。1901 年,光绪颁诏,变法实行"新政",西北地区近代工业得以发展。其中成立于 1905 年的陕西延长石油官厂,结束了中国大陆不产石油工业的历史,成为大陆和西北石油工业发展的先驱;其后于 1907 年,新疆创办了独山子石油公司,石油工业成为西北地区较早发展的一个近代矿业开发部门。从开始实施"新政"到辛亥革命清朝覆亡时,西北地区的近代工业计有采矿、制革、毛纺、棉纺、火柴等行业。总的来看,这一时期西北地区的近代工业以官办或官商合办为主,私人资本主义企业在一定程度上、一定范围内也有所发展,但障碍重重,难成气候(魏永理等,1993)。

辛亥革命以后,在北洋政府时期,西北地区的近代工业在 1912 年到 1920 年有了一定的发展。这一期间,西北地区开办了电力工业,其中包括 1914 年成立的兰州电厂,1917 年成立的西安电厂;陕西、甘肃、新疆兴办了火柴厂;制革工业在各省较为普遍。这一时期,被史家称为中国民族工业发展的"黄金时代"。但这一"黄金时代"则主要体现于沿海地区民族工商业的较快发展,而在西北地区,则由于交通落后,风气闭塞,民族工业的发展进展不大,远远难以与沿海地区相比(魏永理等,1993)。

1927年国民政府在南京成立,结束了北洋政府的统治,在此之后直到全面抗日战争爆发前的1936年近10年的时间里,中国资本主义工商业有了较大的发展。这一期间,开发西北的呼声大倡,加之在此前后,新式金融的发展,为工商企业提供了融通资金的便利;陇海铁路于1931年通车潼关。1934年底通到西安,以西安为中心通经西北各地的公路相继通车,西北地区交通闭塞的局面有所改观;国民政府实施关税自主和币制改革等措施,等等。所有这些,引致外省的实业家到西北地区投资兴办实业。在轻工业方面有棉纺织业、面粉业、火柴业、皮鞋业、榨油业、印刷业、机器打包业等,在重工业方面有机器制造业、化学工业、电力工业等,这些工商企业主要分布于陕西关中地区,兰州、西宁、乌鲁木齐等地也有少量分布,初步形成了以关中为中心的近代机器工业发展局面(魏永理等,1993)。

迨至抗战军兴,沿海沦陷,国民政府迁都重庆,以西南、西北地区为抗日战争的战略后方,沿海沦陷区的工商企业大批西迁,由此兴起了西北工矿业开发的高潮。全面抗战前,陕甘两省经实业部注册登记的资本额5万元以上的企业只有12家;全面抗战开始后,到1941年的4年间达到117家。到1942年,陕甘青宁四省共有工厂539家,占国民政府统治区工厂总数的13.86%。1944年,陕甘两省工厂数已达587家,实缴资本占国民党统治区总数的11.16%(魏永理等,1993)。抗战期间,西北地区开办的工商企业集中在西安、咸阳、宝鸡、兰州、西宁、迪化(今乌鲁木齐)等城市。工业则以满足战时军需民用的纺织业、面粉业、火柴业、制革业以及化学、石油、煤炭、电力、水泥等为主。

特别是 1938 年开始筹建,1941 年正式成立的甘肃油矿局,是中国第一个大规模的石油开采炼制企业。玉门油矿区在筹建期间,于 1939 年 3 月打出第一口钻井,一昼夜采油 450 加仑,以后规模不断扩大,到 1941 年油矿局成立时,年产原油已达 1.18 万吨,迅速成立了煤油厂,1942 年实现了机械炼油。从 1939 年到 1945 年,玉门油矿共采出原油 25.35 万吨,炼制车用汽油、灯用煤油以及柴油、燃料油共 24.43 万吨,缓解了全国石油及其制成品进口受阻所造成的严重短缺局面,有力地支持了抗战的需要。玉门油矿是中国石油开采和炼制技术的摇篮,在中国石油工业发展史上具有重要的地位。

抗战胜利后,国民党反动派发动了反共反人民的内战。西北地区的工矿企业随即陷于困境。到 1949 年中华人民共和国成立时,西北地区工业总产值只有 5.12 亿元,仅占工农业总产值的 15.60%;其中青、宁、新三省区的工业总产值还不足 1 亿元;各省工业总产值占工农业总产值的比重最高的为甘肃,也仅为 18.80%。整个西北地区,还处于经济凋敝的农业社会之中。

二、传统体制时期西北地区的历史地位与经济发展

1949 年中华人民共和国的成立,标志着中国步入工业化、现代化的发展进程,由此推进了西北地区经济社会的巨大变革。

在漫长的封建社会中,西北地区传统的农耕经济曾一度辉煌,最终随着封建社会的没落而走向衰败。在中国坎坷的近代化进程中,西北地区更是步履维艰,以致在新中国成立时,西北地区除了石油工业外,其他工业部门基本上还处于原始、初级的发展状态。

1952 年,我国以实施第一个五年计划为开端,步入社会主义工业化进程。当时,我国工业化的基础表现为三个基本特征:一是从整个国家来看,仍是以传统农耕经济为主的农业社会。1952 年,在全

国国内生产总值中,工业仅占17.64%,而农业则占50.50%;二是十分弱小的工业则偏集于沿海地区,当时沿海地区占全国工业总产值的比重高达70%以上;三是工业发展的基础支持体系十分薄弱,当时在全国的工业总产值中,重工业仅占35.57%。这样,致力于发展工业,改善工业生产力布局,建立工业发展的基础支持体系,就成为我国推进工业化的重要取向。同时,我国全面移植了苏联的计划经济模式,建立了高度集中的计划经济体制。对西北地区来说,推进工业化的任务更为迫切。这不但是因为西北地区是全国工业最为薄弱的地区,而且也因为西北地区能源、矿产资源富集,能够为全国的工业化提供必需的资源支持。这样,西北地区就成为"一五"计划的重点。但在当时,经济十分贫瘠的西北地区不具备自我发展现代工业的基础和能力,在这种情况下,国家依靠传统体制的行政权威,组织和动员社会经济资源,对西北地区进行现代经济生产要素的大规模植入。

"一五"时期,在国家确定的156项重点建设项目除军工项目以外的120个项目中,安排在西北地区的共有15项(许刚、王积业,1990)。这些项目的建设资金,全部由国家投入;进行建设及项目建成后的工程技术人员和熟练工人,绝大多数是由东北、天津、上海的老工业基地调入。这些项目按部门分,能源、原材料工业项目有9项,投资额为13.72亿元,分别占能源、原材料项目数和投资额的9.89%、7.61%;机械工业项目有6项,投资额为4.07亿元,分别占机械工业项目数和投资额的27.27%、14.34%。所有这些项目的投资额为17.79亿元,占120个项目投资额的9.85%,而在1952年,西北地区的工业总产值不过10亿元多一点,仅相当于这些项目投资额的56.72%,占全国工业总产值的比重,也仅为2.89%。整个"一五"期间,西北地区全部基本建设投资总额占全国的比重为11.52%。

　　"一五"时期,陕西、甘肃是国家在西北地区的投资重点区,15项重点建设项目中,甘肃、陕西各有7项;在西北地区基本建设投资总额中,陕甘两省合计占的比重为67.93%,在这两个省,国家进行了以能源、原材料以及与之相配套的机械制造业为主的建设。建成了一批诸如兰州炼油厂、兰州化学工业公司、白银有色金属公司、兰州石油机器制造厂等"共和国长子"和西安电力、电气设备制造业基地。由此奠定了西北地区作为全国能源、原材料工业基地的基础。

　　从60年代中期开始的"三线"建设,是西北地区继"一五"之后的第二次建设高潮。在西北地区,"三线"建设的重点足陕西、甘肃及青海日月山以东、宁夏贺兰山以东的部分地区。这一时期,国家对西部地区进行了大规模的投资,同时,依靠行政力量,从沿海和东北老工业基地组织一批企业向西部地区整体迁移。在进行"三线"建设的"三五""四五"期间,国家对西北地区的基本建设投资总额,占全国基本建设投资总额的11.65%;在企业生产要素迁移方面,仅调入陕西的工程技术人员就达10万人,迁入甘肃的企事业单位就达70余家。"三线"建设的重点,是发展能源、交通、国防军工和机械电子工业。由此进一步推动了西北地区能源、原材料工业的发展,同时确立了西北地区作为全国石油化工、有色金属、水力发电等能源、原材料基地的地位;同时,也使西安、兰州、宝鸡、天水等城市成为机械、电子工业比较集中的城市;而初步建成的航空航天和核工业,则使西北地区成为我国"两弹一星"的摇篮。在我国改革开放刚刚启动的1980年,西北地区主要工业产品产量占全国的比重见表1。

表1 西北地区主要工业产品占全国的比重（1980年）

	全国	西北地区						
		陕西	甘肃	青海	宁夏	新疆	合计	占全国比重（%）
工业总产值占全国比重（%）	100.00	2.15	1.62	0.28	0.27	0.70	5.02	5.02
主要工业产品产量								
原煤（万吨）	62015.00	1792.00	766.00	215.00	972.00	1137.00	4882.00	7.87
原油（万吨）	10594.60	8.40	135.50	15.10	56.50	390.60	606.10	5.72
发电量（千瓦小时）	3006.20	79.10	119.50	8.20	19.40	23.60	249.80	8.31
十种有色金属（万吨）	124.79	0.67	17.82	–	2.92	0.34	21.75	17.43
水泥（万吨）	7985.70	229.40	179.40	29.90	29.00	90.90	558.60	6.99
合成洗涤剂（万吨）	39.30	1.05	0.73	0.30	0.27	0.50	2.85	7.25
布（亿米）	134.70	6.58	0.62	0.19	0.15	1.69	9.23	6.85

根据《甘肃统计年鉴(1985)》《全国各省、自治区、直辖市历史资料汇编(1949—1989)》整理和计算。

表1中所列的工业产品，都是相对于西北地区工业总产值占全国的比重，产量具有一定优势的产品。当然，表中所列的产品既不表

明这些产品在西北各省区都具有优势，也不是西北地区在全国具有优势的所有产品。但表1仍能从很大程度上反映出西北地区及各省区能源、原材料工业在全国的地位。

传统体制时期，高速扩张的工业成为推动西北地区经济增长的主要动力，见表2。

表2　西北地区国内生产总值及其第二产业的增长速度（1952—1978年）

1952—1978年	全国	西北地区					
		陕西	甘肃	青海	宁夏	新疆	合计
国内生产总值年均增长速度(%)	6.15	6.80	6.03	8.46	8.62	5.61	6.50
第二产业年均增长速度(%)	11.05	13.69	12.04	17.42	18.74	9.70	12.61
对国内生产总值增长速度的贡献(%)	62.02	67.51	73.85	58.66	60.21	56.57	65.63
对国内生产总值增长额的贡献(%)	54.44	59.10	72.57	54.57	57.85	53.47	61.62
第二产业占国内生产总值比重(%)							
1952年	20.88	14.94	14.49	7.36	4.62	19.28	14.41
1978年	48.16	52.12	60.31	49.61	50.77	46.15	53.24

说明：(1)国内生产总值、第二产业增加值的年均增长速度以及第二产业对国内生产总值增长速度的贡献，均按可比价格计算；(2)第二产业对国内生产总值增长额的贡献，第二产业占国内生产总值的比重，按当年价格计算；(3)资料来源根据《中国统计年鉴(2000)》以及相关年份西北各省区统计年鉴整理和计算。

从表 2 可以看出,1952 年到 1978 年, 西北地区国内生产总值以及以工业为主体的第二产业年均增长速度, 第二产业对经济增长的贡献,均高于全国的平均水平。与此同时,西北地区与全国一样,实现了产业结构的根本性变革,即由传统的农耕经济为主,转变为以工业为主的结构,而且这种变革比全国更为剧烈。实际上,1952 年,西北各省区国内生产总值中第二产业的比重, 除新疆与全国平均水平接近以外,其余各省区比全国平均水平低 5.94(陕西)、16.26(宁夏)个百分点,整个西北地区的这一比重则比全国的平均水平低 6.64 个百分点;到 1978 年西北各省区的这一比重除新疆略低于全国平均水平外,其余省区则比全国平均水平高 1.45(青海)、12.15(甘肃)个百分点,整个西北地区的比重比全国平均水平高 5.08 个百分点。这一低一高,是西北地区基本实现工业化初始扩张的重要标志。

但与此同时,西北地区的产业结构演变也表现出不协调的特征。其一,高速推进的工业化与农村经济社会的变革滞缓形成强烈反差。我国传统体制在很大程度上, 是依靠维持工农业产品之间在交换中的剪刀差来为工业化提供积累的。这实际上形成了工业对农业的剥夺,使农村经济难以形成自我积累、自我发展能力,只能长期维持简单再生产,而难以形成结构演变的动力。而对于农村经济发展的基础更为薄弱的西北地区来说,维持简单再生产,则使传统的农耕经济凝滞化。同时,西北地区推进工业化的特殊之处还在于国家采取了从区域外部整体植入生产要素的方式, 因而使其工业化过程并未形成引致农村经济结构变化的拉动力量。即以工业化过程正常所必然产生的人口和劳动力的非农化为例,在西北地区也并未形成相应的规模。这些,可以在表 3 中得到实证。

表3 西北地区农业和农村经济的发展状况(1952—1978年)

	全国	西北地区					
		陕西	甘肃	青海	宁夏	新疆	合计
1952年—1978年农业总产值年均增长速度(%)	2.70	2.99	2.88	3.86	3.31	4.22	3.35
农副产品商品率(%)							
1952年	30.54	24.00	18.92	20.49	16.77	11.31	18.90
1978年	44.53	29.22	27.57	28.21	23.70	46.40	32.43
农村人口占总人口比重(%)							
1952年	87.54	90.38	91.08	90.06	89.58	83.87	89.65
1978年	83.44	85.29	85.72	72.33	78.51	55.23	78.64
第一产业劳动力占全部劳动力比重(%)							
1952年	83.54	93.11	96.84	87.50	87.72	89.52	93.43
1978年	70.66	72.36	75.09	74.48	69.85	72.50	73.12

说明:(1)农业总产值年均增长速度、农产品商品率均按当年价格计算;(2)资料来源:根据《全国各省、自治区、直辖市历史统计资料汇编(1949—1989)》及西北各省区相关年份的统计年鉴整理和计算。

　　从表3可以看出,在传统体制时期,虽然西北地区农业总产值年均增长速度略高于全国平均水平,农副产品商品率提高的幅度也与全国平均水平大体持平(分别提高13.53和13.99个百分点),但相比之下,西北地区农业的商品化程度则要低得多,仍表现出以自给自足的传统农耕经济为主的基本特征。

　　从表3还可以看出,传统体制时期,西北各省区人口、劳动力的非农化速度也略快于全国，但如果联系到这一时期西北地区非农业人口、非农产业劳动的增长主要是外部人口、劳动力迁入的结果，则其人口、劳动力的非农化进程是否快于全国实际上还大有可疑之处，一个比较肯定的结论是，传统体制时期，西北地区工业总产值每增长1%，其农业总产值仅增长0.24%，农村人口占总人口的比重仅下降0.04%，农业劳动力占全部劳动力的比重仅下降0.07%。这就证明，西北地区高速推进的工业化，在农业经济增长、人口和劳动的非农化等方面，并未产生明显的拉动效应。由此形成西北地区城乡之间的二元隔离。

城乡之间的二元隔离是传统体制时期全国各地区普遍存在的现象。从经济发展过程来看，我国及各个地区城乡经济的二元化主要表现为集中于城市的现代经济的高速扩张与以传统经济为主的农村经济结构演变的凝滞化；从经济发展的结果来看，则表现为城乡居民收入的悬殊；1978年，城镇居民人均生活费收入与农民家庭人均纯收入的比（以后者为1），全国为2.37，东部（国家在实施西部大开发战略中，把广西、内蒙古列入西部，故本书中的东部，不包括广西，中部不包括内蒙古）为2.58，西北地区则为2.74；西北地区城镇居民人均生活费收入比全国平均水平（316元）高近5元，而农民家庭人均纯收入则比全国平均水平（134元）低17元。也就是说，在我国城乡居民收入普遍不高的情况下，西北地区城乡居民的收入差距更大；比起全国，西北地区农村居民的贫困程度更为深重。

不但如此，在西北地区，还存在着另一个层次的二元隔离，这就是在现代经济内部，大中型企业与小企业之间，中央工业与地方工业之间，形成两个关联程度十分微弱的经济体系。西北地区在传统体制时期，依靠国家高强度地植入生产要素，建立了一批受中央指令性计划直接导控的大中型骨干企业。到70年代末，这些企业虽然仅占西北地区工业企业总数的 2.5%,但却集中了全地区近 60%的工业总产值,50%的职工,74%的固定资产,75%的资金,63%的利税。由此不难想见西北地区地方工业生产规模之小,生产要素之缺乏和生产技术水平之低。虽然在当时,现代经济内部存在的这种现象在全国也比较普遍,但在西北地区却异常突出。西北地区平均每个小企业的产值规模,只有东部的 1/2,平均资金拥有量,还不到东部的 45%。问题还在于西北地区大中型企业的组织结构还表现出高度的封闭性。这些企业在创建之初,就集经济职能与社会职能为一体,形成"大而全"的组织结构。一个大企业就是一个独立的社会经济单元,它们或者在中心城市形成同类生产要素高度聚集的工业区;或者嵌入经济稀疏区,以一二个大企业为基础,形成功能和产业结构单一的工矿型城市。大中型企业构成西北地区能源、原材料和初级产品加工业的主体,直接参与国民经济地域分工,为东部输送原材料和初级产品,进行重型机械制造方面的配套生产。由于传统体制所形成的"条块"分割,大中型企业并没有把地方工业纳入自己的生产工艺技术分工体系,加之其本身的工艺技术也缺乏可分性以及地方工业基础的薄弱,因而就在主要归属于"条条",即中央部门的大中型企业,与主要归属于"块块",即地方的小企业之间,形成了阻碍产业关联发育的体制壁垒,从而形成产业链的前向部分甩在区域外部,区域内生产社会水平低下,呈现为"孤岛"的大企业经济,与要素水平低而缺、发展空间狭小的小企业经济并存而游离的两个层次。

传统体制时期,宏观层次上城乡之间的二元反差,产业层次上现代经济部门中大中型企业与小企业,或者也可以说中央企业与地方经济、能源原材料工业与加工业之间的二元隔离,构成西北地区经济结构的基本特征,这种低度化的结构,实际上是一种"双重封闭"的二元结构(周述实等,1988)。

三、区域非均衡战略与西北地区经济的发展

传统体制时期,我国在推进工业化的过程中,实际上实行的是区域均衡战略。实施这一战略的目的之一,是要改变旧中国遗留下来的严重失衡的生产力布局。区域均衡战略的集中体现,就是国家经过在财政上"统收统支"的体制,对各个地区进行大体均等的投入。在1953年到1980年的27年中,中央从各个地区集中了5000多亿元的财政收入,将其中的2/3投入于各个地区的基本建设,而东、中、西部地区分别占其中的31.75%、31.15%、31.49%(周述实,1995)。区域均衡发展战略的实施,基本上达到了改善生产力布局的目标。1980年,东部和中西部占全国国内生产总值的比重分别为50.01%、49.99%,其中第二产业占全国的比重分别为55.84%、44.16%,基本上扭转了50年代初期全国经济,特别是工业偏集中于沿海的格局。这也正是传统体制的巨大功绩。

但是,另一方面,地区均衡发展战略却严重地削弱了东部地区的自我发展能力。实际上,1953年到1980年中央从各个地区集中的财政收入中,有93%来自东部地区,7%来自中部地区,而对西部地区则实行财政补贴。这种格局,一方面是"抽肥补瘦";另一方面,也掩盖了中西部地区因向东部地区提供能源、原材料的初级产品而导致的利益"双重流失"。后者则造成中西部地区难以形成自我发展能力而高度依赖国家的投入,从而挫伤了各个地区发展经济的积极性,形成整个国民经济发展动力的缺失。

我国的改革开放是经历了"文化大革命"的十年浩劫,国民经济濒临崩溃的边缘这一基础上起步的。这种情况,不仅使传统体制的区域均衡发展战略难以为继,而且沿袭这一战略,只能导致有限国力的分散,阻滞发展的进程。那么,如何在全国普遍贫穷的低水平均衡中

寻找求得加快发展的突破口呢? 邓小平在 1978 年提出了允许一部分地区、一部分企业、一部分工人农民先富起来的大政策。这一大政策的提出, 标志着我国由传统体制的均衡发展战略转向非均衡发展战略。10 年之后, 邓小平又进一步提出:"沿海地区要加快对外开放, 使这个拥有两亿人口的广大地带较快地先发展, 从而带动内地更好地发展,这是一个事关大局的问题。内地要顾全这个大局。反过来,发展到一定时候, 又要求沿海拿出更多力量来帮助内地发展, 这也是个大局。"(《邓小平文选》第三卷,第 278 页)邓小平的这一论述,明确了我国实施区域非均衡发展战略的基本思路, 确立了推进改革开放的时空顺序。1985 年, 党和国家在制定"七五"计划时,把全国划分为东部、中部、西部三个地带。由此确定了东部地区在全国区域经济发展中的重点地位。这种重点地位必然伴随着政策、资金向东部地区倾斜。

　　以固定资产投资为例,中央投资向东部地区倾斜的程度,自"六五"以后呈不断增强的趋势,见表 4。

表 4　东部、西部、西北地区中央项目投资在全国中央项目投资中的比重

时间	中央项目投资中各地区的比重(%)		
	东部	西部	西北地区
"六五"	35.81	20.88	8.87
"七五"	41.98	18.90	7.84
"八五"	38.35	23.73	10.33

　　表 4 表明,自"六五"开始,西部和西北地区在中央投资中的份额呈下降趋势。虽然"八五"期间,西部和西北地区的这一份额有所回升,但比改革前后的"五五"期间水平(分别为 29.46%、14.76%)仍然

低得多。

在投资向东部倾斜的同时，东部地区还从国家所给予的优惠政策中获得了巨额的无形投入。这些优惠政策包括减免税收、扩大地方投资权、开放和建立金融市场、确定沿海开放城市和建立经济特区等。这些"含金量"高的政策在东部地区产生了吸引、聚集国内外资本、技术和人才的强大效应。而从直接带来的实惠看，东部仅由于其工业企业享受税收减免等优惠政策，相对于中、西部所得的优惠，就由 1985 年的 19 亿元增加到 1992 年的 225 亿元，年均增加近 30 亿元，这比 1992 年新疆、青海、宁夏三省区工业企业上缴税收的总和（28.1 亿元）还要多。

区域非均衡发展战略的实施，促进了经济发展的基础条件好且有对外开放的有利条件的东部地区的快速发展，1978 年到 1995 年，东部地区国内生产总值年均增长速度高达 11.47%，对国内生产总值增长的贡献达 60%；其国内生产总值的增长额则占全国国内生产总值增长额的 55.40%。东部地区已成为全国经济的增长中心。

党的十一届三中全会所确立的改革开放的基本路线，极大地解放了被传统体制所束缚的生产力；区域非均衡发展战略的实施，极大地释放了被传统体制均衡发展战略所抑制的经济发展潜力，从而使我国经济进入了以东部为增长中心和支撑点的高速增长新阶段。1978 年到 1995 年，全国国内生产总值年均增长达 9.89%，是传统体制时期的 1.61 倍；西北地区也同样如此，其国内生产总值年均增长9.23%，是传统体制时期的 1.42 倍。

但是，西北地区是在刚刚结束了工业化初始扩张阶段之后步入改革开放进程的。在传统体制时期，西北地区在"一五"和"三线"建设时期建成的骨干产业和企业，到 80 年代已相继进入装备和技术的更新期，需要大量的继续投资；同时，西北地区依靠国家高强度投入而

推进的工业化初始扩张,也未能形成持续发展的自积累能力。因此,国家投入强度的相对减弱,使西北地区难以形成像东部地区那样强劲的发展动力。这样,随着区域非均衡发展战略的实施,西北地区经济发展的势头与传统体制时期相比,就发生了逆转:即经济增长速度由过去高于全国和东部的平均水平,转变为低于全国和东部的平均水平,1978 年到 1995 年,西北地区国内生产总值年均增长速度比全国和东部的平均水平分别低 0.66、2.24 个百分点。伴随着这种逆转,西北地区在全国的经济地位也呈下降趋势。1978 年,在全国国内生产总值中,西北地区占 5.87%,到 1995 年,就下降为 4,67%。与此同时,西北地区与东部一度缩小了的经济发展差距又急剧拉大。以人均国内生产总值为例,1978 年,全国为 379 元,东部为 489 元,西北地区为 324 元,分别比全国和东部的平均水平低 55 元、165 元;到 1995 年,全国为 4754 元,东部为 7233 元,西北地区仅为 3129 元,分别比全国和东部的平均水平低 1625 元、4104 元,差距的数额分别扩大了 28.55 倍和 23.87 倍。1978 年,西北各省区人均国内生产总值在全国各省、市、自治区中排序的情况是:青海第 8 位,宁夏第 10 位,甘肃第 15 位,新疆第 18 位,陕西第 21 位;到 1995 年,排序的情况则是:新疆第 12 位,青海第 18 位,宁夏第 20 位、陕西第 26 位,甘肃第 28 位。除了新疆的位次上升以外,其余省区的位次,均大幅度后移,使西北地区成为全国人均国内生产总值低于 4000 元的省份最为集中的地区之一。

　　总之,改革开放以来,西北地区以高于传统体制时期的经济增长速度而快速发展,但另一方面,又与全国和东部地区的发展差距日益拉大,这就是区域非均衡发展战略条件下西北地区经济发展的一个重要特征。

第二节　西北地区产业结构现状及其特征

从西北地区经济发展的轨迹可以看出，决定西北地区产业结构的因素有三：一是传统的农耕经济因素；二是传统体制因素；三是在改革开放中不断成长的市场化因素。西北地区产业结构就是在这三种因素的影响下成长的。自改革开放以来，市场化因素的影响日益增强，传统的农耕经济因素和传统体制因素的影响趋于减弱。但总的看来，西北及其各省区传统农耕经济积淀久远，传统体制影响深重，市场化因素成长滞缓，因而其产业结构表现出与这些因素相联系的特征。

一、产业结构的总体评价

改革开放之初，我国人均国内生产总值按当年美元折算，仅为200多美元，东部则为250美元左右，西北地区为190美元左右。全国和各个地区都还只是处于工业化初始阶段，到1999年，在经历了20多年的改革开放，即将进入21世纪之际，我国按当年美元折算的人均国内生产总值达到789美元，东部达到1292美元，西北地区为544美元。全国已进入工业化中期阶段，东部地区已显露出新兴工业化的端倪，而西北地区则处于工业化初期向中期的过渡阶段。与全国和东部地区相比，西北地区的产业结构表现出以下几个特征。

（一）产值结构与就业结构严重偏离

1978年到1999年，全国、东部和西北地区宏观层次上的产业结构，即国内生产总值按一、二、三次产业划分的结构变化见表5。

表5 西北地区与全国、东部产业结构变化(1978—1999年)

	全国	东部	西北地区					
			陕西	甘肃	青海	宁夏	新疆	合计
1978年GDP (亿元)	3264.10	1742.47	81.07	64.73	15.54	13.00	39.07	212.41
GDP各产业比重(%)								
第一产业	28.10	22.10	30.47	20.41	23.62	23.54	35.75	27.59
第二产业	48.16	58.70	51.97	60.31	49.61	50.77	16.97	53.59
第三产业	23.74	19.20	17.56	19.28	26.77	25.69	17.28	18.82
1999年GDP (亿元)	81910.90	49610.95	1478.61	931.98	238.39	241.49	1168.55	4068.02
GDP各产业比重(%)								
第一产业	17.65	12.59	17.98	20.52	17.01	19.88	22.98	20.05
第二产业	49.35	48.67	43.15	45.57	41.06	42.52	39.43	42.45
第三产业	33.00	38.74	38.87	34.01	41.93	37.60	37.59	37.50
1978—1999年结构变化值(%)	20.90	39.08	42.62	29.58	30.32	23.82	40.62	37.36

说明:(1)GDP结构按当年价格计算;(2)结构变化值为各产业占GDP比重变化量的绝对值之和;(3)资料来源:根据《新中国五十年》《中国统计年鉴(2000)》整理和计算。

从表5可以看出,1999年与1978年相比,全国、东部和西北地区宏观层次上的产业结构都由"二、一、三"型转变为二、三、一"型,表明我国及各个地区已由传统的工业化超前、市场化停滞的产业结构转变为工业化与市场化同步推进的产业结构。但是另一方面,我国及各个地区劳动力就业结构的变化却表现出与产业结构不同的特征。见表6。

把表6与表5相比较,就可以看到,改革开放以来,虽然我国及各个地区国内生产总值的产业结构已由"二、一、三"型转变为"二、三、一"型,但就业结构却是由"一、二、三"转变为"一、三、二"型。虽然就业结构的变化比传统体制时期进了一大步,但相比之下,却滞后于产业结构的变化,因而在二者之间形成错位。

对西北地区来说,其就业结构与产业结构错位的程度更大。大体而言,全国就业结构由农业主导型转变为农业与非农产业均衡型;东部的就业结构由农业主导型转变为非农产业主导型,而西北地区农业劳动力虽然在从业人员中的比重显著下降,但其就业结构仍表现为农业主导型。很显然,这与西北地区国内生产总值的产业结构形成突出的反差。

表6 全国、东部和西北地区劳动力就业结构变化(1978—1999年)

	全国	东部	西北地区					
			陕西	甘肃	青海	宁夏	新疆	合计
1978年从业人数(万人)	40152	15678	1078	694	145	136	491	2544
各产业从业者比重(%)								
第一产业	70.51	68.84	71.24	75.07	71.03	69.12	72.10	72.33
第二产业	17.36	19.25	17.53	14.70	17.93	18.38	14.26	16.19
第三产业	12.13	11.91	11.23	10.23	11.04	12.50	13.64	11.48
1999年从业人数(万人)	70586	23590	1781	1186	241	271	670	4149

续表

	全国	东部	西北地区					
			陕西	甘肃	青海	宁夏	新疆	合计
各产业从业者比重(%)								
第一产业	50.10	43.30	57.07	58.89	60.90	58.53	57.53	57.98
第二产业	23.00	27.23	17.07	14.28	13.97	17.13	14.77	15.73
第三产业	26.90	29.47	25.86	26.83	25.13	24.34	27.70	26.29
1978—1999年就业结构变化值(%)	40.82	51.08	29.26	33.20	28.18	23.68	29.14	29.62

资料来源:根据《中国统计年鉴(2000)》整理和计算。

从表5可以看出,西北地区国内生产总值产业结构在改革开放以来的变化水平与东部地区差别并不大;在各省区中,陕西、新疆产业结构变化水平高于东部,而甘、青、宁三省区产业结构的变化水平则低于东部,但也高于全国的平均水平。而就业结构的变化则不然,1978—1999年,西北及其各省区就业结构的变化程度远远不如全国,与东部地区差得更远。这一方面表现在西北地区从业人员中农业劳动者占的比重所下降的幅度,显著低于全国、特别是东部的水平;另一方面,全国和东部就业的非农化表现为二、三产业就业比重的共同提高,而西北地区就业结构的非农化,只单一地表现为第三产业就业比重的提高,而第二产业就业者的比重,则呈现为下降趋势;整个西北地区,这一比重下降了0.46个百分点;在各省区中,除新疆略有上升外,其余各省区,下降了0.42(甘肃)、3.96(青海)个百分点。这些情况表明,虽然改革开放以来,西北地区国内生产总值的结构也发生了明显的变革，但与此相对应劳动力在产业间的转移和再配置的规模却远远低于全国和东部地区，由此形成产业结构和就业结构变革的不协调。

(二)农村工业化发展水平低

改革开放以来,我国农村经济发生的一个根本性变化,就是农村工业化的兴起。以乡镇企业为主体的农村工业化的推进,打破了传统体制时期城乡二元隔离的局面，走出了一条有中国特色的城乡经济一体化协调发展的道路。西北地区及其各省区也和全国一样,在农村工业化的发展方面取得了显著成就。1980 年到 1992 年,西北地区农村非农产业占农村社会总产值的比重， 由 19.98%提高到 40.90%,农村劳动力中非农产业劳动力的比重由 4%左右提高到 16.06%。农村非农产业已成为推动西北及其各省区农村经济发展的重要因素,传统的农耕经济为主的农村经济结构发生了裂变。

但是,西北各省区农村经济基础薄弱,积淀厚重的传统农耕经济对商品化、市场化因素形成很强的抑制力量,因而西北及其各省区农村工业化的起步迟于东部地区 34 年,发展速度及水平也显著地落后于全国和东部,见表 7。

表 7　全国、东部和西北地区农村工业化发展水平(1998 年)

	全国	东部	西北地区					
			陕西	甘肃	青海	宁夏	新疆	合计
乡镇企业增加值(亿元)	22186.50	12967.30	402.90	112.80	12.60	27.90	61.30	617.50
非常乡镇企业增加值与农村GDP的比重(%)	59.94	67.42	58.55	35.48	22.95	36.09	16.97	41.31

续表

	全国	东部	西北地区					
			陕西	甘肃	青海	宁夏	新疆	合计
乡镇工业增加值与工业增加值比重(%)	45.86	52.40	53.69	16.07	11.19	16.17	8.67	27.83
农村人均乡镇工业增加值(元/人)	1689	3094	868	241	214	326	289	522
指数	100.00	183.19	51.39	14.27	12.67	19.30	17.11	30.91
非农产业劳动力占乡村劳动力比重(%)	29.73	39.34	22.75	24.58	14.90	19.09	9.65	21.12
农民人均乡镇企业工资(元/人)	270	462	114	85	69	77	103	99
占农民人均纯收入比重(%)	12.49	15.30	8.11	6.10	4.84	4.47	6.44	6.83

说明:(1)乡镇企业增加值为当年价格;(2)资料来源:根据《中国统计年鉴(2000)》整理和计算。

1998年,在全国农村人口中,东部占36.30%,但其乡镇企业增加值却占全国的58.45%;西北地区农村人口占全国的比重为6.93%,但其乡镇企业增加值却仅占全国的2.78%,从表7还可以看出,全国和东部农村经济结构已转变为非农产业主导型;而西北地区农村经济结构在总体上仍表现为农业主导型,在各省区中,除陕西的农村经济中,非农产业已居于主导地位之外,其余省区,农业主导型的特征更为突出。此外,乡镇工业对工业的参与度(乡镇工业增加值占工业增加值比重),西北地区也大大低于全国和东部的平均水平;各省区中,除陕西乡镇工业已成为其工业的主要组成部分外,其余省区乡镇工业在其工业增加值中的比重还很低。从人均乡镇工业增加值、乡镇企业工资占农民人均纯收入的比重来看,西北地区也大大低于全国和东部的平均水平;在各省区中,这两个指标最高的陕西,其水平也仅分别相当于东部的 28.05%、53.01%。所有这些都表明,西北地区的农村工业化还只是处在初始发展阶段,大多数省区经济仍保持着以传统的农耕经济为主的结构,而这一结构特征,在农村劳动力的就业结构方面表现得也十分突出。由表 7 可以看出,比之于东部地区,西北及其各省区劳动力非农化水平还很低。这也说明,西北各省区农村劳动力向非农产业转移的步伐比较滞缓。这种状况,与西北地区农民收入水平低有关,见表 8。

表 8　全国、东部和西北地区农民收入水平比较(1999 年)

	农民家庭人均纯收入(元)	农民家庭人均生活消费支出(元)	恩格尔系数(%)	农民家庭人均消费剩余(元)
全国	2210.34	1577.42	52.56	632.92
东部	3106.54	2067.46	47.76	1038.08
西北地区	1445.50	1094.75	52.00	350.75
陕西	1455.86	1161.10	47.60	294.76
甘肃	1357.28	880.65	56.63	476.63
青海	1466.67	1133.63	61.70	333.04
宁夏	1754.15	1269.98	52.84	484.17
新疆	1473.17	1282.49	53.52	190.68

资料来源:根据《中国统计年鉴(1999)》整理和计算。

从表 8 可以看出,1999 年,西北地区农民家庭人均纯收入仅及全国和东部平均水平的 65.40%、46.53%,各省区中,农民家庭人均纯收入最高的为宁夏,其水平也仅为全国平均水平的 79.4% 和东部平均水平的 56.5%。由于收入水平低,西北地区农民家庭人均生活消费支出水平很低,仅分别相当于全国和东部平均水平的 69.40%、53%。从反映消费结构的恩格尔系数看,西北地区除陕西外,农民家庭消费的恩格尔系数都高于 50%,青海则高达 61.70%。这表明,西北地区农民家庭的消费对农产品的依赖程度还很高。此外,西北地区农民家庭人均消费剩余水平也很低,仅分别相当于全国和东部平均水平的 55.42%、33.76%;各省区中,这一指标水平最高的宁夏,也仅分别为全国和东部平均水平的 76.5%、46.6%。

总之,低收入、低消费、低水平剩余仍是西北及其各省区农村经济的主要特征。这就使西北及其各省区陷于低收入→低消费→低水平剩余→低收入……的恶性循环,从而也提高了农业劳动力向非农产业转移的"门槛",形成农村劳动力非农化的障碍。

这种障碍也阻滞着西北及其各省区城乡经济一体化和工业与农业协调发展的步伐。

(三)虚高度化

改革开放以来的 20 多年,我国产业结构与传统体制时期相比,发生了巨大的变化。西北地区及其各省区的产业结构,也经历了与全国大体相同的演变过程。虽然如前述的表 5、表 6 所显示的那样,到 1999 年,西北地区与全国和东部一样,国内生产总值都表现为"二、三、一"型结构,但进一步分析表明,西北地区产业结构的成长中却存在着明显的"虚高度化"因素。

首先,我们来分析改革开放以来各产业比较劳动生产率的变化。比较劳动生产率是某产业占国内生产总值的比重与某产业劳动力占全部劳动力比重之比。这一指标实际上也是某产业劳动生产率与全社会劳动生产率的比较。

经济发展的实践表明,在大多数国家,农业的比较劳动生产率都小于1,而非农产业的比较劳动生产率则大于1。诺贝尔经济学奖获得者西蒙·库茨涅茨通过实证分析得出结论:不发达国家的农业与非农产业比较劳动生产率的差距,要比发达国家大(杨冶,1985)。换言之,在不发达国家或地区工业化和现代化的进程中,农业与非农产业的比较劳动生产率将趋于缩小。这一结论,对分析我国及各个地区的产业结构成长状况有重要的参考价值。

表9是1978年到1999年全国、东部和西北地区比较劳动生产率的变化情况。

从表9可以看出,1978年到1999年,全国、东部和西北地区农业与非农产业比较劳动生产率的差距,均呈缩小趋势,但西北地区1999年的这一差距,仍大于全国和东部地区,在各省区中,只有新疆是个例外。这也是西北地区及其大多数省区城乡二元结构转化迟滞的一个重要标志。同时,也从量化的角度反映了西北地区及其各省区劳动

表9 全国、东部和西北地区各产业的比较劳动生产率
(1978—1999年)

	全国	东部	西北地区					
			陕西	甘肃	青海	宁夏	新疆	合计
1978年劳动生产率								
第一产业	0.3985	0.3210	0.4227	0.2719	0.3325	0.3381	0.4960	0.3725
第二产业	2.7742	3.0494	2.9646	4.1027	2.6643	2.7413	3.2936	3.2845
第三产业	1.9571	1.6121	1.5637	1.8847	2.5864	2.1679	1.2661	1.6842

续表

	全国	东部	西北地区					
			陕西	甘肃	青海	宁夏	新疆	合计
第二、三产业/ 第一产业	6.12	7.79	5.72	11.74	7.93	7.45	4.64	7.05
1999年比较 劳动生产率								
第一产业	0.3523	0.2908	0.3588	0.3484	0.2793	0.3397	0.3963	0.3458
第二产业	2.1457	1.7874	2.5278	3.1842	2.9392	2.4822	2.8741	2.6987
第三产业	1.2268	1.3146	1.5031	1.2676	1.6685	1.5444	1.3570	1.4264
第二、三产业/ 第一产业	4.68	5.30	6.06	5.55	7.70	5.69	4.54	5.50

资料来源:根据表5、表6整理和计算。

力非农化的障碍。

表9还表明,改革开放以来,全国、东部和西北地区各产业比较劳动生产率均呈下降趋势。进一步分析则表明,影响西北地区各产业比较劳动生产率因素的消涨状态与全国和东部地区则有明显的差异。我们可以通过以下方法来估价这些因素的消涨对比较劳动生产率的影响。

设 c_i($_i=1$、2、3)为某产业的比较劳动生产率;g_2($_2=1,2,3$)为某产业国内生产总值的比重;n($_n=1,2,3$)为该产业的劳动力占全部劳动力的比重,依比较劳动生产率的定义,有

$$c_i=g_2/n_1 \tag{1}$$

由(1)得:

$$dc_i=(1/n_1)\cdot dg_1-lg/n_1{}^2I\cdot dn_1 \tag{2}$$

由(2)得:

$$\triangle c_1 = (1/n_1) \cdot \triangle g_1 - \left| g_2/n_1^2 \right| \cdot \triangle n_2 \qquad (3)$$

由（3）可以大略地估计 g_1 和 n_2 的变动对比较劳动生产率的影响，见表 10。

表 10　全国、东部、西北地区比较劳动生产变动的因素分析
（1978—1999 年）

| | 各产业比较劳动生产率变动因素 | | | | | | | | |
| | 第一产业 | | | 第二产业 | | | 第三产业 | | |
	g_1变动影响	n_1变动影响	合计	g_2变动影响	n_2变动影响	合计	g_3变动影响	n_3变动影响	合计
全国	−0.1482	0.1154	−0.033	0.069	−0.901	0.832	0.344	−0.455	−0.111
东部	−0.1381	0.1191	−0.019	−0.521	−1.258	−1.779	1.641	−2.377	−0.736
西北地区	−0.1042	0.0757	−0.029	−0.688	0.094	−0.594	1.627	−2.115	−0.488

资料来源：根据表 5、表 6 整理和计算。

从表 10 可以看出，第一产业西北地区下降的幅度（下降 14.35 个百分点），小于全国（下降 20.41 个百分点）和东部（下降 25.54 个百分点）的平均水平，以致到 1999 年，西北地区大大高于全国和东部的平均水平（分别高 7.88 和 14.68 个百分点），其劳动力的就业结构仍表现为第一产业主导型。

再看第二产业，表 10 显示，1978 年到 1999 年，西北地区与全国和东部一样，g_2 和 n_2 的变动对第二产业比较劳动生产率均呈下降趋势。但西北地区与全国不同的是，全国的上升，西北地区的下降；与全国和东部相比，西北地区的下降，而前两者的上升。这种情况表明西北地区的第二产业相对萎缩的趋势。

从上述两个方面看，西北地区第一、第二产业中，还存在着与其工业化进程不和谐的因素；其次，我们来分析在市场化进程中第三产

业的作用。

1999年，西北及其各省区第三产业与国内生产总值的比重高于全国的平均水平，与东部的平均水平十分接近，其中陕西、青海还高于东部的平均水平。由于第三产业的崛起，西北地区国内生产总值的产业结构发生了重要转变，即由传统体制时期排斥市场因素、超前工业化所形成的"二、一、三"型结构，转变为工业化和市场化同步推进的"二、三、一"型结构。但是，与全国和东部相比，西北及其各省区第三产业对第一、第二产业的带动作用较弱。1978年到1999年，第三产业增加值平均增长1%所对应的第一、第二产业增加值的增长率，全国为0.94%，东部为0.84%，西北地区仅为0.69%，明显地低于全国的平均水平。

从第三产业所产生的市场流量规模来看，西北地区也低于全国和东部的水平。1999年，平均1元国内生产总值所产生的社会消费品零售总额，全国为0.38元，东部为0.39元，西北地区则为0.34元。从第三产业的就业水平来看，虽然西北地区第三产业占国内生产总的比重高于全国平均水平而与东部的平均水平接近，但第三产业从业人员占全部从业人员的比重，却比全国平均水平低0.61个百分点，比东部平均水平低3.18个百分点。也就是说，西北地区第三产业创造就业岗位的能力比全国和东部的水平低。

总之，西北地区的第三产业在市场化进程中，虽然有了较大的发展，但其对第一、第二产业的带动作用还不强，所形成的市场流量水平也不高，而且也未能展现其在创造就业岗位方面的重要功能。

最后，再看各产业的劳动生产率。

劳动生产率提高是推动产业结构高度化的重要条件。换言之，高度化的产业结构，必然与高水平的劳动生产率相对应，而西北地区的劳动生产率，则处于较低的水平，见表11。

表 11 全国、东部和西北地区各产业的劳动生产率（1999 年）

	全国	东部	西北地区					
			陕西	甘肃	青海	宁夏	新疆	合计
全社会劳动生产率（元/人·年）	11604.41	21030.50	8302.13	7858.18	9891.70	8911.07	17441.04	9804.82
指数	100.00	181.23	71.54	67.72	85.24	76.79	150.30	84.49
其中第一产业劳动生产率（元/人·年）	4088.18	6102.55	2615.60	2738.15	2762.85	3026.69	6966.72	3390.59
指数	100.00	149.27	63.98	66.98	67.58	74.04	170.41	82.94
第二产业劳动生产率（元/人·年）	24899.03	37589.22	20986.35	25157.56	29073.25	22119.01	46560.62	26459.93
指数	100.00	15.097	84.29	101.04	119.29	88.83	186.99	106.27
第三产业劳动生产率（元/人·年）	14235.90	27645.79	12318.36	9961.11	16504.54	13765.66	23668.19	13985.57
指数	100.00	194.20	86.53	69.97	115.64	96.70	166.26	98.24

说明（1）国内生产总值及各产业增加值按当年价格计算；（2）资料来源：根据《中国统计年鉴（2000）》整理和计算。

由表 11 可以看出，就整体而言，西北地区全社会劳动生产率，第一产业劳动生产率均明显低于全国平均水平，而第二产业略高于全国平均水平，第三产业略低于全国平均水平；但与东部相比，其全社会劳动生产率和各产业劳动生产率都很低，例如，全社会劳动生产率，仅为东部的 46.62%；第一、二、三产业劳动生产率，仅分别为东部的 55.58%、70.39%、50.59%。从各省区来看，除了新疆的全社会劳动生产率和各产业劳动生产率高于全国，甚至第一、第三产业的劳动生产率还高于东部平均水平以外，其余各省区的这些指标，只有甘肃、青海的第二产业和青海的第三产业的劳动生产率高于全国平均水平，但都与东部平均水平相去甚远。

劳动生产率低下，是西北地区产业结构"虚高度化"的一个重要特征，因为第一产业劳动生产率低下，就难以形成劳动力非农化的内在动力；同样，第二产业劳动生产率的低下，又难以为第三产业的发展提供足够的市场流量；而第三产业劳动生产率的低下，则必然导致市场交易成本的提升，难以为第一、第二产业的发展创造有利的市场环境。所以，尽管西北地区已形成了与全国和东部类型相同的产业结构，但其中隐含的"虚高度化"的因素，却必然导致其功能的缺陷和效率的低下。国内生产总值的产业结构与就业结构严重偏离，农村工业化水平低，第二产业的逆工业化变动趋势以及产业结构成长中存在的"虚高度化"因素等等，都反映出西北地区产业结构的整体协调程度低的特征。这种特征，正是西北地区经济发展水平与全国，特别是与东部形成差距的重要成因。

二、农业结构现状

1999 年，在全国农林牧渔业劳动力中，西北地区占 7.91%；在全国农业可利用土地（包括耕地、林地、草原和宜农、宜林、宜牧荒地，可养殖水面）面积中，西北地区占 18.98%。但是，在全国农业增加值中，西北地区仅占 5.64%。这表明，西北地区农业的生产要素投入和占有与其产出之间的关系很不相称。造成这种状况的原因是多方面的，而农业结构中存在的缺陷则是一个重要方面。对西北及其各省区的农业结构,可以从以下几个方面进行分析。

(一)土地资源

西北地区是我国土地资源比较丰裕的地区,见表12。

表12　西北地区农用土地面积(1999年)

	全国	西北地区					
		陕西	甘肃	青海	宁夏	新疆	合计
土地面积 (万平方公里)	960	20.56	45.44	72.23	5.18	166.04	309.45
占全国比重(%)	100.00	2.14	4.73	7.52	0.54	17.30	23.23
耕地面积 (万公顷)	13003.92	514.05	502.47	69.80	126.83	398.57	1611.72
占全国比重(%)	100.00	3.95	3.86	0.54	0.98	3.06	12.39
林地面积 (万公顷)	26330.00	836.30	425.69	25.00	36.29	700.00	2023.28
占全国比重(%)	100.00	3.18	1.62	0.09	0.14	2.66	7.69
草地面积 (万公顷)	40000.00	353.50	1663.95	3644.94	260.02	4994.06	10916.47
占全国比重(%)	100.00	0.88	4.16	9.11	0.65	12.49	27.29
宜农荒地 面积(万公顷)	3535	38.20	80.00	–	42.93	1022.64	183.77
占全国比重(%)	100.00	1.08	2.26	–	1.21	28.93	33.48
可利用土地 面积(万公顷)	82868.92	1742.05	2672.11	3739.74	466.07	7115.27	15735.24
占土地面积 比重(%)	86.32	84.73	58.81	51.78	89.97	42.85	50.58
占全国比重(%)	100.00	2.10	3.22	4.51	0.56	8.59	18.98

续表

	全国	西北地区					
		陕西	甘肃	青海	宁夏	新疆	合计
耕地占可利用土地面积比重(%)	15.69	29.51	18.80	1.87	27.21	5.60	10.24
人均可利用土地面积(公顷/人)	0.66	0.48	1.05	7.33	0.86	4.01	1.75
指数	100.00	72.73	159.09	1110.61	130.30	607.58	265.26
人均耕地面积	0.10	0.14	0.20	0.14	0.23	0.22	0.18
指数	100.00	140.00	200.00	140.00	230.00	220.00	180.00

资料来源:根据《中国统计年鉴(2000)》和西北各省区有关年份统计年鉴整理和计算。

从表12可以看出,西北地区土地资源相对于全国具有十分明显的优势。这主要表现在耕地面积占全国的比重,草地面积占全国的比重以及可利用土地面积占全国的比重都很高,都大大高于其人口占全国的比重(1999年,在全国总人口中,西北地区占的比重为7.14%);人均可利用土地面积、人均耕地面积也显著高于全国的平均水平。同时,西北地区耕地的后备资源在全国也占有较大的比重,即全国耕地后备资源中,有1/3分布在西北地区,由此展示了西北地区在农业开发方面存在着巨大的土地资源潜力。

另一方面,表12也显示出西北地区土地利用上的两个重要特征:一是土地的垦殖程度东西差异悬殊,即西北地区东部的陕、甘、宁三省区耕地占可利用土地面积的比重显著地高于全国平均水平,而西部的青海、新疆的这一比重则大大低于全国的平均水平,特别是新疆,其土地的后备资源量最大,而垦殖程度最低。二是各省区林地面积都偏小。林地面积占可利用土地面积的比重,全国为31.77%,西北地区仅为12.86%,各省区中,除陕西的这一比重(47.99%)高于全国平均水平外,其余省区中,青海最低,仅为0.67%,宁夏、新疆、甘肃也仅分别为7.79%、9.84%、15.93%。土地利用的这种特征,对西北地区的农业结构产生了重要的影响。

(二)农业的产值结构

1978年到1999年,西北地区农业产值中,农林牧渔业产值的比重变化见表13。

表13 全国、东部、西北地区农业的产值结构

	全国	东部	西北地区					
			陕西	甘肃	青海	宁夏	新疆	合计
1978年农林牧渔业总产值(亿元)	1397.00	571.10	36.30	21.40	5.61	5.00	19.00	87.31
各产业产值比重(%)								
农业	79.99	76.16	85.00	79.01	49.38	75.80	73.68	78.26
林业	3.45	3.96	3.22	2.48	0.89	3.00	0.00	2.18
牧业	14.98	14.49	11.76	18.50	49.55	17.40	26.32	19.33
渔业	1.58	5.39	0.02	0.01	0.18	3.80	0.00	0.23
1999年农林牧渔业总产值(亿元)	24579.00	11047.20	452.50	320.60	59.00	78.00	461.20	1370.30
各产业产值比重(%)								
农业	57.12	53.83	72.42	75.70	49.66	65.77	73.92	72.33
林业	3.61	3.38	4.93	2.90	2.37	3.33	1.65	3.15

续表

	全国	东部	西北地区					
			陕西	甘肃	青海	宁夏	新疆	合计
牧业	28.54	25.60	21.88	21.05	47.80	28.97	23.68	23.81
渔业	10.73	17.19	0.77	0.35	0.17	1.93	0.75	0.71
1978—1999年结构变化值	45.74	45.82	25.58	6.62	3.52	23.80	5.28	11.86

　　表 13 反映了西北地区农业结构的特征，表明与其土地资源的利用结构高度一致。例如，西北地区耕地面积比较丰裕，而种植业在农林牧渔业总产值中占有很高的比重；西北地区草地资源广阔，因而牧业在农业中的地位比较重要。林业、渔业在西北地区农林牧渔业中占的比重很小，这与西北地区林地面积小、水面养殖面积小有关。但是，西北地区农业经济最基本的特征，还在于其农林牧渔业产值结构的单一性比较突出。从现状来看，1999 年，西北地区农林牧渔业总产值中种植业的比重，比全国平均水平高 15.21 个百分点，比东部平均水平高 18.5 个百分点。从发展过程来看，在改革开放初期，西北及其多数省区（青海省除外），与全国和东部一样，农林牧渔业总产值的结构都表现为向种植业高度倾斜的单一型特征。经过 20 多年的调整，到 1999 年，种植业在农林牧渔业总产值中的比重，全国下降 22.87 个百分点，东部下降 22.33 个百分点，西北地区仅下降 5.93 个百分点。西北各省区的情况则是：陕西下降 12.58 个百分点，甘肃下降 3.31 个百分点，新疆上升 0.24 个百分点。与此同时，牧业占农林牧渔业总产值的比重，全国和东部分别提高 13.56、11.11 个百分点，西北地区仅提高 4.48 年百分点，而像青海、新疆这两个草地面积最为广阔的省区，牧业占农林牧渔业总产值的比重，还有所下降。1999 年，西北地区牧业占农林牧渔业总产值的比

重,还低于全国和东部的平均水平。这说明,西北地区拥有的草地资源优势尚未转化为牧业优势。

改革开放以来,我国农业结构调整取得了巨大的成就。但在西北地区,农业结构的调整步伐显著地滞后于全国和东部地区。这不仅表现在农业占农林牧渔业总产值的比重在西北及其多数省区居高不下,也表现在西北地区所特有的土地资源优势(如草地资源)未能得到充分发挥;而且从农业结构变化的程度来看,西北及其各省区也处于低水平,1978 年到 1999 年, 西北及其各省区农林牧渔业总产值的结构变化值均与全国和东部的平均水平相去甚远, 表现出结构变化呆滞的特征。

(三)土地—劳动产出率

1999 年,西北地区的土地—劳动产出率见表 14。

表 14 全国和西北地区的土地—劳动产出率(1999 年)

	全国	西北地区					
		陕西	甘肃	青海	宁夏	新疆	合计
单位可利用土地面积农林渔业产值(元/公顷)	2958.78	2597.51	1199.80	157.76	1673.57	648.18	871.48
指数	100.00	87.79	40.55	5.33	56.56	21.91	29.45
单位耕地面积农业产值(元公顷)	10847.65	6374.87	4830.14	4197.71	4044.78	8578.17	6154.05
指数	100.00	58.77	44.53	38.70	37.29	79.08	56.73
单位林地面积林业产值(元/公顷)	336.61	266.65	218.47	560.00	716.45	108.57	213.49
指数	100.00	79.22	64.90	166.36	212.84	32.25	63.42

续表

	全国	西北地区					
		陕西	甘肃	青海	宁夏	新疆	合计
单位草地面积牧业产值(元/公顷)	1749.40	2800.57	405.66	77.37	869.16	242.99	299.10
指数	100.00	160.09	23.19	4.42	49.68	13.89	17.10
平均每个农林牧渔业劳动者的农林牧渔业总产值(元)	7449.94	4485.08	4662.22	4097.22	5104.71	15022.8	5955.70
指数	100.00	60.20	62.58	54.99	68.52	201.65	79.94
土地—劳动产出率指数	100.00	72.70	50.37	17.12	62.25	66.46	48.52

说明:(1)农林牧渔业总产值为当年价格;(2)土地—劳动产出率指数＝土地产出率指数×劳动生产率指数;(3)资料来源:根据表12和《中国统计年鉴(2000)》整理和计算。

从表14可以看出,西北地区的土地产出率和劳动产出率,以及土地劳动产出率均大大低于全国的平均水平。与东部相比,西北地区农业的要素产出率水平则更低。例如,单位耕地面积的农业产值,东部是全国平均水平的1.68倍,西北地区则仅为东部平均水平的1/3;平均每个农林牧渔业劳动力的农林牧渔业总产值,东部是全国平均水平的1.47倍,西北地区则仅为东部平均水平的54.24%。再如,西北地区农作物总播种面积中粮食作物播种面积的比重,与全国和东部地区的差异并不大(1999年,全国、东部、西北地区的这一比重分别为72.36%、72.32%和71.45%),但单位播种面积的粮食产量却差异悬殊。1999年,若以全国单位播种面积的粮食产量为100,则东部为

113.18，西北地区仅为 71.32，西北各省区分别为陕西 59.82、甘肃 62.35、青海 66.92、宁夏 78.16、新疆 115.67。粮食种植业在西北及其各省区农业中居于重要地位。粗略估计，1999 年，粮食种植业占农林牧渔业总产值比重，全国为 40% 左右，东部为 30% 左右，西北地区则为 45% 左右。但即使如此，西北地区人均占有粮食的水平却大大低于全国和东部的平均水平。1999 年，西北地区人均占有粮食为 344.09 公斤，仅分别为全国和东部平均水平的 85.22%、92.14%。

导致西北地区农业效率低下的原因是多方面的。从土地这一农业生产的基本要素来看，西北地区虽然土地资源比较丰裕，但是土地质量欠佳，旱地多，水地少；山地多，川地少。水地占耕地面积的比重，全国为 26.17%，东部为 28.88%，西北地区仅为 3.80%；有效灌溉面积占耕地面积的比重，全国为 40.88%，东部为 59.87%，西北地区仅为 36.49%。同时，西北地区长期以来沿袭着对土地资源进行低层次平面垦殖的方式，特别是在其东部的黄土高原地区，在其东南部的秦巴山区，土地的过度垦殖十分严重。全国耕地面积占全部土地面积的 13.55%，而在西北的黄土高原地区，耕地面积占全部土地面积的比重则高达 17.78%，其中甘肃中部干旱地区的这一比重则达 30.20%；而在秦巴山区，虽然不宜耕作的山地面积占其土地面积的 95% 以上，但其耕地面积却占全部土地面积的 10% 左右。过度垦殖非但不能提高耕地产出率，反而导致水土流失等生态灾难，而且也导致农业结构高度倾斜于低水平生产的种植业，特别是粮食种植业，在这种情况下，西北地区土地资源其他方面的优势和潜力（如林地、草地等）得不到有效利用和发挥，从而使西北地区的农业结构表现出单一化的特征。

表 15 反映了西北地区农业生产中的物质技术条件。

表15 全国、东部和西北地区农业生产的物质技术条件(1999年)

	全国	东部	西北地区					
			陕西	甘肃	青海	宁夏	新疆	合计
农村劳动力人均固定资产投资(元)	1306	2293	709	527	519	1240	1456	762
指数	100.00	175.57	54.29	40.35	39.74	94.95	111.23	58.21
平均每个农林牧渔业劳动力生产性固定资产原值(元)	2927	3887	2005	2037	3616	3344	5167	2626
指数	100.00	132.80	68.50	69.59	123.54	114.25	176.85	89.71
平均每个农林牧渔业劳动力农业机械总动力(千瓦)	1.49	2.23	1.00	1.41	1.68	2.47	2.65	1.48
指数	100.00	149.66	67.11	94.63	112.75	165.77	177.85	99.33
每万名农林牧渔业劳动力中的专业技术人员(人)	24.43	21.17	21.81	23.20	69.44	52.36	299.67	64.28
指数	100.00	86.66	89.28	94.97	284.24	214.33	226.64	263.12

资料来源:根据《中国统计年鉴(2000)》整理和计算。

从表15可以看出,西北地区农业生产的物质技术条件总的来看,比全国和东部要差。例如,农村劳动力人均固定资产投资,西北地区仅为全国和东部平均水平的58.21%、33.15%;平均每个农林牧渔业劳动力的生产性固定资产原值,仅分别为全国和东部平均水平的89.71%、67.55%;平均个农林牧渔业劳动力的农业机构总动力,虽然与全国平均水平接近,但仅为东部平均水平的66.37%。同时,西北各省区之间农业生产的物质技术条件差异也比较大。表15显示,青海、宁夏、新疆平均每个农林牧渔业劳动力的生产性固定资产原值和农业机械总动力高于全国甚至也高于东部的平均水平,而陕西、甘肃的这两项指标则低于全国,更低于东部的平均水平。

表15还显示,西北地区每万名农林牧渔业劳动力的专业技术人员比重显著地高于全国的平均水平;在各省区中,青海、宁夏、新疆的这一比重分别为全国平均水平的2.84倍、2.14倍和2.26倍。这种状况,与西北地区水平很低的农业生产效率之间形成较大的反差,但同时也说明,西北地区农业科技资源潜力巨大,把这种科技资源潜力转化为生产力,是提高西北地区农业生产效率的关键和希望所在。

三、工业结构现状

1999年,西北地区第二产业增加值为1726.96亿元,按可比价格计算,比1978年增长5.69倍,年均增长9.47%,比同期全国第二产业增加值的年均增长速度(11.52%)低2.05个百分点。1978年,西北地区第二产业增加值中工业的比重为84.72%,到1999年,这一比重下降为74.35%,下降了10.37个百分点,比全国的平均水平(86.53%)低12%~18%。这一期间,西北地区占全国工业增加值的比重,由5.99%下降到3.67%,下降了2.32个百分点。

西北地区的工业是依靠传统体制推动的超重工业化完成其初始扩张的。这一过程奠定了西北地区作为全国重要的能源、原材料和国防军工基地的地位。在这一基础上发育成长的西北地区的工业结构,表现出以下几个特征。

(一)高度倾斜于国有经济的"高纯度"的所有制结构

改革开放初期,西北及其各省区的工业与全国各地区一样,在所有制结构上,都是公有制的"一统天下"。党的十一届三中全会以后,在不断推进和深化的市场取向的改革进程中,我国特别是东部地区的所有制结构发生了巨大的变化,在"体制外"的非国有经济,特别是非公有制经济迅速崛起,成为推动所有制结构变革的重要力量。但是在西北各省区,所有制结构的改革却相对滞后,长期停留在扩大企业自主权、推行承包经营责任制、发展"一厂两制"集体企业等体制内调整的层面上,加之民间资本的薄弱和缺乏组织动员民间资本的有效措施以及主要依靠国有资本的增量投入,西北地区工业结构高度倾斜于国有经济的格局变化十分有限,仍呈现为"高纯度"的特征(见表16)。

表16 西北地区工业总产值中国有经济的比重(%)

	1978年	1999年	1999年比1978年增加(±%)
全国	77.63	48.92	−28.71
东部	76.26	39.20	−37.06
西北	86.85	81.29	−5.56
陕西	84.29	77.41	−6.88
甘肃	90.87	78.68	−12.19
青海	81.72	89.22	7.50
宁夏	82.82	76.44	−6.38
新疆	89.30	89.88	0.58

说明:(1)工业总产值为当年价格,1978年为独立核算工业企业,1999年为全部国有及规模以上工业企业;(2)资料来源:根据《全国各省、自治区、直辖市历史统计资料汇编《(1949—1989)》《中国统计年鉴(2000)》整理和计算。

从表16可以看出,在我国市场取向改革的进程中,国有经济占西北地区工业总产值的比重下降幅度,远远低于全国和东部的水平;在西北各省区,青海、新疆的这一比重还有所上升。这种状况,使西北地区成为我国工业中国有经济比重最高的地区之一。

(二)以资源为指向的超重型工业部门结构

西北地区能源、矿产资源比较丰裕。这正是传统体制时期国家对西北地区发展能源、原材料为主的重化工业的原因,由此形成了西北地区高度倾斜于能源、原材料工业的超重型工业部门结构。

改革开放以来,虽然国家在世纪之交实施西部大开发战略以前的十多年中,把东部作为战略重点,但随着全国工业化由初期阶段向中期阶段的推进,对能源、原材料产品的需求也不断高涨,由此促进了西北地区能源、矿产资源的大规模开发。自"七五"到"九五"的十五年中,西北地区相继建成了陕甘宁石油、天然气生产基地,陕北、宁夏煤炭重化工基地,新疆、青海的石油、天然气生产基地,甘肃金昌的镍、钴及贵金属生产基地,扩大了甘肃白银有色金属基地的规模,在黄河上游地区进行了大规模的水电开发,等等。所有这些,都促进了西北地区能源、原材料工业的进一步扩张,从而加剧了工业部门结构向重化工业倾斜的程度,见表17。

表 17　西北地区及全国、东部工业总产值中重工业的比重

	工业总产值中重工业比重(%)			重工业总产值中采掘、原材料工业比重(%)		
	1978年	1999年	1999年比1978年增加(%)	1978年	1999年	1999年比1978年增加(%)
全国	56.90	58.03	1.12	47.84	50.40	2.86
东部	55.15	54.47	−0.68	46.61	−	−
西北	64.59	75.75	11.16	53.26	65.40	12.14
陕西	56.86	67.43	10.57	27.19	41.60	14.41

续表

	工业总产值中重工业比重(%)			重工业总产值中采掘、原材料工业比重(%)		
	1978年	1999年	1999年比1978年增加(%)	1978年	1999年	1999年比1978年增加(%)
甘肃	74.96	83.36	8.40	74.84	75.30	0.46
青海	65.92	88.92	23.00	44.92	83.00	38.08
宁夏	75.04	83.97	8.93	48.97	63.10	14.13
新疆	57.47	75.43	17.96	70.75	87.00	16.25

说明:(1)工业总产值1978年为1970年不变价格,1999年为当年价格;(2)指标范围1978年为独立核算工业企业,1999年为国有及规模以上非国有企业;(3)资料来源:工业总产值中重工业比重和1978年重工业总产值中采掘原材料工业比重根据《全国各省、自治区、直辖市历史统计资料汇编(1949—1989)》《中国统计年鉴(2000)》整理和计算,1999年重工业总产值中采掘、原材料工业比重转引自陈撰《加快结构调整,促进西北地区工业振兴》,载《中国工业经济研究》2000年第10期。

表17表明,改革开放以来,在我国工业化进入成长新阶段的过程中,西北地区工业结构成长的资源指向更为突出。这种状况,强化了西北地区作为全国能源、原材料基地的地位,见表18和表19。

表18 西北及其各省区工业部门总产值占全国的比重

	工业总产值			重工业总产值占全国比重(%)		采掘原材料工业总产值占全国比重(%)	
	数量(亿元)	占全国比重(%)					
	1999年	1999年	1999年比1978年增加(%)	1999年	1999年比1978年增加(%)	1999年	1999年比1978年增加(%)
全国	35571.18	100.00	–	100.00	–	100.00	–
西北地区	2189.60	6.15	0.56	8.05	1.53	10.82	3.31
陕西	801.91	2.25	−0.02	2.62	0.41	2.16	0.89
甘肃	525.24	1.48	−0.39	2.12	−0.57	3.17	−1.06
青海	103.44	0.40	0.08	0.62	0.25	1.14	0.79
宁夏	151.09	0.42	0.09	0.61	0.18	0.77	0.33
新疆	567.92	1.60	0.80	2.08	1.26	3.58	2.36

说明：(1)工业总产值及相关指标为国有及规模以上非国有工业企业,按当年价格计算;(2)资料来源同表17。

表19 西北地区工业及其部门相对于全国工业总产值的集中度指数

	相对于全国工业总产值的集中度指数								
	轻工业			重工业			采掘、原材料工业		
	1978年	1999年	1999年比1978年增加(%)	1978年	1999年	1999年比1978年增加(%)	1978年	1999年	1999年比1978年增加(%)
陕西	1.04	0.78	−25.00	0.97	1.16	19.59	0.56	0.96	71.43
甘肃	0.43	0.34	−20.93	1.44	1.43	−0.69	2.26	2.14	−5.31

续表

	相对于全国工业总产值的集中度指数								
	轻工业			重工业			采掘、原材料工业		
	1978年	1999年	1999年比1978年增加(%)	1978年	1999年	1999年比1978年增加(%)	1978年	1999年	1999年比1978年增加(%)
陕西	1.04	0.78	−25.00	0.97	1.16	19.59	0.56	0.96	71.43
甘肃	0.43	0.34	−20.93	1.44	1.43	−0.69	2.26	2.14	−5.31
青海	0.78	0.28	−64.10	1.16	1.55	33.62	1.09	2.85	161.47
宁夏	0.58	0.38	−34.48	1.30	1.45	11.54	1.33	1.83	37.59
新疆	0.96	0.58	−39.58	1.03	1.30	26.21	1.52	2.23	46.71
西北地区	0.78	0.58	−25.64	1.18	1.31	11.02	1.34	1.76	31.34

从表 18 可以看出,1978 年到 1999 年,西北各省区除个别外,其工业总产值占全国的比重都有所增加,而以重工业特别是其中的采掘原材料工业占全国工业总产值的比重增加得更为显著。表 19 则表明,在这一期间,西北及其各省区的重工业特别是其中的采掘原材料工业相对于全国,表现出较强的专业化倾向。与此相对应,到 1999 年,西北地区重要的能源、原材料产品,相对于全国,具有明显的优势,见表 20。

表 20　西北地区主要产品占全国比重(1999 年)

	全国	西北地区					
		陕西	甘肃	青海	宁夏	新疆	合计
工业总产值(亿元)	35571.18	801.91	525.24	143.44	151.09	567.92	2189.60

续表

	全国	西北地区					
		陕西	甘肃	青海	宁夏	新疆	合计
占全国比重（%）	100.00	2.25	1.48	0.40	0.42	1.60	6.15
原煤产量（亿吨）	10.45	0.24	0.19	0.02	0.15	0.28	0.88
占全国比重（%）	100.00	2.30	1.84	0.19	1.44	2.68	8.42
原油产量（万吨）	16000.00	643.17	42.75	189.59	128.29	1739.31	2743.11
占全国比重（%）	100.00	4.02	0.27	1.18	0.80	10.87	17.14
天然气产量（亿立方米）	251.98	12.57	0.11	3.47	0.12	31.06	47.33
占全国比重（%）	100.00	4.99	0.04	1.38	0.05	12.32	18.78
发电量（亿千瓦小时）	12393	255.05	262.42	114.36	112.28	167.07	911.18
占全国比重（%）	100.00	2.06	2.12	0.92	0.91	1.34	7.35
其中水电量（亿千瓦小时）	1965.80	19.68	117.47	87.48	9.82	30.04	264.49
占全国比重（%）	100.00	1.00	5.98	4.45	0.50	1.52	13.45
化肥产量（万吨）	3251	85.16	61.62	41.60	53.87	73.75	316.00
占全国比重（%）	100.00	2.62	1.89	1.28	1.66	2.27	9.72

说明:(1)工业总产值为当年价格,指标范围为全部国有及规模以上非国有企业;
(2)资料来源:根据《中国统计年鉴(2000)》整理和计算。

表 20 所列的能源、原材料产品占全国同类产品的比重,均明显高于西北地区工业总产值占全国工业总产值的比重,前者为后者的1.20(发电量)、3.05(天然气)倍。这些产品,构成西北地区作为全国能源、原材料工业基地的产品基础,还需要指出的是,因资料所限,表中未列出西北地区十种有色金属产量占全国的比重,但实际上,西北地区也是我国有色金属的重要基地,早在 1980 年,西北地区的十种有色金属产量就占全国的 15.07%,是当时西北地区占全国工业总产值比重的 3.00 倍。而自那时以来,西北各省区的有色金属工业都有较大的发展,1999 年,仅甘肃十种有色金属的产量,就占全国的 10% 以上。因此,有色金属工业也是西北地区在全国优势的重要组成部分。

以能源、原材料为主的重化工业的扩张,成为推动西北及其各省区工业经济规模扩张的重要因素,见表 21。

表 21　西北地区重工业对工业总产值增长的贡献

	工业总产值增加额(按当年价格计算)中	
	重工业的贡献(%)	采掘、原材料工业的贡献(%)
全国	58.18	29.54
西北地区	76.72	53.06
陕西	68.31	29.09
甘肃	83.66	63.06
青海	91.36	88.60
宁夏	84.86	54.62
新疆	76.51	67.17

说明:资料来源同表 20。

表 21 表明,与全国相比,西北地区及其多数省区,其工业增长结构向重工业特别是向采掘、原材料工业倾斜的程度更高。这是其工业部门结构特征的必然反映。

(三)倾斜于大中型企业的企业规模结构

早在传统时期,国家在西北各省区通过能源、原材料和机械、电子等国防军工基地的建设,兴建了一批在西北各省区工业中居于重要地位的大中型骨干企业。1978 年以来,随着对能源、矿产资源的大规模开发以及以组建大集团为主要内容的企业改组战略的实施,西北各省区的大中型骨干企业的地位更趋加强,工业的企业规模结构向大中型骨干企业倾斜的程度也更高,见表 22。

表22　全国、东部及西北地区工业总产值中大中型企业的比重(％)

	1978 年	1999 年	1999 年比 1978 年增加(％)
全国	46.93	56.99	10.06
东部	44.15	53.06	8.91
西北	58.00	72.07	14.07
陕西	57.84	72.64	14.80
甘肃	71.25	68.98	−2.27
青海	45.45	72.13	26.68
宁夏	53.10	68.13	15.03
新疆	44.09	75.63	31.54

说明:资料来源同表 17。

从表 22 可以看出,改革开放以来,西北地区和全国、东部地区一样,工业企业的规模结构都呈现出向大中型企业倾斜的趋势。与全国和东部地区不同的是，西北地区工业企业规模结构向大中型倾斜的速度更快,最后形成的结构格局中,大中型企业占的比重更高。1978年到1999年,大中型企业占工业总产值比重上升的年均速度,全国为0.93%,东部为0.88%,西北地区则为1.04%;在西北各省区中,除甘肃的这一比重有所降低以外,其余省区这一比重的年均上升速度,陕西为1.09%、新疆为2.60%。1978年,西北地区各省区中,青海和新疆大中型企业占工业总产值的比重还低于全国的平均水平（其中新疆还低于东部的平均水平）,到1999年,西北地区的这一比重比全国高15.68个百分点,宁夏比重则比全国高11.14、新疆高18.65个百分点。总之,改革开放以来,大中型企业在西北地区工业中的地位进一步加强,值得注意的是,在1992年我国确定了建立社会主义市场经济体制及其运行机制的改革目标之后,在市场化所推进的工业成长新阶段,基本上是国有企业中的大中型企业仍在西北地区工业及其规模扩张中居于主导地位。1992年到1999年,大中型企业在工业总产值增加额（按1990年不变价格计算）中的贡献份额,全国为55.88%,东部为52.90%,西北地区则高达76.38%。西北各省区分别为:甘肃54.09%,青海59.56%,宁夏77.79%,陕西82.43%,新疆86.91%。仍未摆脱传统体制影响的大中型企业仍然是推动西北地区工业规模扩张的主导因素,使西北地区在工业经济增长的动力结构方面,表现出与沿海特别是与东部地区显著的差异。

（四）沿铁路干线集中的生产力布局结构

在传统体制时期,国家在西北地区兴建了一批工业基地。这些工业基地的发展,在西北地区形成了一批新兴城市;同时,国家还相继进行了陇海—兰新、包（头）兰（州）—兰青（青海西宁）等铁路干线建设。西北地区绝大多数工业基地和新兴城市都分布在这两条交通干线上。由此形成了西北及其各省区展开生产力布局的基本骨架。

改革开放以来，西北地区生产力布局仍然沿着上述两条铁路干线展开。与过去有所不同的是，在原来两条干线的沿线，又增加了一些新的城市；同时，随着兰青铁路由西宁延伸到格尔木，兰新铁路由乌鲁木齐延伸至阿拉山口，生产力布局的轴线也随之延伸。这样，就整个西北地区来说，陇海—兰新—北疆铁路，包兰—兰青—青藏（目前为西宁到格尔小段）铁路，就形成其生产力"十字形"布局的轴线。到20世纪90年代中期，西北地区工业在这两条主轴线上分布的情况如下：

1. 陇海—兰新—北疆铁路沿线

这一主轴线又分为三段：

（1）陕西关中段。这是陇海铁路的潼关—宝鸡段。沿线从东到西分布着渭南市、西安市、咸阳市、宝鸡市（包括辖区内的市和县、区，以下同）。1996年，这些城市的工业总产值（乡及乡以上，以下同）为738.03亿元，占全省的比重为77.47%。

（2）陇海—兰新铁路甘肃段。这段铁路在甘肃境内东起天水，西至柳园。沿线从东到西分布着天水市、兰州市、武威市、金昌市、张掖市、酒泉市、嘉峪关市、玉门市和敦煌市。1996年，这些城市工业总产值为443.75亿元，占全省工业总产值的67.73%。

（3）兰新—北疆铁路段。这段铁路是兰新铁路西出柳园以后新疆的部分，沿线从东到西分布着哈密市、吐鲁番市、乌鲁木齐市、昌吉市、石河子市、奎屯市、博乐市。1996年，这些城市工业总产值为249.63亿元，占全区工业总产值的39.60%。

总计陇海—兰新—北疆铁路沿线城市工业总产值，1996年占陕、甘、新三省区工业总产值的63.95%，占西北地区工业总产值的56.23%。

2. 包兰—兰青—青藏铁路

这一主轴线分为三段：

（1）包兰铁路宁夏段。这一段沿线分布着宁夏的石嘴山市、银川市、灵武市、吴忠市、青铜峡市。1996年，这些城市的工业总产值为168亿元，占全区工业总产值的89%。

（2）包兰—兰青铁路甘肃段。这一段沿线分布着甘肃的白银市和兰州市。1996年，这两个城市的工业总产值为343.1亿元，占全省工业总产值的52.37%。

（3）兰青—青藏铁路段。这一段沿线分布着青海的西宁市、德令哈市和格尔木市。1996年，这三个城市的工业总产值为77.93亿元，占全省工业总产值的61.23%。

以上总计，1996年，包兰—兰青—青藏铁路沿线城市工业总产值占甘、青、宁三省区工业总产值的63.82%，占西北地区工业总产值的24.26%。

两个主轴线沿线城市合计的工业总产值，1996年为1778.43亿元，占西北地区工业总产值的69.64%。实际上，西北各省区的能源、原材料工业和大中型骨干企业的绝大多数，都分布在这两条主轴线上，使这两条主轴线成为西北地区工业生产力分布的骨架。工业生产力这种带状分布的格局，与东部、中部地区的集团状分布，形成明显的差异，由此形成西北地区工业生产力布局的一个突出特征。

综上所述，西北地区现有的工业结构形成于传统体制时期，而在改革开放以来的市场取向改革和市场化进程中，西北地区工业的所有制结构、部门结构、企业规模结构原有的"纯"（国有经济占的比重高）、"重"（重工业，特别是能源、原材料工业占的比重大）、"大"（大中型骨干企业占的比重高）的特征更趋强化，形成西北地区工业结构成长中的超稳定因素。同时，西北地区工业生产力分布的空间特征，也是其生产力布局扩展的骨架和基础。

四、第三产业发展现状

1978 年以来,在我国市场取向的改革和市场化进程中,西北各省区的第三产业迅速发展。到 1999 年,西北地区第三产业增加值达到 1528.28 亿元,占全国第三产业增加值的比重为 6.06%,超过当年国内生产总值占全国的比重(4.97%)。

西北地区第三产业的发展表现出以下几个特征。

(一)发展速度快,对经济增长的贡献大

1978 年到 1999 年,西北地区第三产业增加值的增长状况见表23。

表 23 西北地区第三产业发展情况(增加值)

	国内生产总值中第三产业比重(%)			第三产业增加值增长速度(1978—1999 年)		1978—1999年国内生产总值增加额中第三产业的贡献(%)
	1978 年	1999 年	1999 年比1978 年增加(%)	年均增长速度(%)	西北地区比全国增加(%)	
全国	23.74	33.01	9.27	10.41	–	33.44
西北地区	19.43	37.49	18.06	12.48	2.07	39.01
陕西	18.18	38.87	20.69	11.84	1.43	40.06
甘肃	19.28	34.01	14.73	13.03	2.62	35.11
青海	26.77	41.94	15.12	9.39	−1.02	42.99
宁夏	25.61	37.60	11.99	11.32	0.91	38.28
新疆	17.27	37.60	20.33	14.36	3.95	38.30

说明:(1)国内生产总值中第三产业比重、第二产业增加额对国内生产总增长值年均增长速度按当年价格计算;(2)第三产业增加值年均增长速度按可比价格计算;(3)资料来源:根据《改革开放十七年的中国地区经济》和《中国统计年鉴(2000)》整理和计算。

从表 23 可以看出,改革开放以来,西北及其各省区第三。产业增加值占国内生产总值的比重增加的幅度, 国内生产总值增加额中第三产业增长的贡献份额,均显著高于全国平均水平;同时,西北地区及其多数省区(除青海外)第三产业增加值年均增长速度也高于全国平均水平。第三产业的迅速增长,使西北各省区国内生产总值的结构发生了变化。早在 1981 年,青海第三产业增加值就已超过第一产业,其后,宁夏在 1986 年,甘肃和陕西在 1988 年,新疆在 1992 年,第三产业增加值也相继超过第一产业。这样,西北各省区到 1992 年之后,已全部实现了国内生产总值由"二、一、三"型结构向"二、三、一"型结构的转变,第三产业也成为推动西北各省区经济增长的重要因素。

(二)就业增长对推动全社会就业结构变革的作用显著

随着第三产业的勃兴,西北地区非农产业(第二、三产业)就业结构也发生了变化。新疆早在 1980 年第三产业的从业人员就超过第二产业,其后,青海在 1984 年,宁夏在 1987 年,陕西在 1995 年,甘肃在 1996 年,第三产业从业人员也相继超过第二产业,也就是说,到 1996 年以后,西北及其各省区就业结构已由"一、二、三"型转变为"一、三、二"型。改革开放以来,西北地区第三产业的就业情况变化见表 24。

表 24　西北地区第三产业就业情况

	从业人员中第三产业就业比重(%)			1978—1999 年第三产业就业年均增长速度(%)		1978—1999 年国内生产总值增加额中第三产业的贡献(%)
	1978 年	1999 年	1999 年比 1978 年增加(%)	年均增长速度(%)	西北地区比全国增加(%)	
全国	12.18	26.90	14.72	6.67	–	46.31
西北地区	11.40	26.29	10.89	6.51	-0.16	49.92

续表

	从业人员中第三产业就业比重(%)			1978—1999年第三产业就业年均增长速度(%)		1978—1999年国内生产总值增加额中第三产业的贡献(%)
	1978年	1999年	1999年比1978年增加(%)	年均增长速度(%)	西北地区比全国增加(%)	
陕西	11.22	25.86	14.64	6.57	−0.10	48.30
甘肃	10.23	26.83	16.60	7.40	0.73	50.28
青海	10.41	25.12	14.71	6.84	0.17	47.30
宁夏	11.76	24.34	12.56	6.97	0.30	37.01
新疆	13.65	27.72	14.07	4.97	−1.70	66.41

资料来源:根据《改革开放十七年的中国地区经济》《中国统计年鉴(2000)》整理和计算。

表24表明,1978年到1999年,西北地区第三产业就业的年增长率与全国平均水平大致相当,而第三产业就业增长对全社会就业增长的贡献在地区总体上以及在多数省区(除宁夏外),均高于全国平均水平。第三产业在推动西北地区就业结构变革特别是在吸纳就业方面,发挥了重要作用。

(三)结构层次低

从表23、表24可以看出,西北地区第三产业占国内生产总值的比重高于全国的平均水平;第三产业从业人员占全社会从业人员的比重也与全国大致相当,但这并不意味着西北及其各省区第三产业的发展水平已与全国等量齐观,甚至高于全国的发展水平。实际上,无论从国内生产总值的产业结构变革来看,还是从第三产业自身的发展及其结构来看,西北地区第三产业的结构层次比较低,这主要表现在以下几个方面。

　　首先,从国内生产总值的结构变动来看,1978 年到 1999 年,全国国内生产总值中,第一产业的比重下降 10.45 个百分点,第二产业比重上升 1.18 个百分点、第三产业比重上升 9.27 个百分点。这也就是说,在全国,国内生产总值中第一产业比重的下降,转移为第二产业和第三产业比重的上升,而第二产业比重的上升,意味着工业化水平的提高,从而为第三产业的发展提供了有力的支持。而在西北地区,情况则大不相同。

表 25　西北地区国内生产总值结构变动(1978—1999 年)

	国内生产总值								
	第一产业比重(%)			第二产业比重(%)			第三产业比重(%)		
	1978 年	1999 年	1999年比1978年增加(%)	1978 年	1999 年	1999年比1978年增加(%)	1978 年	1999 年	1999年比1978年增加(%)
全国	28.10	17.65	-10.45	48.16	49.34	1.18	23.74	33.01	9.27
西北地区	27.46	20.05	-7.41	53.11	42.46	-10.65	19.43	37.49	18.06
陕西	30.47	17.98	-12.49	51.35	43.15	-8.20	18.18	38.87	20.69
甘肃	20.41	20.25	0.11	60.31	45.47	-14.84	19.28	34.01	14.73
青海	23.62	17.01	-6.61	49.61	41.05	-8.56	26.77	41.94	15.12
宁夏	23.54	19.88	-3.66	50.85	42.52	-8.33	25.61	37.60	11.99
新疆	35.75	22.98	-12.77	46.98	39.42	-7.56	17.27	37.60	20.33

资料来源:根据《改革开放十七年的中国地区经济》《中国统计年鉴(2000)》整理和计算。

由表 25 可知,改革开放以来,西北及其各省区国内生产总值中第三产业比重上升的同时,第一产业和第二产业的比重却同时下降,而且第二产业比重下降的幅度还大于第一产业比重下降的幅度(从西北地区总体来看是如此,在各省区中,甘肃国内生产总值中第一产业的比重略有上升,陕西、新疆国内生产总值中第二产业的比重下降幅度则低于第一产业比重下降的幅度)。

第二产业占国内生产总值比重的下降,与我国及西北地区工业化由初期阶段向中期阶段推进的过程相悖逆,这种"逆工业化"趋势,表明西北及其各省区第三产业的发展缺少第二产业发展的有力支持,也是导致其国内生产总值的结构变动"虚高度化"的一个重要因素。

其次,从第三产业的服务效率来看,第三产业是为社会提供生产和生活服务的产业。对一个地区来说,服务效率的高低,是其第三产业发展水平的重要标志。西北地区国内生产总值中第三产业的比重虽然高于全国平均水平,但总体而言,其服务效率却比较低。1999年,第三产业的从业人员人均创造的增加值,全国为 1.43 万元,东部为 2.76 万元,西北地区仅为 1.36 万元。仅分别为全国和东部平均水平的 97.20%、50.36%;在各省区,该指标水平最高的新疆(2.37 万元),也仅相当于东部平均水平的 85.87%,最低的甘肃(0.99 万元)则仅为东部平均水平的 36.03%。

最后,从第三产业的内部结构来看,西北地区第三产业中的新兴行业发展水平较低。西北地区资金短缺,迫切需要发展金融保险业,以增强其融通资金能力;西北地区地处内陆,交通通讯等基础设施急需发展,同时,拍岸而来的信息化浪潮,也使西北地区面临着工业化和信息化的双重挑战,包括交通通信业,社会服务业,教育、文化艺术及广播电影电视业,科学研究和综合技术服务业等在内的信息产业,则是其步入信息化进程的迫切需要。但西北地区第二产业中这些行业的发展水平却还比较低。1999年,金融保险业占第三产业增加值的比重,全国为18.56%,西北地区仅为11.43%,西北各省区分别为:陕西6.66%,新疆为11.33%,宁夏16.87%,甘肃17.06%,青海17.96%;人均信息业增加值,全国为720元,东部为1533元,西北地区仅为671元,仅分别为全国和东部平均水平的93.19%、43.77%,西北各省区中则甘肃为324元、新疆1087元。此外,西北地区虽然有丰富的旅游资源,但除陕西的旅游业有所发展外,其余省区的旅游业方才起步。1999年,旅游外汇收入相当于第三产业增加值的份额,全国为4.64%,西北地区仅为2.18%,宁夏为0.18%、陕西为3.89%。

总体上看,虽然第三产业在推进西北地区及其各省区经济结构转型方面发挥了重要作用,但从其与其他产业结构变动关系及其自身的效率、结构来看,还具有初始发展阶段低水平、低层次的特征。

(选自《重建西北经济的支撑点》兰州大学出版社,周述实主编,2001年8月)

发展农业产业化经营需
解决的若干重要问题及其对策

尽管甘肃农业产业化的进程还只是刚刚开始，还处于尝试和探索阶段，但也显示出其推动全省农业和农村经济改革与发展的巨大作用。从而表明，农业产业化经营是面向 21 世纪甘肃经济发展的"绿色希望工程"。

同时，我们也应看到，就现阶段而言，甘肃农业和农村经济的商品化市场化程度还比较低，在这一基础上起步的农业产业化经营因受到各种抑制性因素的障碍和制约，必然表现出幼稚、低级的特征。实际上，甘肃还处于社会主义初级阶段的低层次，特别是在农村，其经济形态还表现出浓厚的自给自足的小生产的特征。这种特征与农村经济积累不足，农民的组织化程度低，农户投资能力薄弱，农村现代经济要素，特别是资本、技术要素稀缺，农村劳动力资源文化技术素质低下等因素相联系，由此也必然形成阻碍农业产业化向深度和广度拓展的观念障碍、体制障碍、投入障碍、要素障碍及质量障碍。要排除这些障碍，就需要正确处理这些障碍所涉及或者导致产生这些障碍的一些重要关系。诸如，市场导向与政府指导之间的关系，渐进发展与跳跃发展之间的关系，农业产业化的积累机制的形成过程中劳动积累与其他积累之间的关系，在促进农业产业化一体化经营体系的成长过程中农业与其后向基础及前向延伸的关系，农业产业化组织成长中的组织类型及各类型组织之间的关系，农业产业化在培育县乡财源中的作用与财政、金融等支持条件之间的关系等等。所有这些,都对甘肃农业产业化的全面扩展和提高产生着重要的影响。对此,需要进行深入的探讨和研究。

第一节　建立市场导向与政府指导
相结合的驱动机制

发展农业产业化经营是跨世纪时期我国农业和农村经济改革与发展的大趋势。对甘肃来说,如何按照党的十五大提出的发展农业产业化经营的方向,"形成生产加工、销售有机结合和相互促进的机制",如何"推进农业向商品化、专业化、现代化转变",则是其推进农业产业化经营中必须解决的首要问题。从甘肃的实际情况来看,传统体制影响力强,而市场化因素比较薄弱,且市场的组织管理资源比较稀缺;同时,农业的传统、弱质的特征十分突出,且存在着扶贫攻坚任务十分艰巨的贫困地区。因此,仅靠市场导向,只能导致发育水平不高的市场化因素与分散、盲目的小农生产方式的结合,从而把农业产业化经营扭曲为传统农业加初级市场化;还会由于市场化所形成的"马太效应"等负面影响而使贫困地区陷于"愈弱愈贫"的困境,从而使贫困地区成为被农业产业化"遗忘"的角落。另一方面,依靠政府的指导,由于现阶段政府职能尚未实现根本性转变,因而这种指导难免带有传统体制的特征,从而使政府指导产生一些有悖于市场化的结果,背离农业产业化经营的方向。这两种情况,都不利于农业产业化的健康、稳定、持续发展。因此,甘肃要形成农业产业化经营的良性机制,推进农业向"三化"转变,必须寻求把市场导向和政府指导有机结合起来的有效途径。

在市场经济发达的国家,政府在农业产业化的发展中采取的是积极干预的方针。例如在日本,政府对农业实施的保护政策,组成了一道抵御国际市场干扰冲击本国农业生产的"铜墙铁壁";欧洲联盟作为国家群体的一体化经济组织,建立了成员国之间农产品生产的分工体系,并通过联盟和国家两个层次的干预,对之进行维护;美国虽然崇尚自由贸易,但对农产品从生产、加工到出口贸易,却制定了完整系统的保护政策。发达国家对其农业生产实施积极干预的成功经验表明,推动农业产业化经营,应建立起政府干预与市场导向有机结合的政府指导型市场机制。这种机制的有效性也为国内特别是沿海发达地区发展农业产业化的实践所证明。例如,全国城市由市长挂帅进行的"菜篮子"工程建设,山东在推进农业产业化经营中提出"在海上再造一个山东"的战略以及为了保证"鲁菜进京"的畅通无阻而进行的"绿色通道"建设,都具有政府指导型市场机制的突出特征。

对于甘肃来说,完全可以借鉴发达国家和国内沿海发达地区的成功经验,结合本省的实际,建立起推进农业产业化经营的政府指导型市场机制。这一机制取得成效的关键是政府指导(或干预)必须是积极的,即符合现代市场经济的运行规律和农业产业化的成长规律。其次是市场主体行为的理性与市场组织的完善。通过这两者的有机结合,建立起市场、政府、农户在农业产业化经营中的互动关系。为此,必须把培育市场资源、完善政府的决策体系,推进政府的职能创新有机结合起来。

一、培育市场资源

甘肃市场资源十分短缺,其中以市场组织管理资源的短缺尤为突出,对农业的商品化、市场化进程所形成的障碍和制约也最大。因此,在发展产业化经营的过程中,各级政府应以建立各类农产品专业市场,培育市场中介组织为己任,通过规范市场主体行为,理顺市场竞争秩序,完善市场运行机制,扩展市场辐射范围,给各经营主体参与市场交易提供便利,以改变农户自发、分散和非理性的行为以及以参与农产品初级贸易为主的活动空间,使之有组织、有目的、自觉地进入大市场。

在建立专业市场方面,要促进现有的农产品专业市场向"大集团"的方向发展。同时,还应根据农业产业化发展的需要,增加新专业市场。例如,在河西和陇东地区建立粮食贸易市场;在陇东新地区建立林果产品贸易市场;在临夏、甘南两个民族自治州,联合建立畜产品贸易市场,其他的油料黑瓜籽等具有一定优势的农此品,都应建立起相应的专业市场。所有专业市场,都应成为兰州商贸中心的组成部分,形成以中心联结各专业市场的市场网络。各专业市场,除了集中配置市场要素如购、运、储、信息等组织和设施外,还应集中配置与之相关的农产品加工业,使专业市场成为农产品贸易—加工综合体。

在培育市场的组织管理资源方面,则应重点发展科技、信息服务和市场经纪、销售代理和经销以及技术培训和各类基金等中介组织。这些中介组织,应办成为农业产业化进行产前、产中、产后服务的经营实体,其组成来源有三:一是鼓励农民自己组建;二是对现有从事农产品开发、加工、贸易和进行农业科技开发的机构进行改组或改制,完善和强化这些机构的市场化服务功能;三是促进政府转变职能,把政府的涉农专业管理部门分流或改制,使之成为企业化的市场中介组织。在具体操作层面上,对于农业科技开发机构,可采取政府为基础研究提供投入支持,对推广应用机构逐步"断奶",推向市场的途径;对于政府的涉农专业管理部门,可以采取"先换牌子后脱钩",先建实体后"拆庙"等方式,促进其分流或改制。把过度集中于政府部门的高素质组织管理资源中的一部分,转化为市场的组织管理资源,是加快培育市场组织管理资源的捷径。

二、健全和完善政府的决策指导体系

这一体系是由省、地、县、乡等不同层次的决策主体构成的。其决策职能包括：省委、省政府的宏观决策、规划、协调、调控功能；政府的计划、财政税收、科技、农业、工业、教育、卫生等管理部门及金融、保险等服务部门的指导和服务职能；地县乡的具体组织实施职能。各级政府在实施决策指导的过程中，应坚持以市场导向为第一原则，在主导产业的确立中，以市场竞争优势为出发点；在龙头企业的培育中，以产品的市场占有率为最高目标，推动农业产业化向深度和广度全面扩展。

三、推进"管理+服务"的职能创新

政府职能的转变和创新是推动农业产业化的组织管理保证。各级政府应围绕发展农业产业化经营，建立"管理+服务"的职能运作机制，为农业产业化经营的实施全程化、全方位的服务。在这方面，可借鉴沿海发达地区的经验，成立专门的农业产业化领导机构；还可借鉴省内酒泉地区的做法，对涉农的行政管理部门进行公司化改制，通过这些机构或企业化组织，对农业产业化经营进行专业化系列化信息化的管理和服务。

第二节　选择渐进积累与跳跃发展
相结合的发展模式

从甘肃的实际出发，农业产业化只能走渐进积累与跳跃发展相结合、产业扩张与区域突破相互促进的路子。

所谓渐进积累与跳跃发展相结合，就是在一些农业产业化的条件比较难，要素资源积累不足的地区，走积少成多、积小成大、逐步聚

集优势的路子;而在条件比较优越,基础较好的地区,农业的产业化要选择高起点,即有较高的专业化和规模经济水平,有较高的技术含量,要形成有较强扩张能力的大产业,走向大市场。在这两个方面,省内都有成功的案例。前者如庆阳地区"杏经济"的形成,就经历了10年左右的时间。临洮"洋芋工程"的实施,也得益于其积十多年之功,使洋芋的产量由几千吨增长到3万吨以上,形成了能够进行这一工程的足够规模。后者如临泽的新华养猪厂,它是在农业和农村经济比较发达的河西地区建成的全省首家万头猪场,从一开始就达到了专业化、规模化和技术含量较高的高起点。

从总体上看,在省内依据经济发展水平的差异,可以将各地区分为三个类型:一类是经济比较发达、农业和农村已接近或实现向小康迈进的河西地区、沿黄地区和城市的郊区;一类是农村已基本实现脱贫并巩固温饱,为向小康迈进奠定基础的陇东和中部地区;一类是实施扶贫攻坚、在20世纪末实现脱贫的陇东南地区和民族地区。这三类地区的农业产业化经营应形成三个层次的时空序列,即第一类地区应选择较高的起点和目标,在全省率先实现突破。第二类地区应围绕农业产业化经营,对已经形成一定积累,具有一定优势的要素资源进行聚集和优化配置,培育农业产业化的产业成长点和区域增长点。例如在培育产业成长方面,陇东除了发展"杏经济"之类的产业化经营体系外,还可发展"黄牛经济"等养殖业;中部地区除了推进"洋芋工程"外,还可以"121"雨水集流工程为契机,发展以庭院经济为主的种养业。在培育区域增长点方面,陇东的西峰—长庆桥—泾川—平凉,中部地区的陇西—定西—临洮等,都可以培育成本地区的农业产业化的产业密集带。第三类地区应在扶贫攻坚中,走产业化脱贫之路,即逐步增进要素资源积累,特别是要强化对特色资源的开发,使之形成规模。例如,在陇东南地区,重点开发优质林果产品;在民族地区重点开发优良畜种。同时,还应把特色资源的产业化开发,与区域市场建设紧密结合起来,形成区域内的市场—产业组合,天水、临夏则应分别建成为陇东南地区和民族地区的市场—产业发展中心。

所谓产业扩张与区域突破相互促进,就是把培育产业成长点与区域成长点结合起来,形成产业成长与区域发展互为条件、互为载体的农业产业化扩张机制。就全省而言,河西地区、沿黄灌区和城市郊区是实现区域突破的重点地区;在地区层次上,能够实现区域突破的则是市场资源相对集中的城市和城镇。在这些不同层次的区域成长点,应集中配置农业产业化的要素资源,主要是资本、技术和市场的组织管理资源,使之成为区域主导产业的购、运、储、加工、贸易中心,通过这些中心的辐射、带动作用,使主导产业向区域内外扩展,形成大市场—大产业的发展格局。

渐进积累与跳跃发展相结合,产业扩张与区域突破相互促进的目标,是实现农业产业化经营的双突破,即重点产业的突破和重点区域的突破。

为了实现重点产业的突破,必须实施重大工程建设,从甘肃的实际出发,重大工程建设主要有:(1)示范工程建设。即由政府出面,建设农业产业化的示范区、示范项目。前述的临泽新华养猪口、镇原的"杏经济"、临洮的"洋芋工程"以及"东西合作示范区"的建设,都可作为这样的示范工程。政府在示范工程的建设中,应按照现代市场经济中产业成长规律,促进其向规范化、成熟化发展,给农民一个看得见、摸得着、学得来的农业产业化经营样板,通过示范效应,带动农业产业化的扩展。(2)种子工程建设。这是实现农业生产优质、高效的基础性和关键的环节。针对省内农、林、牧产品品质不良的现状,应充分发展产、学、研及试验、推广、销售等领域的密切合作,强化对优质农产品品种的研究、开发、引进、改良和推广。其中包括优质粮食品种、优质果品、优质畜种的培育和推广。特别是扶贫攻坚任务十分艰巨的陇东南地区和民族地区,种子工程建设的意义更为重大。其中陇南地区应在发展经济价值极高且在全国能形成独占性生产的油橄榄种植方面尽快取得突破;民族地区应在改良畜种方面取得进展。(3)精品或名牌工程建设。应该看到,在农产品加工业中,甘肃也有一些高技术含量、高附加值并可能在未来的经济发展中成为新的经济增长点,带动相关产业发展的产品。这是培育"农字牌""陇货精品"的基础。要扩大陇货精品中农产品加工产品的品种,必须采取扰优扶强政策,加快优势企业的技术进步知名度,强化对精品形象的设计和宣传,提高其在国内外市场的知名度。通过这些方面形成品牌优势,以其争市场、占市场精品工程建设的重点,除了已经初步形成品牌优势的产品外,还可在畜产品林果产品中药材等特色农产品加工业中,选择有一定知名度、市场前景广阔的产品。对这些产品,进行精心培育,使之尽快成为"陇货精品"。

为了实现区域突破,必须实施区域内重点项目的产业化开发。这主要是充分利用国家各部委及国内外的投资者、基金组织用于农业综合开发、扶贫开发、荒漠化治理、环境保护、基础设施建设等方面的发展援助资金,选择好农业产业化开发的项目,进行项目的产业化开发和经营。在这方面,用世界银行贷款兴建的"引大入秦"工程和正在建设的疏勒河移民开发工程,都是能够在一个区域内实现农业产业化重点突破的项目。对这类项目,一是要积极争取,要组织专家咨询机构,按照国际上项目开发、建设与管理的规范,对建设项目进行精心选择、科学识别和论证,做到报一个,就能批准一个;二是对获得资助的项目,要在精心组织建设的同时,做好产业化经营的规划和实施方案,把项目的建设与产业化的实施紧密地衔接起来,使项目在建成之后,尽快地发挥农业产业化的扩展效应,使项目成为区域农业产业化经营的成长点。

第三节 形成农业产业化的
积累—扩张效应

与沿海发达地区以非农产业"反哺"农业的积累机制相比,此阶段甘肃农业和农村经济的发展,仍主要依靠劳动积累。这种初始低度化的积累形成机制,难以适应农业产业化对全要素即资本、技术、劳动力综合优化配置的要求,其积累过程缓慢,积累水平也很低,不利于形成农业产业化的积累—扩张的良性循环。

但是,劳动积累作为经济发展中积累形成过程中的一个必经阶段,在现阶段甘肃的农业产业化进程中仍有其积极作用。其一,甘肃农村劳动力的文化技术素质总体水平较低,农民收入水平不高,很难逾越农业产业化经营中所存在的收入"门槛"和技术"门槛",对相当多数的农村劳动力,特别是贫困地区的劳动力来说,劳动投入,仍是其获得收入的主要途径;其二,甘肃农业和农村经济的基础条件比较差,诸如土地质量不高,社区基础建设落后,等等,在这些方面,需要大量的、密集性的劳动投入;其三,即使对农业产业化来说,其各个层次和环节也形成了由劳动力要素为主到全要素综合配置的渐进序列,而其基础性的层次和环节,要素配置则以劳动投入为主;最后,甘肃农村劳动力剩余量大,由于上述收入"门槛"和技术"门槛",以及资本、技术等要素的短缺,农村剩余劳动力进入非劳动要素主导型的生产领域受到较大限制,而发展劳动积累型的生产领域,则为这些剩余劳动力开辟了广阔的发展空间。因此可以说,通过开辟劳动投入的领域,充分吸纳农村剩余劳动力,增加劳动积累,是甘肃农业产业化走渐进积累之路的题中应有之义。

如何增加劳动积累?一是强化对国土资源的产业化整治。其中包括创建国土整治的经营实体,进行水土保持,开发荒山、荒坡,植树和草以及水利设施等工程建设。已经取得显著成效的雨水集流工程,实际上也是国土资源产业化整治的案例。这一案例说明,只有通过建立"谁整治,谁受益"的机制来动员、组织农村劳动力积极参与工程建设,把过去号召动员声势大而收效不大的国土治理活动,转变为产业化的开发整治,才能有效地提高国土整治的质量和水平,夯实农业生产的基础。二是强化社区建设。其中包括农村的公共工程如供水、供电道路以及文化、卫生和生产设施等方面的建设。在这方面,甘肃"以工代赈"所取得的成效,说明它是动员农村劳动力以劳动投入来改善自身的生产和生活环境的有效形式。三是从劳动密集型生产起步,发展农业产业化经营。一方面,在农业生产中促进劳动投入的集约化,即改变长期沿袭的"广种薄收"在低层次平面垦殖的落后生产方式,通过改善土地质量,推广优质品种等措施来提高劳动投入的效率。另一方面,在农业产业化经营体系的扩展过程中,应首先发展那些以农田为"第一车间",以农村劳动力为第一要素的农产品加工业,如农产品的集输、粗加工和初级加工,以充分利用现阶段农村劳动力成本较低的优势。

上述三个方面,前两个属于农业产业化的产前或基础性的劳动积累,后一个属于其产中、产后过程中的劳动积累。通过这些方面,增加劳动积累,以增加农民收入,降低其进入农业产业化经营的收入"门槛"。随着农民收入的增加,其投资能力也会增强,从而也会加快农村资本积累的进程。

降低农民进入农业产业化经营技术"门槛"的根本途径在于提高劳动力的文化技术素质。在这方面,主要是发展农村的职业技术教育,开展多种形式的技术培训,使农村劳动力掌握从事农业产业化经营所必需的技术。同时,在农业产业化的生产技术的选择上,应贯彻落实省政府颁发的农业技术政策和乡镇企业技术政策，把这些技术政策中与农业产业化经营的相关技术，作为对农村劳动力进行技术培训的重要内容。不言而喻，推进农业科技体制改革，把农业科技开发、推广和服务体系的重心下沉到农业生产第二线，强化发展农业产业化所急需的技术研究与开发，并加快其成果的转化、应用和推广，是把提高农村劳动力文化技术素质与提高农业产业化经营的技术水平结合起来的不可或缺的环节。

　　总之，甘肃农业产业化经营的初期发展阶段，必须经过以劳动积累为主的启动过程，这对于省内的贫困地区来说，尤为重要。随着劳动积累的增加和农村劳动力文化素质的提高，应逐步转向资本技术、劳动力等诸要素综合、优化配置所形成的全要素积累。这种全要素积累机制形成的条件是：较大规模的资本积累和劳动者能熟练掌握技术。前述的农业产业化经营的成功案例，都已形成了全要素积累雏形，也是未来甘肃农业产业化经营由劳动积累向全要素积累转变，形成其积累—扩张机制的成长点。

第四节　确立以资本运营推动农业产业化经营的新思路

　　农业产业化经营不仅是一场深刻的农业产业革命，同时也是一次广泛、深入的思想观念变革。在甘肃这样的欠发达地区，依赖传统的农业的小生产思想观念积淀深厚，长期形成的"小打小闹"、分散经营的生产方式，惧怕变革小富即安甚至固穷守贫的心理以及在体制转轨时期重资源轻市场、重安稳怕竞争的观念误区等等，在较长时期内仍然是推进农业产业化经营的严重障碍。对甘肃来说，解放思想、更新观念，仍然任重道远。那些至今在农业产业化经营方面起步不大农村贫困问题解决不力的地区，一般并非穷在资源不丰上，而是穷在没有动脑子把农业的资源优势转变为产业优势和经济优势，穷在对优势资源很少甚至没有进行产业化开发上。甘肃近年来的农业产业化经营实践表明，只要按照市场经济规律，确立产业化发展新思路，就能给全省农业和农村经济的改革与发展开拓出新途径。因此，甘肃必须坚定地贯彻党的十五大提出的积极发展农业产业化经营的大政方针，树立农业产业化是发展本地区农业和农村经济唯一出路的信念。这是甘肃实施农业产业化的思想基础。由此出发，必须转变观念。一是要转变小农经济观念，树立市场经济观念。要坚持市场导向，学会开拓市场和适应市场，而不是盲目赶热点，跟潮流，发达地区干什么，跟着干什么，结果总是比市场需求慢一拍。要把盲目照搬转变为充分利用后发展机会，走出本省、本地区农业产业化经营的新路子。二是增长观念要从以数量取胜向以质量取胜转变。面对农产品市场日益激烈的竞争，尤其是在总量过剩的林果瓜菜产品中，没有质量保护的数量只能被市场淘汰。因此，在建基地、上项目时，要把提高产品的技术含量和品质放在首位，这对于投资周期长且已具有规模生产的农业产业化经营而言，将是决定其成败的关键。三是转变资源优势的传统观念。要从市场竞争优势角度重新确立资源优势观念。资源优势尤其是自然资源优势往往是欠发达地区实施产业化经营的立足点，但从社会化大市场看，从国内、国际市场看，纯粹的资源优势转变成市场竞争优势只是极少的有垄断市场能力的资源，大部分资源仅有区域优势，在社会化大市场中并无优势可言。因此，要把仅具有区域优势的资源，在农业产业化中，通过品质开发，深度加工等手段，使其变成产业优势。为此，必须用市场竞争优势的思维方式代替传统资源优势的思维方式。一方面，要树立"人一之，我十之；人百之，我千之"的穷干、苦干、实干的奋发精神，立足于本地农业资源，特别是优势资源的开发，千方百计地为农业产业化经营创造条件；另一方面，资源的产业化开发上,要摒弃脱离市场要求、盲目开发的传统思路,探求以市场需求、资本运营启动资源开发的新思路,以实现由资源到产业到市场的飞跃。

资本是推动产业扩张的第一推动力,同样也是推动农业产业化经营的第一推动力。在农业产业化经营中,资本要素对资源、技术、人力等生产要素起着凝聚、组织和优化配置的重要作用。"小打小闹"、分散经营的方式之所以无法在大市场中立足,就在于其缺乏参与现代市场竞争的资本基础,在一定程度上可以说,农业产业化经营的产业扩张,只有通过资本的积聚,通过资本对其他生产要素的凝聚和有效组织、配置才能实现。

甘肃的资本技术、人才等生产要素比较稀缺,在农业产业化经营方面更是如此。特别是资本要素,不但表现为数量严重不足,而且也表现为分布结构的严重失衡。形成这种状况的主要原因,是传统体制实施的"城市工业—乡村农业"资源分割壁垒以及"农业是工业化资本积累的重要源泉"的偏颇观念,从而使农村成为被工业化"遗忘的角落",农业也被工业化剥夺了资本积累的权力和能力,由此必然导致农民缺乏投资能力;兼之甘肃大多数地区农民收入水平低,资本形成机制更为薄弱。因此,从总体上看,资本要素的匮乏,成为阻碍甘肃农业产业化经营扩展和深化的"瓶颈"约束,这种"瓶颈"约束,是传统体制与小生产观念以及低收入结合在一起产生的必然结果。

尽管如此,我们也不能得出这样的结论,即由于甘肃资本要素十分稀缺,在农业产业化经营中,以资本运营推动生产要素聚集和重组就无所作为。实际上,甘肃在农业产业化经营的初步实践中,已经出现以资本运营推动生产要素配置,实现产业扩张的典型案例,像兰州黄河啤酒集团,原来只是一个籍籍无名的乡镇企业,通过兼并其他国有、集体企业,迅速地实现了资本的积聚,推动了产业规模的高速扩张,成为跻身于全国啤酒行业的"十强"企业;其他如亚盛集团、张掖滨河集团都依靠资本运营,实现了资源开发、产业成长和市场竞争的有机结合和同步扩展。这些案例充分说明,资本运营虽然在甘肃的农业产业化经营中还处于萌芽阶段,但也显示了其在实现资源的资本化、资源的产业化开发和产业化规模扩张方面的重要作用。

对甘肃来说,如何发挥资本运营在推动农业产业化经营中的重要作用呢? 首先,要在体制变革和观念更新上下功夫,即从邓小平提出的"三个有利于"的标准出发,破除阻碍资本流动的城市工业农村农业的体制壁垒,鼓励城市工商企业向第一产业投资,同时也鼓励农民采取各种经营方式,兴办与农业相关的加工工业和第三产业。在积聚资本方面,则要打破地区、部门和所有制界限,促进资本要素跨地区跨部门跨所有制进行流动和重组:以积少成多、聚小成大的各种方式和途径加快资本积累的进程。还应采取示范、鼓励等各种有效的导向,引导生产,特别是已经取得温饱的农户,扩大对土地、产业的投资,破除其"小富即安"的保守意识;对于尚处在贫困水平的农户,则应破除其"安贫守穷"的懒惰思想,积极探索并引导其走上以劳动积累换取资本积累的道路。

其次,要把资本运营作为产业开发、产品开发的主要手段。1998年,中国农业银行推出重点支持优势产业和优良客户的"双优发展"战略,标志着资本追逐增长将在我国农业领域里展开。目前,甘肃在农产品加工方面,资本不足与资本沉淀的问题都十分突出。这一问题的直接原因,就是低水平重复建设。在宏观金融背景改变的前提下,今后甘肃的龙头企业的产业扩张之路,更应着眼于现有存量资本的结构优化,即通过资本扩张的方式,求得产业扩张。具体途径有:通过拍卖、租赁、股份制改造和联合、兼并、参股、控股等资本运营的具体方式,重组活化存量资本;通过土地、技术等要素,以置换方式,活化存量资本;通过上市公司运作资本。这些资本运营的具体形式应是全省优势产业迅速扩张的有效途径。总之,只有让资本要素真正流动起来,才会为乡镇企业、大型工商企业进入农业产业化经营创造条件,才能从整体上扩大全省农副产品加工业的规模,提高它的技术水平。

再次,要通过搞好项目资本运营来实现重点突破。国家各部委,国外各种财团、基金会,每年都有一批针对农业综合开发、贫困地区扶贫开发、荒漠化治理、环境保护等方面的项目资助资金。甘肃可以利用这部分资金,通过项目的产业化开发经营,在项目实施地区求得农业产业化经营的区域突破。为此,一是要提高项目融资的水平,通过项目的可行性论证,积极争取项目;二是要通过资金政策的配套,利用好项目资金,使其尽快产生效益,为今后的项目融资打好基础;三是要根据项目资金来源多渠道的实际,在省政府成立专门的项目化统一管理机构,以便在项目融资中争取更大的主动性。

最后,要开发资本运营的人才资源。资本运营,即使在工业领域,也还是个新事物,而在农业产业化经营中,更有很多东西不是为我们所熟悉的。因此,要搞好资本运营,就需要有驾驭资本增值能力的人才。甘肃在农业产业化经营中,已经出现了一批经营好一个企业甚至经营好一个产业的企业家,他们已经较好地掌握了资本运营的操作方法和技巧,其中相当一些人是私营企业家。我们应该积极鼓励这些企业家进行资本运营,使其在资本重组中发挥重要作用。在当前和今后国有企业的战略性改组的整个过程中,应该大力支持这些企业兼并、收购那些经营不佳的国有农副产品贮运销售、加工企业,以提高农业产业化经营水平。

第五节　全面推进组织创新

家庭联产承包责任制虽然确立了我国农业基本的生产经营体

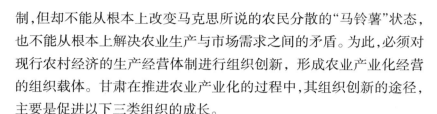

制,但却不能从根本上改变马克思所说的农民分散的"马铃薯"状态,也不能从根本上解决农业生产与市场需求之间的矛盾。为此,必须对现行农村经济的生产经营体制进行组织创新,形成农业产业化经营的组织载体。甘肃在推进农业产业化的过程中,其组织创新的途径,主要是促进以下三类组织的成长。

一是农民自主选择型组织。这是农民自发的组织创新行为。千家万户农民的自主参与使这这类组织创新具有极大的广泛性和渗透性。而诱使农民参与这种组织创新的动因,则是"能人"获得成功的示范效应。其创新活动主要包括两个方面,一是以贸易为主,围绕农副产品流通形成系列化组织;二是以为农业生产提供综合服务为主的社区性协会组织的壮大。

农民自主选择型组织的优势在于它能够产生易于为农民接受的示范效应;其弊端主要是带有一定的盲目性。对这类生产经营组织,主要是逐步使其生产经营行为规范化,并加强对其进行信息的有效导向。

二是政府推动型组织。顾名思义,政府在这类组织创新活动中起着推动作用。这种推动作用,一是体现为政府通过规划、投资等途径,组建国有农产品加工企业;二是体现为政府的涉农部门通过转变职能,创办农业产业化的经营实体。在甘肃,促成政府在这类组织创新活动中发挥作用的契因,一是国家粮、棉油收购政策,加上土地的集体所有,使地方政府易于把这些政策与调整农业种植结构结合起来,并能够以较强的操作力度推动农业生产的集中化和专业化;二是农产品生产基地往往只具有提供原料的单一功能,处在初级产品交易者的不利地位,使农户不能增收,地方不能增税,由政府兴办农产品加工业,对基地内大规模生产的农产品进行加工转化就成为一条重要途径;三是甘肃轻工业十分落后,农村工业化水平还比较低,尚不足以使民间资本能力涉足于较高技术的农产品加工业；四是各级政府能够得到并掌握相当数量的支农资金，为了提高资金效益，也促使其资金投向倾斜于农产品加工业。

基于上述这些情况，再加上现阶段在甘肃，政府在培育农业产业化的组织资源方面必须多发挥组织活动作用，因此，政府型组织就成为农业产业化组织创新中一个重要类型。

政府推动型组织的优点是：在要素资源的投入方面能够采取"一揽子"投入方式，因而能够较快地产生效果；能够有效地控制支农资金的流向，能够形成原有加工企业、科研院所地方政府群策群力，聚集资源，发展农产品深加工的良好态势。但是，要使这类组织有效运作和健康成长必须克服其源于传统体制的弊端，这主要是国有企业的机制不活；政府部门易于进行不当的行政干预；易于滋长官工、官商的陋习，等等。

三是企业扩张型组织成长。企业扩张型组织成长，是企业自组织、自发展机制的体现，它与现代市场中的企业行为相一致。在甘肃农业产业化发展的现阶段，这类组织还不太多，但却具有一定的典型性。一类是以合同契约关系维系的企业与农户联合。例如，武威地区亚麻纺织厂为保证亚麻资源满足其生产能力扩张的需求，通过资源产地的政府与农户之间建立稳定的供求合同，同时，由亚麻厂对农户进行亚麻种植品种、技术等方面的引导和指导，从而有效地提高了原料的数量、品质的保证程度。另一类是通过资本扩张进行集团化开发。例如，兰州黄河啤酒集团计划筹资 2.29 亿元，开发 1 万公顷荒地，建立优质大麦生产基地，投资 4000 万元，配套建成万头肉牛育肥基地。张掖地区的滨河集团则通过资本扩张把企业的经营领域扩展到林果业、养殖业和食品加工业。与前一类扩张相比，资本扩张能够有效地扩展企业的经营领域，通过直接参与，成为农业产业化经营的主体,是一种更为稳定、更为成熟的组织扩张形式。

以上三种类型的组织创新或组织成长方式。实际上形成了农业产业化组级成长的时空序列。其中,农户自主选择组织成长,是农户由分散、发行为向自主、有组织的行为转变,虽然在很大程度上具有原始、初级的行为特征,但却是农户走向大市场的必然的和理性的选择。政府推动型组织成长则是甘肃这样一个欠发达省份在推动农业产业化时不可逾越的过渡性选择,与前一类组织成长相比,其组织化程度较高,且它在短期内形成,但其取得成效的关键在于政府的推动,必须符合现代市场经济的规范和运行规律。与前两类相比,企业扩张型,特别是其中的资本扩张型组织成长更适应于现代市场经济的产业成长规律,它应该而必然成为产业化中组织成长的主要方向。

全面推进农业产业化经营的组织创新,目的是使分散的小农户与社会化大市场联系起来。为此,必须把组织创新与社会化服务体系的完善,农民与市场之间交易行为的规范化和产权制度改革结合起来。在完善社会化服务体系方面,应发展国家、集体、个人多方参与的多元社会化服务组织,特别是要鼓励主要由农民自愿参与的各类专业技术协会的发展,使这些组织上挂(与科研院所、农业技术服务机构挂钩)下联(联系农户),成为技术中介。同时,还可由政府出面,成立省、地、县农业产业化促进中心,以其形成农业产业化的技术、市场服务网络,其职能类似于国家成立的生产力促进中心,在技术开发与服务、市场开发与导向方面发挥组织、指导、协调等作用。

在规范农民与市场之间的交易方面,应按照现代市场经济的交易原则,在各交易主体之间建立合同契约关系,并促进公司+农户的垂直一体化组织的发展,以有效地降低农民进入市场的风险,降低市场交易成本。

在产权制度改革方面,对于以国有企业为龙头的生产经营组织,要按照现代企业制度的规范进行改制，使之成为有限责任公司或股份有限公司，国有资本可以在其中控股，也可以只进行有限参与，甚至完全退出；对于农民自主选择型组织，可以采取合伙制、股份合作制等劳动联合和资本联合的多种组织形式；鼓励各类非国有经济，其中包括非公有制经济的发展。鼓励这些企业兼并、收购经营不佳的国有农副产品营运、销售、加工企业。

为了推进产权制度改革，一是要建立各类要素市场，其中包括产权交易市场、资本市场、技术市场等；二是要建立非劳动要素参与分配机制，即允许技术、土地、资源等要素获得收益权。特别是在贫困地区，可以以土地、资源换资本，加快资本积累的速度。

第六节　培育农业产业化与财政收入之间的互促共进机制

沿海发达地区和省内农业产业化取得成功的地区的经验表明，农业产业化是增加农民收入增加企业经济利益、增进地区财政收入的重要来源。

甘肃财政十分拮据，地县乡财力更为薄弱，尤其是实施分税制改革以来，本来就比较有限的地方财源又受到国家和地方的分割，使相当一些地区和县市，连"吃饭"财政也难以维持。为了扭转这种窘迫局面，1995年，甘肃省财政厅提出了振兴甘肃财政的"三项工程"战略。

"九五"期间，甘肃实施的财政"三项工程"战略的主要内容，一是财政收入翻番工程，即在狠抓财源建设和实现经济增长方式转变的基础上，确保全省乡镇财政收入翻一番以上，县级财政收入翻一番，全省地方财政收入翻一番，从而争取全省财政收入（含两税收入）在未来15年翻两番。二是财政困难县县级财政脱贫工程，即集中力量，在狠抓财源建设和财政管理的基础上确保全省财政困难县财政的振兴。三是强化财政管理工程，即适应建立社会主义市场经济体制和"振兴国家财政"的要求，财政管理体制和管理方式两个根本性转变。

振兴甘肃财政的"三项工程"，是把甘肃经济全面推向 21 世纪的基础工程。"三项工程"的内容，与农业产业化经营都有着直接或间接的关系。因为说到底、农业是甘肃地县乡财政的主要来源，县财政情况的好转在很大程度上取决于农业的发展，财政三项工程能否取得成效，则取决于能否实现财政管理的"两个转变"。

尽管从表面上看，农业对财政收入的贡献并不高，1996 年，农牧业税和耕地占用税类在各项税收中的比重，全国为 5.35%，甘肃为15.12%；但在实际上，由于传统体制以工农业产品的剪刀差等方式来剥夺农业，使农业成为工业化积累的重要来源，从而使我国农业形成了"低税收、高（利润）转移"的格局。改革开放以来，由于价格改革还未全部到位，工农业产品的剪刀差虽然一度有所缩小，但到 90 年代初，又恢复到改革初期的情况，也就是说，传统体制时期农业的"低税收、高转移"状况未能得到根本转变。这种状况，掩盖了农业利润向非农部门转移这一事实，也使相当一些人陷入认识上的"误区"，即认为农业"无利可图"。在市场经济条件下，这种认识上的误区必然会导致对农业的忽视。但是实际上，姑且不论农业利润向非农部门的转移，就从农业本身而言，在甘肃，它实际上已成为全省仅次于工商税收的第二大税源；更何况，甘肃的实际情况是全省 14 个地州市中，有半数地区的农业在其国内生产总值中占据第一位；在全省 86 个县（区）中，其国内生产总值的结构为农业（第一产业）主导型的县（区）数占72.09%，其中的相当一些县，还不具备或不完全具备发展现代工业的条件。这些情况至少说明，如果离开农业来谈论县乡财源建设，是不现实的。

"八五"期间，甘肃的财政收入年均增长 14.93%，而农牧业税和耕地占用税类年均增长则为 26.23%,非农部门的税收则与之相反,5年中下降了 17.17%。特别是农业产业化经营初兴的 1994—1996 年,全省财政收入增加了 31.38%,非农部门税收增加 30.28%,农牧业和耕地占用税类则增加了 83.05%。按照这一速度来预测,到 21 世纪初的前 5 年,农业提供的税收占全省各项税收的比重,将达到 1/3 左右。因此,农业产业化经营的发展,为全省的财政"三项工程"战略的实施展示了广阔的前景。

甘肃是一个农业弱省,但又是一个农业大省,在新旧世纪交替之际,实施财政"三项工程"应该而且必须把推动农业产业化作为其中一项不可缺少的内容。这也就是说,无论是实现县乡财政翻一番,还是使财政困难县实现财政脱贫,都应该把推进农业产业化经营作为财源建设的中心;与此同时,财政管理体制和管理方式的改革也应为农业产业化经营的健康发展提供保证。通过这些方面,来培植、开拓县乡财源,建立农业产业化与县乡财政收入之间互促共进的良性机制。为此,应采取以下措施。

一、改善财政资金的投入结构

各级财政资金的投入,应适度向与农业产业化密切相关的产业和项目倾斜。在基本建设方面,应保证用于农业基本建设的资金,不得少于财政支出中基本建设支出的 10%;同时,应保证支援农村生产的支出每年应稳定地增长("八五"期间,此项支出的最高年份为1993 年,达 2.82 亿元,其后于 1994 年下降到 2.59 亿元,1995 年虽然回升到 2.72 亿元,但仍低于 1992 年 2.74 亿元的水平);在企业挖潜改造资金中,应重点支持涉农企业(农用生产资料生产企业、农产品加工业企业等)的技术改造;通过这些方面来增加农业产业化经营产业发展所需的资金投入。

二、对农业产业化经营中的主导产业采取择优扶持措施

这些措随的核心是"先予后取",即先放水养鱼,以使主导产业及其骨干企业获得发展的基本条件。其内容包括,对一些企业实行税收部分返还,甚至在一定时期内全部返还,为一些企业的技术改造资金或流动资金的贷款进行财政担保或财政贴息,等等。自然,这里的关键是严格坚持择优原则;同时,要革除 80 年代动辄实施的减税、免税等滥施优惠的做法。

三、广开资金来源渠道

随着投资体制改革的深化,已形成了资金来源多渠道的格局,其中包括国家各部委的涉农资金,沿海发达地区的资金,国内外各种基金组织以及国外政府、财团及跨国公司的资金;此外,还有省内外企业及民间个人的资金。对这些资金,应以改革、开放的思路,采取多样方式,进行吸纳、筹集和利用。其中包括与国家有关部门,兴办农业开发项目;利用世界银行贷款,进行扶贫开发和农村基础设施建设、国土整治等;引进国外财团和跨国公司资本,兴办合资或独资农业开发项目;经引进东部资金,进行东西合作的农业示范工程建设;鼓励省内外农产品加工业企业,投资兴建"农田第一车间";聚集民间资金,兴办股份制或股份合作制企业,等等。

在资金的筹集和使用上,一是要以非国有化为取向,发挥国有资本对非国有资本拉动和凝聚的乘数效应,即以 1 元的国有资本,通过建立股份制或股份合作制企业,来吸引和聚集 2~5 元或更多的非国有资本。企业资本结构多元化,使国家既可获得国有资本的收益(包括利润和税金),又可获得非国有资本在生产经营中所缴纳的税收,因此,在这方面应该放手、放开,而不应人为地设置限制或禁区。二是

要发挥财政资金对信贷资金放大效应，这主要是把财政用于支持农业产业化开发的资金，尽可能地用于财政贴息，吸引更多的贷款，形成足够的资金规模。三是财政资金的使用要资本化。即财政资金主要通过投资机构进行注入，成为开发项目的资本，以获取资本收益。四是要建立多种基金。这些基金依其功能可以分为开发类基金和风险保护类基金。前者主要用于特色优势农产品的开发；后者则主要用于平抑生产者所遇到的市场风险。对于甘肃来说，建立这两类基金十分必要。

四、在向重点地区倾斜投入的同时，对贫困地区实施发展援助政策

在资金投入方面，应改变过去分散化平均主义的投入倾向，实施"效率优先、兼顾公平"的原则。资金投入应向农业产业化经营效率和效益较高的地区如河西地区、沿黄灌区等地区倾斜，以使这些地区农业产业化尽快形成气候和规模；对于贫困地区，则应以国家的扶贫资金为主，实施发展援助政策。同时，要在贫困地区寻找优势资源，根据市场需求，进行扶贫项目的产业化开发，培育贫困地区的农业产业化经营成长点。对于一些扶贫攻坚难度极大的地区，应采取易地开发、易地脱贫的方式。例如，提供移民资金，鼓励贫困地区的人口迁移；在经济条件较好、市场环境较好的地区兴建农业产业化开发项目，由贫困地区提供劳动力进行生产和经营，等等。

除了上述几个方面以外，强化资金管理是使农业产业化得以健康发展，从而使培植县乡财源取得成效的保证。强化资金管理的核心是遵循效率原则和服从效益目标。为此，必须在资金的投入和使用上，建立责、权、利明晰的责任制及相应的奖惩制度。通过这些方面，建立起财政支持启动推动农业产业化经营的发展，农业产业化经营的发展为财政提供更多收入的互促互进的机制，使农业产业化经营

通过财政"三项工程"的支持,成为富民、富县、富省的"绿色希望工程"。

（选自《黄土地上的绿色希望——甘肃农业产业化经营研究》兰州大学出版社,刘茂兴、周述实主编,1999 年 1 月）

企业管理篇

开放新课题：内陆企业的国际化经营

中国企业国际化经营的发展新趋势，使内陆不发达地区的企业，特别是国有大中型企业面临着新的战略选择。本文拟以甘肃这样一个典型的内陆不发达省份为例，对其企业国际化经营的有关问题进行初步探讨。

一、内陆不发达地区企业国际化经营的现状

中国不发达地区包括以西北地区和西南地区为主的西部省区。自 20 世纪 80 年代末 90 年代初，中国形成了沿海、沿江、沿边对外开放的新格局之后，内陆地区不在"三沿"之列的不发达省区，在对外开放的环境中就处于最为不利的区位层次。甘肃仅有 200 多公里的荒漠戈壁与蒙古接壤，基本上属于这类省区，因此，其企业国际化经营问题，在内陆不发达地区具有典型性。同时，甘肃是"一五"和"三线"建设时期，国家凭借高度集中的计划经济体制建立起来的老工业基地。在旧体制向新体制转换的进程中，老工业基地的企业能否加速经营机制转换，汇入国际化经营的大潮流，实现老工业基地的振兴，也是一个具有重要现实意义的新课题。

改革开放以来，中国企业国际化经营经历了从吸收和利用国外直接投资到对外直接投资的发展过程。沿海发达地区一直是中国企业国际化经营最为活跃的地区，而像甘肃这样的内陆不发达省区，在企业国际化经营方面尚未取得实质性进展。

先看对国外直接投资的吸收和利用。在这方面,沿海发达地区以天时地利而首开其端。1985 年,全国地方实际利用外商直接投资额合计为 13.18 亿美元,其中,沿海 10 省市(不包括广西,海南包含在广东)即占 87.30%;西北和西南地区仅占 5.13%,其中甘肃、青海、宁夏三省区实际利用外商投资,合计仅为 100 万美元,还不到当时沿海地区利用外商投资数量最少的河北(824 万美元)的 1/8。1992 年,全国地方吸收和利用外商投资合计达 110.07 亿美元,其中沿海 11 个省市(不包括广西,包括海南)占 89.62%;西北和西南地区仅占 1.89%;其中甘、宁、青三省区实际利用外商投资合计为 138 万美元,仅为当年沿海地区利用外商投资数量最少的天津(10778 万美元)的 1.28%。而对甘肃来说,以其经济规模与吸收和利用外资相比,则处于更低的水平。1992 年,甘肃国内生产总值是青海和宁夏两省区合计的 1.8 倍,而吸收和利用的外商投资额,却与宁夏相同,都是 35 万美元,仅为青海(68 万美元)的 51.47%。1985 年到 1992 年,全国地方共吸收利用外商投资额 303.01 亿美元,人均 25.86 美元,而甘肃利用外商直接投资额还不到全国的 0.4%,人均仅为 0.51 美元,比青海、宁夏合计的人均水平(0.53 美元)还要低。

截至 1992 年底,在甘肃注册登记的外商投资企业共有 222 家,占全国外商投资企业总数的 0.3%;其投资总额为 2.97 亿美元,占全国外商投资企业投资总额的 0.29%;外方注册资本为 1.12 亿美元,占全国外商投资企业中外方注册资本的 0.28%。直到 90 年代初,甘肃通过各种方式利用外商投资的工业企业总产值,仅占全省全部工业总产值的 0.35%。因此,利用外商直接投资这种国际化经营方式,在甘肃还只是处于初始发展阶段。

从对外直接投资来看,甘肃的发展水平更是落后。甘肃企业的国外经营起始于对外承包工程和劳务合作。1980 年到 1992 年,甘肃对外承包工程和劳务合作总计签订合同 148 个,合同金额为 3.69 亿美元,仅占同期全国合同金额的 1.45%;完成的营业额为 2.43 亿美元,占同期全国完成营业额的 1.63%。与此相对应,甘肃建立的海外企业也基本上是建筑业。1992 年,甘肃共有海外企业 13 家,而建筑业就占了 11 家,外方合作者也主要是当地的政府部门;海外企业中,11家在非洲,其余两家在大洋洲的巴布亚新几内亚。到 1993 年,甘肃个别企业开始在东南亚和日本、美国及俄罗斯、乌克兰等国设立子公司或分支机构,但规模不大,主要以技术、劳务输出为主。总的来看甘肃企业海外经营的产业层次不高, 方式单一。对象也主要是发展中国家,其中又以低收入国家居多。

总之,甘肃企业的国际化经营还只是处在孕育阶段。与国内其他地区,特别是沿海发达地区相比,其不但在国际化经营的进程上慢了一个"节拍";在发展规模层次上,比沿海发达地区 80 年代初的水平还要低。

二、内陆不发达地区企业国际化经营的障碍和制约因素分析

内陆不发达地区企业国际化经营之所以严重滞后, 是其不良的区位环境、僵化的体制条件、低度化的产业结构和组织管理资源稀缺等因素综合作用的结果。

(一)不良的区位环境:内陆不发达地区企业国际化经营的空间障碍

甘肃地处中国内陆腹地,远离全国的经济重心,更远离国际市场。省会兰州距最近的沿海开放城市连云港达 1700 公里,距西北边境口岸新疆的阿拉山口 2200 公里;通向国内市场和海外、边外国际市场的主通道陇海—兰新铁路,仅承担省内外和西北地区内外的货物、人员运输就已不堪重负,更难以胜任企业国际化经营所产生的大规模的人流和物流运输；兼之邮电通讯和公用设施等基础部门发展水平很低（例如，1992年，甘肃人均邮电业务总量仅为全国平均水平的46.64％，每百人拥有的电话机，仅为全国平均水平的70.81％）。因此，仅从国际化经营所需要的市场条件及人流、物流、信息流的通畅流动等方面来看，就已对甘肃这样的内陆省区形成了难以突破的空间障碍。特别在吸收和利用外商直接投资方面，与沿海地区相比，其投资环境的劣势十分明显。

（二）产业结构的低度化：与国际市场格局的错位

从"一五"时期开始，国家为了建立工业化的资源支撑体系，对内陆地区丰裕的能源、矿产资源进行大规模开发，在内陆省区建成了以能源、原材料为主的工业体系。虽然20世纪70年代末80年代初以来，内陆地区也致力于产业结构调整，但国民经济的持续高涨所引致的对资源产品急剧增长的需求，却使其产业结构调整的步伐受到阻滞。到90年代初，甘肃仍维持着倾斜于原材料和初级产品生产的产业结构。1992年，采掘原材料工业在工业总产值中的比重，全国为28.83％，甘肃则高达55.58％。甘肃的资源产品以有色金属和基本化工原料为主，生产这些产品的企业属于上游产业，在欧美和日本等发达国家，上游产业已被视为"夕阳产业"，而与矿业比较发达的国家如俄罗斯、澳大利亚以及南美和非洲国家相比，甘肃的资源产品从生产规模和产品产量方面，都难以望其项背。因此，甘肃资源产品的主要市场仍是国内，在海外资源产品市场上占的份额甚微，这就使其难以凭借主导产业来形成跨国经营能力。另一方面，边外的俄罗斯以及哈萨克斯坦等中亚国家虽然消费品短缺，但由于甘肃消费品工业比较弱小，不但难以与沿海发达地区的消费品工业竞争，而且与毗邻这些国家的新疆相比，也缺乏竞争能力。至于其他制造业，由于其产品中的技术含量低，缺乏高技术产品，也难以形成跨国经营的产业支撑。

　　总之,由于甘肃的产业结构具有不发达地区低度化的显著特征,与海外和边外国际市场的需求结构结合程度低,因此,它实际上还未形成跨国经营的产业支撑体系。

　　(三)体制改革滞后:国际化经营的体制束缚

　　改革开放以来,市场取向已成为沿海发达地区改革的主要动力,但在内陆不发达地区,旧体制却仍占有主导地位,二者之间在体制方面形成了显著的差异。例如,在市场主体发育方面,沿海发达地区已形成了多种所有制经济并存的市场主体结构,而内陆不发达地区仍然维持着以国有经济占绝对份额的单一结构。1992年,工业总产值中国有工业的比重,全国为48.09%,沿海发达地区(不包括广西,包括海南)为39.75%,而甘肃则高达75.77%。迄今为止,如何使国有经济摆脱旧体制束缚,转换经营机制,成为市场主体,仍是改革中尚待解决的难点。内陆不发达地区企业仍受到旧体制的强约束,其中,受旧体制束缚最强的,则是国有大中型骨干企业。

　　在甘肃,主要依靠国家注入生产要素创建的大中型骨干企业构成其经济的主导力量。1992年,在独立核算工业企业总产值中大中型企业的比重,全国为57.41%,沿海地区的山东为45.59%,浙江为35.08%,甘肃则高达71.54%。大中型骨干企业在内陆不发达地区,聚集着在其资源配置结构中占有绝对份额的高层次、高质量的生产要素。这些企业应当而且能够成为内陆不发达地区企业国际化经营的主导力量,而实际上,由于行政隶属关系、企业生产性质以及国家投入政策等方面的原因,这些企业成为旧体制所形成的条块矛盾的焦点;在体制转换时期,又成为旧体制中活力最少且难于进入市场的一个层次,在这种情况下,发展国际化经营,对大中型骨干企业来说,还是一个十分陌生且力不从心的新课题。

　　1992年,甘肃有186个大中型企业。与全国的大中型企业相比,甘肃的大中型企业具有这样几个特点:一是其产品以能源、原材料和初级产品为主,其生产经营的目标取向是为国民经济提供紧缺的资源产品,这就使其一直受到中央指令性计划的较强干预。二是中央企业在其中占的比重大。甘肃 104 个中央企业隶属于中央各部委和公司,接受纵向垂直领导,几乎没有外贸权和对外经营权。三是在国家投入倾斜于沿海地区的同时,又对内陆地区大中型企业实施"高上交,低留利"的政策,严重地削弱了大中型企业的自我更新和自我发展能力。例如,甘肃国有经济固定资产投资占全国的比重,1952—1980 年为 2.44%,80 年代下降为 1.64%,到"八五"前两年,又下降到 1.45%。1980 年,甘肃与全国的大中型企业留利资金占实现利税的比重大致相当,但到 1991 年,这一比重就比后者(12.88%)低了 4.57 个百分点。甘肃相当一部分大中型企业至今还未摆脱装备、技术老化且超负荷运转的困境。1980 年到 1992 年,全国大中型企业的固定资产新度系数由 0.67 提高到 0.70,甘肃大中型企业的这一指标则由 0.66 下降到 0.62。在这种情况下,企业连简单再生产也难以维持,更无力去进行国际化经营。

还需要指出的是,进行国际化经营是一个完全不同于旧体制的高水平、高层次的现代市场经济活动,它不但需要企业对国际市场有十分灵敏的应变能力,还要求企业从产品结构、产品质量等方面适应国际市场的需求,在营销方式和手段方面符合国际市场的运行规则。长期处于封闭环境,产品结构单一,企业职能单一,且受旧体制"条条分割""条块分割"严重束缚的内陆地区大中型企业,即使对正在发展的国内市场,也存在着诸多的不适应,对于更为陌生的国际市场来说,更是缺乏经验。加之内陆不发达地区组织管理资源的匮缺,特别是对外经贸领域的人才极为短缺,更使内陆不发达地区大中型企业在步入国际市场的道路上,遇到重重障碍。

三、内陆不发达地区企业国际化经营的对策构想

应该看到,尽管在发展企业国际化经营方面,内陆不发达地区与沿海、沿江、沿边地区相比,存在着诸多障碍和制约因素,但这并不意味着内陆不发达地区在发展企业国际化经营方面就无所作为。内陆不发达地区的企业,特别是大中型骨干企业,只要审时度势,抓住机遇就能在国际化经营中实现开拓和创新。

(一)国际化经营方式的时序选择:先"请进来",再"走出去"

在现阶段,甘肃大多数企业还不具备进入国际市场进行跨国经营的条件。1992 年,甘肃主要商品的出口额中,农副土特产品占41.45%,工业制成品占 45.23%,矿产品占 13.32%,其中工业制品和矿产品出口仅 10 来个品种,涉及为数不多的企业。这从一个侧面反映了甘肃企业发展跨国经营条件的不成熟性。但是另一方面,随着中国对外开放的全方位扩展,以陇海—兰新亚欧大陆桥的开通为契机,外商在甘肃投资办企业的热情迅速高涨。1992 年,甘肃兴办的"三资"项目,已涉及各个产业领域。在合同投资总额中,工业项目占 50%以上,第三产业项目占 45%左右。在工业项目投资额中,能源、原材料项目占 37%,机械、电子工业项目占 16%,消费品生产项目占 47%。这种投资结构有利于巩固甘肃现有产业结构中的优势产业(如能源、原材料工业),弥补甘肃产业结构中消费品工业的发展不足,增强甘肃产业结构的创新能力。

外商对第三产业的投资,对改变甘肃第三产业落后的状况有着重要意义。在对第三产业的投资额中,商业、服务业、旅游业项目占49%,房地产和建筑业占 44%,贸易和交通运输业占 7%。第三产业的这种投资结构,能够起到改善甘肃投资环境的良好效果,特别是对甘肃这样一个财力乏弱的省份来说,利用外资来改善投资环境,是一个

具有创新意义的有效途径。

在甘肃大部分企业还不具备进行跨国经营的实力，地方财力不能为之提供有力支持的情况下，"先请进来，后走出去"，是甘肃发展企业国际化经营的现实选择。国际市场因素长入甘肃的资源配置过程，对于促进甘肃的体制转换，利用国际资本、技术推进产业结构高度化，能够发挥重要的作用；同时，在发展"请进来"的过程中，也能够使企业逐步熟悉国际市场及其运行规则，学习并积累经营管理经验，为以后"走出去"作好产品、技术、信息和组织管理资源等方面的准备。

(二)国际市场区位的选择：资本、技术的输入与技术、劳动力的输出相结合

"请进来""走出去"这两种国际化经营方式，在甘肃都应得到发展，但二者任务却明显不同。"请进来"的目的在于引进甘肃经营所急需的资本和先进技术。就目前的情况来看，进入甘肃的外商投资，仍然主要是小规模的港、台及其他国家和地区的华人资本，来自欧美、日本等发达国家的先进技术也不多。为此，今后应扩大对国际资本市场和技术市场区位的选择。在技术方面，应着重引进欧美、日本等发达国家的技术，特别是要引进能够提高资源综合利用程度，有利于增强企业创新能力的先进技术。在资本方面，中东产油国仍是国际资本市场的一支劲旅，利用国际石油资本则有较大的潜力。总之，对甘肃来说，"请进来"，主要应采取资本—技术的组合方式，同时，要避免其来源的单一化。

目前，甘肃企业跨国经营还局限在面向发展中国家的工程承包和劳务输出领域。这在取得跨国经营的经验方面，有一定的积极意义。但要把跨国经营推向一个新水平，还必须进一步开拓。陇海—兰新亚欧大陆桥开通之后，给甘肃提供了通过"一线两口"进入国际市

场的有利条件。在海外国际市场,资本、技术比较丰裕而劳动力比较短缺,发展劳动力—技术组合型的跨国经营,能够适应海外国际市场对劳务的需求。在改革中崛起的甘肃企业新星——蓝星化学清洗集团公司利用自己独创的化学清洗技术,派出人员在日本、美国建立了自己的分公司,就是劳动力—技术组合进入海外国际市场的范例。在边外国际市场,苏联解体以后独立的国家,面临着重建本国经济的艰巨任务,这些国家能源、矿产资源丰富,但消费品短缺,劳动力也相对不足。而对甘肃来说,长期积累的能源、矿产资源开发技术,为其在俄罗斯及哈萨克斯坦等国进行矿业开发提供了可能;同时通过在这些国家进行矿业的跨国开发和经营,能够为甘肃一些濒临开发后期的资源提供补充。另一方面,甘肃日用消费品工业因国内市场份额低,难以形成规模,而进入边外国家,兴办轻纺、食品等企业,是提高日用消费品工业市场竞争能力,使其走向振兴的有效途径。此外,利用甘肃农村剩余劳动力,到边外国家兴办农场,也是甘肃在边外国际市场发展跨国经营的重要内容。

总之,对甘肃来说,资本、技术的输入和劳动力、技术的输出相结合,是其合理选择国际市场区位,发展国际化经营的有效途径。需要指出的是:输入技术和输出技术的区别在于,前者是与资本相结合的先进技术;后者是与劳动力相结合的适宜技术。这种区别,正说明了甘肃企业国际化经营两种方式的互补性。

(三)国际化经营的产业组织选择:联合化和集团化

有色冶金、石油化工、机械制造和电力是甘肃的支柱产业。在这些产业中,有一批在全国都居于重要地位的大型和特大型企业,如金川、白银两个有色金属公司,兰州炼油化工总厂、兰州化学工业公司和兰州石油化工机器厂等。但在旧体制下,这些大型骨干企业非但彼此之间各自为战,就是在行业内部,也未建立起分工与协作的紧密联系。在发展国际化经营时,这些企业中的大多数,首先面临的是失去比较优势的严峻挑战。据有关部门统计,甘肃石油化工原材料的出厂价与国外同类产品的进口完税价相比, 比后者高 23.80%~92.31%;锌、铜、镍、铝等有色金属,则比后者高 10.13%~51.02%。中国"入关"在即,这些产业比较优势的丧失,就意味着甘肃经济的衰落。因此,只有发展企业的国际化经营, 主动进入国际市场,才能避免落后和被动。

发展甘肃企业的国际化经营, 首先要把大中型骨干企业培育成为国际化经营的主力军。一是推动产业的纵向一体化,即以行业中的骨干企业为龙头,聚集前向和后向生产环节的企业,建立供、产、销、外贸一体化的集团型产业;二是推动产业之间的横向联合,例如有色金属和黑色冶金的联合,石油化工和机械制造的联合,建立关联型、综合型的产业体系。通过这两个方面,聚集优势,增强大中型骨干企业的综合发展能力,在此基础上形成并增强其外向扩张能力。集团化的产业组织可以加入国家组建的跨国经营体系, 也可以形成地方性的跨国经营体系。由于甘肃的大中型骨干企业相当一部分是国家骨干企业, 所以, 以它们为核心建立的集团性产业组织进行国际化经营,实际上是国家—地方性的国际化经营。

甘肃的经济实力比较弱小,为了发展企业的国际化经营,必须与其他地区联合,建立区域联合型的跨国经营体系。一是与沿海发达地区发展东西互补性的联合, 即以甘肃的资源产品支持沿海地区企业的国际化经营,联合开拓海外国际市场。这种联合的基础,是内陆地区与沿海地区长期形成的资源、技术、产品之间的互补关系。它有利于为沿海发达地区企业发展国际化经营奠定国内的资源基础,同时,也有利于内陆地区企业降低国际化经营的交易成本。二是与内陆及沿边省区发展"西西合作"。例如,与西北各省区联合,组建"西北区域经济共同体"。在聚集省区优势,发展区域"共同市场"的基础上,联合"东出"或"西进",特别是发展联合"走西口"。"西西合作",有利于降低区域内企业的生产成本,增强在边外国际市场的竞争优势,在国际化经营中增强对边外国家的地区性合作经济组织的抗衡能力。

(本文发表于《中国工业经济研究》1994 年第 5 期)

甘肃经济发展的新机遇：
加快国有企业改革

加快和深化国有企业改革，是 1995 年我国经济体制改革的重点，这对于资源配置结构高度倾斜于国有企业，特别是大中型企业，因而受旧体制影响深重的甘肃来说，是一个全面推进市场化进程，加快经济发展的新机遇。

改革开放以来，我国的企业改革以市场为取向，在两个层面上不断推进和扩展。第一个层面是国有企业改革。这主要是解除旧体制对国有企业的束缚，使其成为富有活力和效率的市场主体，第二个层面是纠正旧体制"一大二公三纯"的偏见，促进集体经济和各类非公有制经济的发展，这两个层面的改革，都是构建社会主义市场经济微观基础不可缺少的基本内容。

应该说，改革开放以来，我国企业改革在突破旧体制束缚，促进新体制成长方面取得了重要进展，但是就两个层面而言，二者的作用及其效果并不相同，第二个层面改革的实质，是打破旧体制"一大二公"的一统天下，从旧体制的外部培育新体制的成长点，这一层面的改革取得了很大的成功，其根本标志是集体经济、各类非公有制经济迅速崛起，已成为资源配置结构中不容忽视的因素。第一个层面的改革，则是要突破旧体制对国有企业的严重束缚。这一层面的改革，由于旧体制的积淀久远而受到重重阻力和障碍，以致我国的企业改革虽然发端于国有企业，且此后年年都把国有企业改革作为重点，但只是在党的十四大确立了建立社会主义市场经济体制及其运行机制的改革目标模式之后,才触及了旧体制束缚国有企业发展的要害问题,国有企业改革也才真正进入了从根本上突破旧体制束缚的攻坚阶段。

那么,国有企业改革进入攻坚阶段对甘肃经济发展意味着什么呢? 为了认识这一点,我们来看看改革开放以来,我国各个地区之间在体制及资源配置结构方面出现的差异。

改革开放以来,我国体制及资源配置结构最重要的变化之一,就是所有制结构的变革。因此,对各个地区所有制结构进行比较,能够在很大程度上反映体制及资源配置结构的地区差异。在现阶段,工业是我国资源配置结构的主导产业,也是旧体制赖以运行和发挥作用的基础。1978 年,国有经济占工业总产值的比重,全国为 77.63%,沿海地区为 76.40%,西南和西北地区为 82.95%,这说明在当时,国有经济在全国及各个地区资源配置结构中地位的差异并不大,也可以说,无论是在沿海地区,还是在内陆地区,体制改革的起点大致是相同的。

但是,经过 14 年之后,到党的十四大召开的 1992 年,情况就发生了根本性变化。这一年,国有经济占工业总产值的比重,全国为 48.09%,沿海地区为 40.36%,分别比 1978 年下降了 29.54 和 36.04 个百分点。西南地区和西北地区分别为 63.36% 和 72.83%,下降的幅度远远小于全国和沿海地区,甘肃的情况则更为突出,1978 年到 1992 年,国有经济占工业总产值的比重由 90.86% 下降到 75.76%,仅下降了 15.1 个百分点,下降的幅度仅分别为全国和沿海地区水平的 51.11% 和 41.90%。

上述情况表明,与改革之初相比,在我国进入市场化改革新阶段时,各个地区之间的体制及资源配置结构就出现了明显的分野。在全国,就总的情况看,随着国有经济在资源配置结构中份额的减少,旧体制发挥作用的空间范围已大大缩小,而在沿海发达地区,非国有企业对资源配置结构的影响则十分突出,与此同时,在西部不发达地区,国有经济在资源配置中仍居于绝对支配的地位,旧体制持续生存的基础还比较稳固,发挥作用的空间范围还很大,特别是在甘肃,国有经济在工业总产值中的比重与全国各省、市、自治区相比,属于最高的水平,其资源配置的所有制结构仍表现出高度倾斜于国有经济的单一型特征。

体制及资源配置结构的地区差异的形成,实际上反映了我国在进入市场化改革新阶段时,各个地区之间已形成了初始条件的巨大差异。这种差异在市场化改革启动后的 1993 年,已出现了明显的效应。1993 年与 1992 年相比,国有经济占工业总产值的比重,全国下降了近 5 个百分点,为 43.13%;沿海地区下降了 6.78 个百分点,为 33.58%;西南地区下降了 9.09 个百分点,为 54.27%,而西北地区和甘肃则仅分别下降了 2 个和 1.38 个百分点,仍高达 70.66% 和 74.38%。这种情况表明,包括甘肃在内的西部不发达地区的市场化改革,从一开始就处于滞后的地位。那么,导致这种滞后的成因是什么?

众所周知,改革开放以来,包括甘肃在内的西部不发达地区与沿海发达地区经济发展的差距不断拉大。但是,导致这种态势的根本成因并不是国有经济的差别,以甘肃与山东为例,1978 年,甘肃比山东人均工业总产值少 22 元,到 1993 年,就少 4769 元,15 年中,差距扩大了 215 倍以上,但在差距的变化额中,人均国有企业总产值的差距所产生的影响仅占 9.18%,这也就是说,甘肃与山东工业发展的差距中,非国有企业的影响要占 90% 以上。实际上,1993 年,甘肃比山东人均国有企业总产值少 352 元,比山东人均非国有企业总产值则少 4418 元,后者是前者的 12.55 倍,资料分析还表明,改革开放以来,非国有经济已成为全国和沿海发达地区重要的经济增长源,但在甘肃这样的不发达地区,经济增长仍高度依赖于国有经济。例如,1978年到1993年,全国工业总产值的增长额中,非国有经济的贡献份额已达60%,沿海发达地区则高达70%。而在甘肃,情况则相反,国有经济对工业总产值增长额的贡献份额高达70%。

从上述比较中可以得到两个结论:其一,西部不发达地区与沿海地区经济发展差距的基本成因,是其非国有经济发展不足,市场主体结构单一,体制与结构变革均严重滞后;其二,沿海发达地区体制与结构变革的基本特征是以第二个层面的改革为基点,这就是从旧体制外部培育非国有的市场主体,建立多样化的市场主体结构和增长结构,其经济发展的活力主要源于旧体制的外部。

由此可见,西部不发达地区与沿海发达地区在体制及资源配置结构上的差异,主要存在于旧体制外部,即非国有经济这一块,正是这一块,构成了西部不发达地区与沿海发达地区市场化条件差别的重要方面,也正是在这一方面,反映了我国体制及资源配置结构变革的区域特征。相比之下,国有企业的改革在全国范围内则具有统一性和同步性,因而其改革的进程及其效果的地区差异并不显著,这也就是说,虽然在改革进入市场化新阶段时,西部不发达地区的体制及结构变革从总体上看滞后于沿海发达地区,但在国有企业的市场化改革方面,二者面临的问题和改革的内容却基本一致,即有着大致相同的起点和条件。

如果说,在前10来年的改革中,像甘肃这样的不发达地区因为在发展非国有经济方面比较迟滞,而让沿海发达地区独占先机,那么,在市场化新阶段,与沿海地区在大致相同的起点和条件上推进国有企业的改革,则给西部不发达地区提供了一个推进体制和结构变革、加快经济发展的新机遇。

就甘肃而言,推进和深化国有企业改革的条件比以往任何时候都有利。其一,虽然甘肃非国有经济的发展比较滞后,但自 80 年代中期以来,一直保持着高速扩张的强劲态势,这不但表现为非国有经济总规模的迅速扩大,而且也表现在旧体制内部和外部变革因素的有机结合,形成了促进国有企业突破和摆脱旧体制束缚的强大合力。其二,在国有企业改革进入攻坚阶段时,国家不但在企业外部,通过财政税收、金融、外贸、外汇等方面的市场化改革以及完善市场体系,强化宏观调控,给企业改革提供了良好的体制环境,而且为企业设计了明确的制度和组织创新的方向和内容。其三,经过 15 年的改革,企业已基本完成了对旧体制内部不合理的制度关系和利益关系的调整,奠定了向新体制转轨的制度基础,形成了向新体制寻求利益扩张途径的内在动力。其四,在市场化成长新阶段,体制转轨、结构转型、发展模式转换的同步化、联动化,为企业实现改革、改组、改造的有机结合,成为富有活力和效率的市场主体,开辟了广阔的前景。

在上述这些十分有利的条件下,甘肃完全可以按照中央的部署,与沿海发达地区一样,推进和深化国有企业的改革,就甘肃的实际情况来看,加快国有企业的改革进程,对本省体制和资源配置结构所产生的影响比沿海发达地区更大、更为广泛和深刻,这是前述对甘肃和沿海地区体制和资源配置结构进行比较之后得出的必然结论。

过去,甘肃和西部不发达地区在发展非国有经济方面,因步伐迟缓于沿海地区而失去了一次机遇;而今天,在推进和深化国有企业的改革方面,甘肃和西部不发达地区决不能再次与这一新的历史性机遇失之交臂。为此,甘肃必须从制度、政策、方法和途径的选择上,确立新的思路,迈出新的步伐,努力开创国有企业改革与发展的新局面。这也是甘肃经济获得新发展,实现世纪性跨越的希望所在。

（本文发表于《经济管理研究》1995 年第 1 期）

垄断—竞争型市场
与甘肃国有企业的分类管理

　　1994 年,甘肃独立核算工业企业主要的经济技术指标中国有企业占的比重及其在全国各省市自治区中的排序情况如下：在资本金中的比重为 85.4%,在全国位于西藏(94.06%)、青海(93.22%)、新疆(89.39%)、贵州(86.95%)之后,居第五位;在工业增加值中的比重为 78.41%,在全国位于云南(89.09%)、青海(87.54%)、新疆(84.12%)、黑龙江(83.73%)、西藏(82.86%)、贵州(82.01%)、内蒙古(78.59%)之后,居第八位;在工业总产值中大型企业的比重为 70.06%,在全国位于西藏(92.01%)、青海(72.97%)、吉林(72.39%)、云南(71.32%)之后,居第五位,其中大型企业的比重则为 58.35%,在全国位于青海(62.45%)、黑龙江(62.17%)之后而居第三位。

　　上述这些情况表明,甘肃工业资源的配置结构向国有企业,特别是向大中型企业倾斜的程度, 大大高于全国大多数省市自治区的水平。

　　国有企业在甘肃资源配置结构中的绝对支配地位, 最集中地反映在与能源、矿产资源开发密切相关的产业中,1994 年,甘肃工业各产业按当年工业总产值排序,居于前 6 位的依次是:有色金属冶炼及压延加工业(101.89 亿元),石油加工及制造业(61.82 亿元),化学原料及化学制品制造业(49.44 亿元),石油和天然气开采业(45.81 亿元),电力蒸汽热水的生产供应业(43.26 亿元),黑色金属冶炼及压延加工业(42.03 亿元)。在全省独立核算工业企业中,这 6 个产业的企业数量仅占 11.13%,但职工人数却占 28.36%,资本金占 50.03%,资产占 50.58%,实现的工业增加值则占 58.96%,利润占 70.93%,税金占 52.49%,同时,在全省工业的各产业中,这些产业国有资本最为集中,生产向大中型企业集中的程度也最高。1944 年,独立核算工业企业资本金中国有资本的比重,全省为 89.73%,而 6 个产业中除有色金属冶炼及压延加工业为 88.33%外,其他 5 个产业都在 93%以上;6 个产业中, 产品销售规模最大的 13 个企业占本行业销售额的比重,石油和天然气开采业(玉门石油管理局和长庆石油勘探局 2 个企业)为 100%,电力蒸汽热水的生产和供应业(甘肃省电力局 1 个企业)为 96.49%,石油加工和炼焦业(兰州炼油化工总厂和庆阳石油化工厂 2 个企业)为 92.36%,黑色金属冶炼及压延加工业(酒泉钢铁公司和兰州钢厂 2 个企业)为 85.54%,有色金属冶炼及压延加工业(白银公司、金川有色金属公司和兰州连城铝厂 3 个企业)为 65.12%,化学原料及化学制品制造业(兰州化学工业公司,西北油漆厂,金昌化工总厂 3 个企业)为 57.86%。

值得注意的是,上述这 6 个产业相对于全国,除黑色金属冶炼及压延加工业外, 市场的集中度也比较高,1994 年,6 个产业按销售额计算的相对于全国的集中度(某产业在全省工业销售额中的比重/全国该产业在全国工业销售额中的比重)分别为:有色金属冶炼及压延加工业 9.09%,石油加工业及炼焦业为 3.06%,石油和天然气开采业为 3.01%,化学原料及化学制品制造业为 1.47%,电力蒸汽热水生产和供应业为 1.37%,黑色金属冶炼及压延加工业为 0.92%。这说明,除黑色金属冶炼及压延加工业外, 其余 5 个产业在全国都具有相当的市场规模优势,实际上,其余 5 个产业均为甘肃的优势产业和主导产业。

由上述情况不难对现阶段甘肃资源配置中的市场化因素作出这样的判断,即在现阶段,甘肃资源配置中的垄断性倾向十分突出,竞争性因素十分薄弱,这是因为:(1)就总体而言,甘肃资源配置结构表现出"三高"的基本特征:一是向国有经济倾斜的高"纯"度;二是向大中型企业倾斜的高度集中化;三是向能源、矿产资源开发产业倾斜的高度后向化,这种"三高"特征,从体制、结构及产业选择方面形成了对竞争性因素的排斥和抑制。(2)在产业和企业层次上,甘肃的主导产业或优势产业及其大中型企业,是其"三高"型资源配置结构的集合体,由此形成了这些产业的三重垄断性;一是产业指向以对能源、矿产资源的自然垄断为依据;二是其要素投入,特别是资本等要素投入以国家垄断为条件;三是生产的高度集中化导致产业和大中型企业对市场的垄断。这三方面的结合,形成了国家资本—资源—市场型垄断,使甘肃的主导产业或优势产业及其大中型企业,成为非竞争性或竞争性较弱的产业和企业。(3)与垄断性倾向很强的主导产业或优势产业、大中型企业和国有企业相比,甘肃的一般产业,中小型企业和非国有企业参与市场竞争的能力很弱,在市场中活动的空间也是十分有限。1984 年,甘肃除上述 6 个产业以外的其他产业,小型企业和非国有企业相对于全国的市场集中度,仅分别为 0.56、0.66 和 0.36。

不言而喻,垄断性因素畸强,竞争性因素畸弱,是甘肃资源的市场化进程比较缓慢,经济缺乏生机和活力,资源配置效率较低的一个重要原因,也是甘肃资源配置中存在着高度集中的传统经济体制密切相关的市场经济悖逆因素的反映。例如,在现阶段,甘肃的资源配置仍然在很大的程度上,在相当一些范围内沿袭着传统体制所形成的对资源的非市场化投入、配置和管理方式,这是传统体制的惯性使然。但是另一方面,垄断性因素的存在,也有着与甘肃自然资源赋存特征及其所决定的产业开发方式、产业成长规律、产业在资源配置结构中的功能相符合的一面，因为即使是在市场化条件下，对能源、矿产资源的开发仍然以资源的自然垄断为条件，仍然需要大规模、集中化的开发手段和开发方式，非竞争性产业和企业仍然以能源、矿产资源开发产业为基础，等等。这些方面形成了市场化条件下垄断性因素得以继续存在的客观必然性，也形成了一般的中小企业、非国有企业等竞争性主体进入能源、矿产资源开发产业的壁垒。

基于此，我们应当对甘肃资源配置结构中的垄断性因素进行具体分析，如果认为其有悖于市场经济的竞争原则而给以笼统的否定，则必然会削弱资源配置的基础，在现实中也缺乏可操作性。实际上，在过去的10多年的市场取向改革中，甘肃虽然在调整资源配置结构方面作出了巨大的努力，但资源配置结构中的垄断性因素畸强，竞争性因素畸弱的格局并未出现明显的变化，这种状况，应当给我们以启示，这就是在市场化启动阶段，如何选择并构建符合甘肃实际，并能有效地推动其加快市场化进程的资源配置类型。

毋庸置疑，市场化必然要求摒弃传统体制的垄断与管制相结合的资源配置方式。但是另一方面，甘肃资源配置的现实基础，也使其不能置畸强的垄断性因素于不顾，而选择竞争性资源配置类型的一个合理的选择。

所谓垄断——竞争型市场，是垄断与竞争相结合的市场。这里的垄断，是指基于对重要的能源、矿产资源以及部分本地特有的农业资源，通过生产要素的聚集而形成的大规模、集中化生产，它与抑制、排斥竞争，靠经济统治进行的行政性垄断有着本质的区别，恰恰相反，这种垄断是由于资源优势与市场化中要素流动、聚集相结合而形成的，因此，这种市场型垄断与竞争之间存在着互为条件、互为因果的关系，因为一般而言，资源产品的垄断性生产是扩大资源产品供给，使竞争性产业和企业得以发展的基础；另一方面，由市场竞争所推动的要素流动、聚集和重组能使资源垄断型产业和企业获得扩张的条件。

对甘肃来说，垄断—竞争型市场的内涵包括这样几个方面：一是从主导产业或优势产业和企业来看，其后向环节或生产的主导部分具有垄断性，而其前向环节或生产的非主导部分则应具有竞争性。二是从资本要素投入来看，属于战略性资源的开发和关系国计民生的产品或服务，一般由国家注入资本进行独资经营，在必要时，对一些资源，也可以以国有资本为主，与其他非国有资本进行合资经营，至于一般产品或服务，则由多元化的投资主体注入资本，由多种经济成分进行竞争性经营，一律进入市场，按市场规则和秩序进行交易。

垄断—竞争型市场的上述内涵，体现了搞好国有企业改革与管理的"抓大放小"原则，这一原则要求对国有企业进行这样两个层次的分类指导和管理。第一个层次是对垄断性的产业和企业而言，它们必须把垄断的范围严格地限制在与自然垄断直接相关的上游产业领域或其他生产经营的主导部分，对其下游产业或其主导环节相衔接、相关联的部分，则应扩大竞争性成分，对于属于下游产业或非主导部分，则应完全放开，进行竞争性经营。举例来说，甘肃有色金属产业的矿山采掘、矿石精选及冶炼等生产工艺流程的主导环节，应由大中型骨干企业进行垄断性生产，而对有色金属原材料的深度加工，其中国防军工的重要产品以及一般企业因技术能力限制不能加工的大型、特殊的型材，可以进行垄断(实际上是技术垄断)生产经营，对于其他的民用产品，则进行竞争性经营。需要指出的是，虽然垄断性因素主要存在于甘肃能源、矿产资源开发领域，但即使这些产业领域，在全国真正具有垄断地位的企业并不多，例如只有金川有色金属公司(拥有世界级的镍矿，主要产量占全国的85%以上)这样的企业才称得上是垄断性企业,其他的企业,只是在区域范围内具有垄断性,因此,加强对垄断性因素的限制,促进竞争性因素的成长,是搞好搞活这些产业和企业的主要内容。加之甘肃资本短缺,国家也难以对甘肃进行足够的资本投入,因此,亦有必要在一定的范围内,采取多种方式吸收、聚集非国有资本,组建有限责任公司或股份制公司进行生产经营。

第二个层次是对竞争性产业和竞争性企业而言,这些产业和企业应该成为优势产业或主导产业的产业前向链部分的竞争主体,通过企业之间充分的竞争,与优势产业或主导产业的企业间建立起发展分工与协作的双向选择机制。政府对这一类国有企业,一是要在生产经费上定向开放,废止由国家作为单一的投资主体注入资本的方式,二是推动这些企业的改组和改制,将其中的大部分企业,改组或改建为民营企业,采取国有民营、民有民营等多种形式进行竞争性生产和经营。

由上述这两个层次组成的垄断—竞争性市场的主体结构,一方面能够把握垄断性产业和企业的发展建立在充分竞争的基础上,提高其生产的社会化水平;另一方面,则为竞争性产业和企业开拓了发展空间,并为其发展奠定了稳固的向后供给基础,这样,就能在甘肃建立起以垄断性产业和企业为核心,带动竞争性企业开拓市场的活而有序的市场主体结构。

(本文发表于《发展》1996 年第 11 期)

兰炼主导产品、主体工艺技术的确立与发展

兰炼的建成,使中国炼油工业由落后的工艺技术和低水平、小规模的生产,转变为以先进、完整和系统的工艺技术,进行大规模的现代工业生产,兰炼作为中国现代炼油工业的技术摇篮和产品开发、生产基地,为中国现代炼油工业的发展奠定了基础。

第一节 炼油产品、技术的开发

兰炼一期工程,从 1958 年 9 月常减压装置试运行出油开始,到 1959 年最后一套生产装置(第二套酚精炼)于 6 月试运投产后始告建成。7 月,正式承接国家下达的生产计划任务书。1960 年 1 月 20 日,兰炼隆重举行一期工程开工生产典礼。国家验收委员会宣布:"兰州炼油厂一期工程已经建成,质量合格,自 1960 年 1 月 20 日起正式动用,投入生产。"这标志着中国炼油工业从此进入了现代化发展新阶段。

兰炼以其大规模的生产水平,较为先进且完整的生产工艺技术以及由此形成的系列产品的开发和生产能力,使中国炼油工业生产技术水平发生了质的飞跃。仅在兰炼投产的 1959 年当年,中国原油加工能力就比 1957 年大了 14 倍,而在新增的生产能力中,兰炼就占 30%。兰炼在使中国炼油工业走向大规模生产的同时,也通过产品、技术开发,促进了中国现代炼油工艺技术体系及产品结构的不断完善和发展,奠定了中国现代炼油工艺技术、产品开发基地的地位。

一、初期发展阶段:填补石油产品的空白(1960—1966 年)

1958 年 8 月 2 日，第一列满载着玉门原油的油槽车驶进兰炼，中国原油首次进入兰炼的生产过程;9 月 13 日，兰炼第一套原油电脱盐装置正式投产,用玉门原油在当年国庆节前炼出了第一批汽油、煤油、柴油等 6 种成品油,随着 16 套装置全部建成投产,兰炼拥有当时在国内最先进、最完整、生产产品品种最多的炼油工艺技术流程，以此为基础和起点，面对炼油工业发展的新形势，兰炼开始了新工艺、新技术、新产品的开发。

(一)兰炼工艺技术和产品开发的背景

截至 1962 年,玉门一直是兰炼的原油供应基地。此后,兰炼的原油改为由大庆、新疆供应,按照玉门原油的性质类别建立起来的工艺方案、操作条件已不适应新原油品质的要求;同时,由于苏联专家的突然撤离,刚刚投入运转的工艺流程需要依靠自己的力量去掌握,并使之完善和成熟,这些情况,都要求兰炼加快工艺技术和产品开发步伐。

为了尽快改变炼油工业落后面貌，从根本上扭转石油产品依靠进口的被动局面，打破国外封锁，满足国民经济和国防建设对石油产品的需求,1960 年 1 月，当时的石油部召开全国第五次炼油厂工作会议,提出了原油加工要"以充分利用资源、精耕细作、提高收率、降低损耗为中心,大搞技术革新和技术革命,提高管理水平,做到高产、优质、多品种"的要求。并在会议的总结报告中指出要"根据当前及今后的需要，及时采用、推广国内外已成熟的新技术，并积极研究发展有前途的新技术"。

1960 年 11 月底至 12 月初，在石油部召开的石油炼制科研计划会议上,余秋里部长进一步指出,"石油搞出来不容易,我们要想办法吃光榨尽,提高处理量,提高收率,努力满足国家的需要"。这次会议根据当时形势的要求,决定以军用油为纲,解决石油产品的品种问题;抓紧现有设备改造,提高处理量和收率;开发新工艺,把设备改造为多品种的生产装置,抓好添加剂、催化剂和尖端技术产品的开发。

1961年,是石油部大力推动炼油科技开发的一年。当年,石油部组织国内有关技术专家对国外炼油工艺技术进行考察。同年11月底至12月初,在石油部召开的技术座谈会上,建议在掌握消化已从苏联引进的移动床催化裂化技术与装备的基础上,学习、应用西方国家先进技术加以改造和补充,尽快建设中国自己的流化催化裂化装置,以生产高辛烷值汽油。同年12月底到次年1月初,石油部在北京香山召开炼油科技会议,研究制定炼油科技发展规划。会议认真分析了大庆原油的特性,国内对石油产品的需求以及世界先进炼油技术的发展趋势,提出发展中国炼油技术的重点,是拓展二次加工深度,提高轻质油品收率和产品质量,扩大产品品种,在学习、吸收国外先进炼油技术的基础上,依靠国内自己的技术力量,尽快掌握流化催化裂化、催化重整、延迟焦化、尿素脱蜡以及有关的催化剂、添加剂等5个方面的工艺技术,并应用于炼油生产。这5个方面的新型工艺技术,就是当时名震石油战线的"五朵金花"。

其后,在1962年下半年,石油部根据国家科学技术委员会的统一部署,组织炼油技术专家编制了石油炼制专业1963—1972年的10年科学技术发展规划,确立并安排了天然原油加工、人造石油及炼油基础理论等16个科学技术课题的研究与开发。

1963年1月,石油部在向国务院呈报的《关于石油工业第二个五年计划期间工作的初步总结和今年工作要点的报告》中,根据炼油技术攻关的进展情况和大庆原油产量迅速增长的实际,明确提出:"三五"期间,要使石油产品立足于国内。以后,又进一步提出石油产品三年过关,五年立足于国内"的奋斗目标。1964 年 3 月,石油部在《关于一九六一年工作情况和一九六四年工作安排的报告》中,又把上述奋斗目标提前了两年,即定于 1965 年实现。

上述指导思想和规划目标,明确了当时中国炼油业技术发展和产品开发的重点,也对兰炼提出了十分重要而艰巨的任务。

(二)兰炼技术和产品开发的重要进展

根据国家发展炼油技术的指导思想和规划目标,兰炼成立了新技术核心领导小组、厂长兼党委书记徐今强任组长,以炼制研究所为基础,与全国炼油科研、设计、生产、施工、机械制造、科技情报和教育等单位实行大协作,进行了以"三航两剂"为中心的炼油工艺技术和产品开发。这一期间取得的重要成果包括:

1. 尿素脱蜡。新疆原油含蜡量高,必须用深度脱蜡工艺进行处理,才能生产出低凝固点油品,经过深度脱蜡处理,还能得到石蜡这种重要的化工原料。尿素脱蜡工艺,主要是利用尿素与正构烷烃形成络合物,从石油馏份中分离出液体白蜡。1960 年,兰炼建成了成球法尿素脱蜡工艺半工业试验装置。以后,兰炼又用乙醇代替二氯乙烷作活化剂,发展成间歇式固体尿素脱蜡工艺。以兰炼对这一工艺的开发应用为先导,有关科研单位和企业又进行了进一步的开发,使这一工艺成为具有中国特色的炼油工艺技术,作为炼油工业的"五朵金花"之一而载入史册。

2. 炼油催化剂和油品添加剂。炼油催化剂和油品添加剂在炼油工业"五朵金花"的开发计划中占据重要地位。兰炼则是实施"两剂"开发计划的主力厂。

(1)炼油催化剂。中国炼油催化剂的试验研究始于 20 世纪 50 年代。进入 60 年代以后,由于对油品品种需求的拓宽,迫切要求发展炼油催化剂的生产。在兰炼,由于从苏联引进的移动床催化裂化装置,所用的硅酸铝小球催化剂由苏方进口,而到 1960 年后,苏方先要高价,后来竟中断供应,直接威胁着炼油生产的正常进行,因此,开发炼油催化剂的生产技术成为燃眉之急。

从 1962 年开始,硅酸铝小球催化剂生产技术一方面在北京石油科学研究院研究,一方面在兰炼进行催化剂厂的设计、施工和建设,1964 年 5 月,兰炼建成了硅酸铝小球催化剂工业生产装置,7 月投产,生产出合格产品,打破了苏联的封锁。这是中国炼油工业中开发成功的第一个催化裂化催化剂。

1962 年,石油部决定在抚顺石油工厂建设中国第一套年加工能力 60 万吨的床层反应流化催化裂化工业装置。为了使该装置所用的硅铝微球催化剂的生产立足国内,北京石油科学研究院进行了研制和中试,取得成果后,于 1965 年 11 月 20 日,在兰炼建成了国内第一座年产 3000 吨微球催化剂的生产装置,生产出第一批合格的微球催化剂,经继续改进后,1966 年的产量达到 2200 多吨,质量与国外进口的催化剂不相上下,保证了新型流化催化裂化装置的催化剂供应。

兰炼对硅铝小球催化剂(LXC—11)和硅铝微球催化剂(LWC—11)的开发,从科研到工业生产,仅仅用了短短的 4 年时间,催化裂化催化剂的开发成功,填补了中国炼油催化剂的一项空白。

(2)油品添加剂。60 年代初,为了增加石油产品品种,提高油品质量,特别是改善以大庆原油生产的润滑油的使用性能,兰炼与北京石油科学研究院和其他炼油企业,分别进行了油品添加剂的开发。从 1960 年 10 月开始到 1966 年,兰炼建成了多套添加剂装置。这些添加剂生产装置的建成,使兰炼形成了添加剂的系列生产能力,为改善燃料和润滑油的质量和性质提供了有利条件。

3. 硫酸法烷基化生产工艺的开发和应用。60 年代初,兰州炼油厂建成了硫酸法烷基化工艺过程。这一工艺过程的形成,提高了炼厂气体资源的综合利用程度,并提高了汽油产量和质量。

4."三航"及其油品的开发。炼油催化剂和油品添加剂生产工艺技术的开发和炼油工艺技术的改进,大大增强了兰炼油品开发和生产能力,并且保证了产品的高质量和多品种。1960年,兰炼首次生产95号航空汽油,获得成功,填补了国内一项空白;1962年,试制成功1号喷气燃料油;1965)年,兰炼成功地进行了100号航空汽油试生产。

1960年,兰炼所属的炼制研究所把研制航空润滑油作为重点课题,对原油性质、工艺条件和各种配方进行反复研究,经过500多次试验,取得了6000多个数据,完成了加工方案和工艺条件的试验研究,又经过为期10个月逐个工序的工业试验,于1962年用玉门原油生产出了合格的20号航空润滑油;1964年又采用新疆原油的适当组分,经尿素脱蜡过程,生产出8号航空润滑油,从而填补了国内石油产品的一项空白,代替了进口油品,部分地解决了国家的急需。

除了"三航"产品外,兰炼还生产出了一批特需军用油品;开发出低温流动性能好的润滑油以及电容器油、高压电缆油、仪表油、冷冻机油、火车车轴油、精密机床用油和液压油等产品,此外,还形成了润滑脂的系列产品开发和生产能力,为工业、交通的发展,提供了急需的油品。

兰炼以生产量多、质好、品种齐全的石油产品为目标,进行产品和技术开发,对中国石油产品的品种结构的不断拓展,作出了突出的贡献。1965年,中国政府向世界庄严宣告,中国人民结束了使用"洋油"的历史,这是中国现代炼油工业发展一个历史丰碑。在这个丰碑中,也凝聚着兰炼人的智慧、心血和汗水。

兰炼在这一时期的工艺技术开发,形成了"一油两剂"生产工艺技术体系的基本特征。对原油"精耕细作""吃光榨尽",已成为兰炼不断完善和发展工艺技术体系的指导思想。

二、"文化大革命":逆境中的发展(1966—1976 年)

"文化大革命"中,兰炼广大工程技术人员尽管身处逆境,仍然心系祖国炼油技术的发展。同时,由于石油产品对国民经济和国防建设的重要意义,炼油工业仍然受到重视。因而在"文化大革命"的逆境中,兰炼在炼油工艺技术和产品的开发方面,仍然取得了进展。

在石油炼制工艺技术方面,1973 年,兰炼采用了加氢技术进行润滑油精制,生产出高档优质润滑油。当年,兰炼与抚顺石油研究所、石油一厂、北京东方红炼油厂等单位协作攻关,在异丁烷作溶剂的喷雾蜡脱油工艺技术上取得成果,于 1974 年建成了国内第一套喷雾蜡脱油装置,可以取代传统的石蜡发汗工艺。1975 年,又将尿素脱蜡工艺由固体尿素脱蜡工艺改建成更为先进的液体尿素脱蜡工艺,并取得成功。

1974 年 10 月,兰炼将当时比较先进的铂铼双金属催化重整工艺应用于催化重整装置,将催化重整工艺发展到了一个新的阶段。1975 年,又在催化重整装置用催化剂氯化再生新工艺进行生产。这一新工艺,为国内首创。

1975 年,兰炼对原有的单独釜间歇式沥青生产工业进行了改革,用 1 个塔代替 10 个釜,实现了沥青连续氧化,这一新工艺与原有工艺相比,自动化水平高、流量、温度和液面等能够自动控制,提高了设备效率,降低了劳动强度,改善了生产条件。

在炼油催化剂方面,兰炼开发出的偏铝酸钠法催化剂载体制备新工艺,于 1975 年开始应用于工业装置,并作为催化裂化催化剂工业生产的定型工艺,以后又经过改进,使催化剂的活性和水热稳定性得到提高,质量也达到国外同类产品的先进水平。1976 年,建成了分子筛工业生产装置，并开始向全国各炼厂大量提供高性能分子筛微球催化剂。1977年，开发并生产出了Y型分子筛小球催化剂，用于移动床催化裂化装置。Y型分子筛催化剂，具有活性好、抗重金属污染能力强、单耗低、能提高轻质油收率等优点。这一先进工业技术的开发成功，对发展提升管催化裂化工业技术起了重要作用。

1974年，兰炼应用了第一代双金属铂铼催化剂，改进了催化重整工艺。1975年，还开发成功了润滑油铁钼加氢补充精制工艺及其催化剂，用此工艺代替部分润滑油的白土精制处理，在工业上使用了10年之久。

这一时期，油品添加剂已向系列化开发发展。1972—1976年，兰炼相继开发并生产出了110清净分散剂、1601抗静电剂、113清净分散剂、109清净分散剂等。这些添加剂，对扩大润滑油品种，改进润滑油质量起了重要作用。

在石油产品的开发方面，满足工业发展需要的润滑油新品种的开发成为重点。到1978年，兰炼已能生产钙基、钠基、锂基、烃基、皂基、复合钙基、钙钠基等润滑脂50多种。

综观这一时期兰炼生产工艺技术和产品的开发，是初始发展阶段时期的延续和补充。由于广大工程技术人员、干部和工人身处逆境，因而每一项开发活动，都要排除重重干扰和困难。在险恶的政治环境中，兰炼所取得的这些成果，正是其自强不息精神所迸发的灿烂火花。

三、改革开放：跃上新高度的奋力开拓（1978年以来）

1978年3月召开的全国科学大会，在中国社会主义经济建设史上，第一次明确地提出了要依靠科学技术发展经济。中共十一届三中全会以后不久，石油工业部于1979年5月确定的石油炼制工业的调整任务是:在原油加工量基本不变的情况下,集中力量,提高质量,增加品种,革新工艺,节约能源,增加二次加工能力,搞好环境保护,并增强主要产品在国际市场上的竞争能力。其后,石油部于1982年5月召开炼油行业技术改造会议,把科研、设计、情报力量组织起来,成立了10个技术专业组,提出了深度加工、提高产品质量、综合利用、节能降耗、环境保护、提高经济效益等一批攻关项目。这些,为80年代兰炼的科技开发指明了方向。

1983年,石化总公司成立之后,提出了发展石油化学工业的《改革·开发·振兴》的指导方针,据此,兰炼制定了本企业1985—1990年的发展规划,在规划中制定了以推进企业技术进步为主要内容的技术改造和科技开发目标,从而把兰炼的科技开发,推上了新的高度。

(一)迈上新水平的炼油工艺技术开发

由于"文化大革命"的干扰和破坏,使中国炼油工业与国外先进水平,一度缩小的差距又被拉大了。对运行已达20年的兰炼来说,其生产技术水平不仅与国际先进水平存在着差距,而且与国内60年代到70年代新建的炼油企业相比,相当一部分工艺技术也存在着差距。为了缩短和弥补这种"双重差距",兰炼不断强化炼油工艺技术开发,促进了工艺技术水平的全面提高。

1.催化裂化技术。为了充分利用重质原油资源,扩大催化裂化原料来源,提高炼油加工深度和经济效益,1981年,兰炼与洛阳炼油设计研究院合作,利用该院的研究成果,将原来年加工能力30万吨的移动床催化裂化装置改建成同轴式提升管催化裂化装置。该装置于1982年9月建成,10月23日生产出合格产品。这一装置采用了新技术。投产后年处理能力达到60万吨,轻质油收率提高10%。其后,兰炼在该装置上,采用了北京石油化工科学研究院掺炼减压渣油研究成果,掺炼17%~20%的新疆和长庆原油及减压渣油,使轻质油收率提高了 10%,达到 78.8%,再生催化剂定碳含量降至 0.08%。

2. 催化剂及制备技术。与提升管催化裂化工艺技术的应用和渣油催化裂化的发展相同步,1975 年,兰炼首先试制了高铝分子筛裂化催化剂,并投入批量生产;新型分子筛催化裂化催化剂也得到大力开发。1978 年,兰炼采用石油化工科学研究院的研究成果,对原有偏 Y 高铝分子筛催化裂化催化剂的生产技术进行了改进,于 1979 年生产出偏 Y–15 分子筛催化剂。这一新型催化剂于 1980 年由玉门炼油厂通过工业试用试验后,证明其性能达到国外同类催化剂 MZ–3 的水平。

"七五"期间,兰炼根据国内催化裂化装置的实际需要,开发出了新型半合成稀土 Y 分子筛催化裂化催化剂 LC–70,与偏 Y–15 分子筛催化剂相比。LC–7 抗磨性能好,催化活性高,可使汽油收率提高 2%~3%。这种新型催化剂于 1990 年投产。

1981 年,兰炼进行了高活性抗重金属、LB–1 全白土型分子筛催化剂的研制工作。1987 年,建成全白土催化剂工业试验装置一期工程,设计能力为年产 1000 吨。经过两年的试运行和技术攻关,取得了重大突破,1990 年生产出 647 吨合格产品,并在厂内第一套催化裂化装置上试用。全白土型催化剂的原料,是国内蕴藏丰富且分布广的高岭土。这种催化剂抗高温、抗重金属污染性能良好。平衡剂的活性高,水热稳定性好,具有较好的选择性和强度,良好的输送和流化性能,磨损指数低,易再生,是催化裂化催化剂中,加工渣油较为理想的新品种。

"七五"期间,兰炼与北京石油化工科学研究院合作开发了催化重整催化剂 CB–6,代替了原来的 3741 催化剂,使三苯收率提高了 5.16%,从而把催化重整技术提高到了一个新水平。

3. 油品添加剂及制备技术。80 年代初,兰炼就参加了由当时的石油部组织的由科研院所、炼油企业联合进行的油品添加剂制备技术攻关。在丁二酰胺无灰分散剂制取工艺技术开发方而取得突破。这一工艺被应用于年产 1000 吨的工业装置。用这种新工艺,反应温度较低,烃化釜不易结焦,烯烃转化率高,已达到国外同类产品的水平,可用以调制多种润滑油。此外,聚异烯的联合攻关也取得了成功,在 1990 年前,建成了年产 3000 吨的低分子聚异丁烯装置,使这一新工艺转化为工业生产。同时,还建成了年加工 2 万吨蜡裂解装置。这些新型添加剂制备技术的开发和应用,提高了资源的综合利用程度,为油品添加剂的生产和发展创造了条件。

由于油品添加利制备技术的完善和发展,兰炼油品添加剂的品种数量在 80 年代有大幅度的增加。一大批新型添加剂的开发成功,对加快石油产品的更新换代,起了促进和质量保证作用。

4. 石油新产品的开发。80 年代以来,随着中国对外开放的发展,在国防、工业、农业、交通等各个领域,从国外引进的先进用油设备、机具数量和品种不断增加;随着中国技术进步的推进,新型的用油设备和机具也不断得到开发、制造和应用。因此,对新型油品的需求也不断扩大。为了适应这种新的趋势,使主要石油产品升级换代并使大部分石油产品达到国际标准的质量水平,就成为石油产品开发的新目标,而中高档润滑油的开发,则是石油新产品开发的重点。

1982 年,兰炼开始按低硫中间基润滑油基础油标准进行工业试生产,用新疆原油和长庆原油生产出了 7 个牌号的润滑油基础油。1983 年,兰炼参加了当时石油部组织的内燃机油攻关组,研制中、高档的汽油机油和柴油机油,以适应引进车辆和国产车辆改型换代对内燃机润滑油的要求。此后一直到 1990 年,兰炼一直以开发中、高档润滑油为重点,相继开发出 QC、QD 级汽油机油、CC 级和 CD 级柴油机油,并形成生产能力,此外,兰炼还研制生产质量较高的 14 号内燃机车增压柴油机油,20号船用柴油机油、10号低增压稠化柴油机油,二冲程汽油机油等产品。这些新产品,可以替代国外同类油品。

兰炼还参加了石油部组织的液压油攻关,开发出了高级抗磨液压油、低温液压油和通用型机床工业用液压油,其主要指标不逊于国外同类产品。

在齿轮油方面,兰炼研制出了4种硫磷型重负荷工业齿轮油、普通车用齿轮油、油脂型复合油、加有极压剂的极压蜗轮蜗杆油,负荷工业齿轮油。

兰炼开发的20号和20号D抗氨汽轮机油、快速淬火油、8号航空防锈润滑油,20号航空封存防锈油,为工业设备、工艺、电器用油及防锈油,增添了新品种。

在80年代,兰炼汽、煤、柴油等产品的质量档次也显著提高,仅在"七五"期间,高档的90号车用汽油产量就增加了4.2倍。

5. 综合利用和精细化工技术开发。80年代,兰炼把"精耕细作,吃光榨尽"的工艺技术开发扩展到发展综合利用和精细化工方面。

炼油厂气体资源,是重要的炼油和化工原料,其综合利用价值很高,但在过去,这一宝贵资源绝大多数只作为民用或工业燃料而被烧掉,造成损失和浪费。还是在60年代,兰炼就开展了炼油气体综合利用的科技开发,并初步取得成效。1982年7月,石油部炼油化工司牵头组织了炼油厂气体综合利用技术专业组第一次会议,提出要加快炼油厂石油液化气的综合利用技术开发步伐。兰炼在这方面采取了一些重要的技术措施,对原有的工艺技术进行了改进。其中一项技术措施是利用炼油厂气体中的C3、C4馏份,生产高辛烷值组分,提高汽油的辛烷值,扩大高标号车用汽油产量。通过这些工艺技术措施,把炼油厂气体资源的一部分转化为高质量的汽油。

另一项技术措施是利用炼油汽体的烯烃资源,生产聚丙烯等石油化工产品。1978 年，兰炼动工兴建了年产 2000 吨的四聚丙烯装置，并在当年 11 月投产。以后，利用炼油厂气体生产聚丙烯就成为兰炼生产化工原料的重要途径，这是兰炼把技术开发扩展到精细化工的开端。

"七五"期间，兰炼的精细化工技术开发取得了重要进展。兰炼与大专院校、科研机构进行联合，开发高碳醇、香料醛、壬基酚等精细化工原料或产品，已取得实验室研究成果。

在提高炼油副产品如石蜡、沥青的档次和质量方面，也取得了好成绩。1982 年起，由于经过加氧处理的成品蜡已符合食品级质量要求，使兰炼成为石油部、卫生部、商业部、轻工部、医药总局联合指定的食品用蜡定点生产厂；此外，还开发出了优质道路沥青和建筑沥青。

自改革开放以来，兰炼的工艺技术和产品开发不断向深度和广度扩展，使已有的技术优势跃上一个新的高度。从其工艺技术体系和产品结构的成长来看，兰炼已进入技术含量较高的成熟化发展阶段。

(二)面向未来，奠定工艺技术发展的新起点

1. 重大技术攻关全面展开。1991 年，兰炼安排了总厂技术攻关课题 16 个。这些项目，已取得了不同程度的进展。其中聚丙烯高效催化剂的试验，已取得了成功，这一成果能够显著地提高聚丙烯质量，降低丙烯的单耗；催化裂化应用 CHO 助剂的试验，已通过了小试，证明能够提高气体和丙烯收率和汽油的辛烷值；干气中稀乙烯羰化制丙醛技术开发，进行了 1000 小时的寿命试验，为开发另一条利用稀乙烯的技术路线，展示了希望。此外，还进行了 LD—1、LCH—7、LCS—7 等催化裂化催化剂的工业试制或工业试验，使催化剂的品种得到增加。

1991 年，对兰炼生产具有重要意义的是稠油加工技术攻关的进

展。1991 年,进厂的新疆原油中,稠油达到 58% 以上。稠油酸值高、重油多、内在质量差,给生产带来许多问题,甚至威胁到安全生产。80 年代后期,兰炼围绕稠油加工技术开展了大量的科研、技术攻关活动,终于在 1991 年取得明显的进展,对稠油加工技术中的主要问题,初步提出了一些可行的工艺技术措施。这些措施,将使稠油加工的状况得到改善。

2.“一油两剂”产品开发取得新成绩。1991 年,兰炼有 13 个石油化工新产品进行了工业试生产。其中包括:15W/40CD 级柴油机油、QF 级汽油机油、重负荷工业齿轮油、TSC—2 和 TSC—3 二冲程内燃机油等 7 个中、高档润滑油,两个燃料、两个添加剂、两个催化剂新产品,还进行了 3 个润滑油优化配方的试生产。特别是在催化剂新产品的开发、试制方面,LC—77、CS—7、LB—1 被石化总公司列为“八五”,期间催化裂化催化剂的主剂。这些,都进一步加快了“一油两剂”的更新换代步伐。

第二节 “全、精、细”:兰炼产品结构基本特征形成与发展

兰炼的工艺技术开发与产品开发始终相伴而行。不断完善和扩展的工艺技术体系,为兰炼产品结构更新换代提供了有效的物质技术手段,从而逐步形成了独具兰炼特色的产品结构体系。其基本特征可以概括为“全、精、细”3 个字。

一、全

还是在创建时期,兰炼就以当时全国炼油企业中最为齐全、完整、配套的技术设备和装置,生产出了品种最多的石油产品。60 年代初,仅兰炼一个企业的石油,产品品种数量,就已比 1949 年全国石油

产品品种数量(12 个)多 1/3,相当于 1957 年全国石油产品品种数量的 40%以上。在当时,兰炼还只是一个燃料—润滑油生产类型的企业,而其油品品种之多,则雄踞当时全国同类型企业之首。其后,经过多年的开发,特别是 80 年代对生产工艺技术开发的全面深化,兰炼生产的石油产品品种,在全国近 40 个大中型炼油厂中仍属最多的企业。

兰炼产品结构的"全",除了表现在油品的品种结构齐全外,还表现在拥有比较齐全的炼油催化剂和油品添加剂生产工艺技术和产品品种。以炼油催化剂为例,早在 60 到 70 年代,兰炼就已成为中国炼油工业中生产催化裂化催化剂品种最多的企业。当时,全国工业所生产的炼油催化裂化催化剂主要品种有 8 个,兰炼就生产了其中的 5 个。进入 80 年代以后,兰炼的催化剂生产技术取得了创新和突破,立足于甘肃当地的资源(高岭土和稀土初级产品)优势的全白土微球催化剂(LB—I)和新型半合成稀土 Y 分子筛催化剂(LC—7),则是把资源优势与企业的技术优势有机结合的创新型产品。80 年代,兰炼催化裂化催化剂的产量一直占全国产量的 30%以上,成为全国三大催化裂化催化剂生产企业之一。

油品添加剂方面,兰炼除了是全国炼油工业中唯一生产抗静电剂(T—1501)的企业外,也是润滑油添加剂品种最多的企业。80 年代后期,全国生产润滑油添加剂的企业,包括兰炼在内共有 25 个企业,生产润滑油添加剂的,主要品种近 50 个,而兰炼一家开发和生产的品种就占近 1/4。

兰炼从打破苏联对中国实行"两剂"封锁,填补国内"两剂"空白开始,以"两剂"制备技术的开发,促进了"两剂"品种的扩展和升级换代,并且不断提高生产规模,强化了作为全国"两剂"生产基地的地位,为中国炼油工业实现产品升级换代,提供了重要保证。

兰炼产品结构的"全"，还表现在主工艺流程多方位的延伸和扩展，由炼油气体综合利用技术开发为起点，到80年代后期化工产品已成为兰炼工艺技术体系的重要组成部分。使企业由燃料—润滑油生产类型转变为燃料—润滑油—化工生产类型，即产品结构已从单纯的油品转变为油品与化工产品兼容的新结构。

兰炼产品结构另一个重要变化是：原来以自我配套、自我服务为主的机械、仪表生产已具有为国内炼油企业提供配套设备、仪器仪表的生产能力，使机械、仪表产品成为炼油化工产品以外的重要产品。

早在1959年10月，当时的兰炼仪表室就制造出气动仪表关键部件波纹管，并制造出第一批04型气动仪表。1960年9月，经石油工业部批准，在仪表室的基础上成立仪表厂。至此，炼油装置仪表、仪器生产成为与主工艺流程相配套的重要工艺技术单元。仪表J一成立伊始，就承担了为石油二厂国内第1套年加工能力60万吨的流化催化裂化工业装置生产自动控制仪表的任务。1962年，仪表厂在全国19个单位的支持下，为石油二厂试制了自动控制仪表，当时这套仪表国内尚无厂家生产，仪表厂克服了重重困难，仅用了1年多时间，就生产出了质量、性能均达到要求的产品。在70年代，仪表厂曾于1970年6月研究、试制成功泥浆含沙测定仪、泥浆失水测定仪、泥浆比重计、泥浆切力计、泥浆粘度计等5种钻井泥浆仪表，支援了油田建设；1973年7月试制成功了II型半自动组合仪表；1975年10月，在上海和朝鲜民主主义人民共和国白马炼油厂签订了一期工程自动控制部分单机配套合同；次年10月，又与巴基斯坦签订了由南京化学工业公司援建项目合同中自动化仪表自控部分单机合同。进入80年代以后，兰炼仪表生产技术水平有了进一步提高。兰炼自动化研究所根据发展炼油过程自动控制的需要，研究试制出了油品初馏点、干点、馏程、粘度、比重、闪点、凝固点等质量在线自动分析仪表和实验室分析仪器。自 1984 年以来，兰炼仪表厂组装生产带微处理器的单回路调节器及相关的电动仪表，在本厂和其他炼油厂的炼油装置上得到应用和推广。"七五"期间，为了使仪表产品升级换代，仪表J引进了日本富士电机 FC 系列仪表的制造技术，并与航空航天部502 所进行合作，进行国产化的技术攻关，取得了进展。到 1991 年，FC 变送器部件和材料的深度国产化和 3 种放大器的国产化取得了突破性进展，国产化率已达到 68%；其系列生产线在当年 9 月 2 日正式开工投产。这标志着兰炼对 FC 系列变送器的生产，跨越了 10~15年的时空，达到世界先进水平。该项产品每年可为国家节约外汇 165万美元。

兰炼为炼油装置配套的机械产品生产始于 1958 年。当年，兰炼仿制苏式乙型 H 型油泵、KBH–55–120 型、KBH–55–180 型裂化热油泵取得成功。这是兰炼为炼油装置最早生产的配套机械产品。1959年 12 月，兰炼机械修配厂冶炼成功第一炉铬 5 钼（YMO）合金钢，接着生产出国内第一批（件）斜顶加热炉炉管回弯头。其后，兰炼机械修配厂改建为机械厂，于 1962 年 4 月冶炼成功第一炉铬 25 镍 12（Cr25Ni12）合金钢，生产出国内第一批（件）斜顶加热炉合金吊挂。使这两个配件在苏联中断供应的情况下，满足了正在建设的大庆炼油厂的急需，并填补了国内的空白。1964 年，机械厂在国内 12 个单位的大力支援和设计人员的现场指导下，克服了技术、设备、材质等方面的重重困难，仅用 10 个月时间，在同时试制的几个企业中，首先完成了中国炼油装置中第一套滑阀的试制任务。为当时正在建设的中国第一套流化催化裂化工业装置提供了急需的关键设备，其各项指标均优于进口滑阀，保证了这套工业装置建设的正常进行。1965 年 8月，机械厂试制成功炼油专用设备 BY1–150/100 型油浆泵，其性能已超过英国制造的同类产品。1978 年，机械厂制造的中国第一台烟气轮机,在石油二厂催化裂化装置投入应用,取得成功。此后,经技术开发,把烟气轮机由单级发展为双级,使其功率由 2000 千瓦提高到 10000 千瓦。烟气轮机是高效节能设备,全国炼油企业已使用兰炼机械厂制造的烟气轮机 20 多套,每套每小时可节电 2000~4000 度,取得了显著的经济效益。经与国外进口的烟气轮机比较,其适用性及质量,均优于后者,已达到 80 年代国际先进水平。成为炼油工业中替代进口的重要机械设备。"七五"期间,兰炼机械厂先后研制成了具有 80 年代国际先进水平的电液滑阀、塞阀和新钢种 GH132、GH864 等新产品。1990 年 9 月 6 日,兰炼机械厂与洛阳石化工程总公司等单位共同研制的咆液控制冷壁滑阀通过了总公司鉴定。这一项目是国家"七五"攻关项目重油轻质技术研究的子项——重油催化裂化的关键设备之一。它的研制成功,是中国催化裂化特殊阀门设计制造的一项重大突破。该项成果填补了国内空白,设备的主要性能指标,已达到国外同类产品的先进水平。此外,还研制开发了高温调节蝶阀、高温平板阀、蒙乃尔合金钢、油浆泵、磁力传动泵、耐腐蚀泵、增压泵等新产品。1991 年,还承接了离心铸管的生产任务,生产出 1110 米离心铸管,受到用户的好评。经过 30 多年的发展,兰炼机械厂已发展成为中国炼油工业中新型合金钢开发与生产,节能设备和特殊性能的阀、泵等机械产品开发和生产制造的骨干企业。

"全",是兰炼经过持续达 30 多年的工艺技术开发所形成的产品结构的一个基本特征。这种多样性、多元化的产品结构,在企业内部形成了主工艺流程的扩展和深化,主工艺流程与辅助工艺技术的协调配套。在外部,则形成了使兰炼在中国炼油工业群雄竞起局面中独树一帜的物质技术基础。

二、精

"精",是兰炼产品结构的又一基本特征。

对炼油企业来说,所谓产品"精",有三重含义,一是生产中不断开发、应用新技术、新工艺;二是不断研制、开发、生产新产品;三是不断提高产品质量。"精",源于精益求精的工艺技术开发。

兰炼在中国现代炼油工业发展史上,创造了许多彪炳史册的记录。创建初期,兰炼第一个为国家生产出了国防急需的"三航"产品;第一个攻克了尿素脱蜡工艺的技术难关;第一个研制出了重要的催化裂化催化剂和油品添加剂;第一个为国内新建成的炼油装置生产出急需的回弯头和滑阀等装配机件。80 年代,兰炼虽然进入了老企业的行列,面临着许多困难和不利条件,但雄风犹在,依旧创造出了许多中国炼油工业的"之最"或第一,正是兰炼精益求精的工艺技术开发的结晶。

兰炼工艺技术开发的精益求精,源于其工艺技术开发的高起点的目标。兰炼创建初期,在中国现代炼油工业十分薄弱的情况下,以填补国内石油产品空白为己任,使工艺技术开发从一开始就与促进中国炼油工艺技术的完善和发展联系起来,为中国结束使用"洋油"的历史作出了重要贡献。到了 80 年代,兰炼又把工艺技术开发的目标瞄准在赶超国际先进水平上,为促进中国炼油工艺技术和产品的升级换代,创造了业绩。高起点的目标,使兰炼的工艺技术和产品开发保持着高水平。仅 80 年代以来。1983—1991 年,兰炼获得的科技开发成果总计达 6959 项,即平均每年就获得科技成果 773 项。在这些成果中,获得国家、省部和厂级奖励的有 379 项,其中获得国家级奖励的有 7 项,获得省部级奖励的有 57 项。二者合计共 64 项,占获奖成果的 16.89%。在此期间,兰炼获得国家科技进步奖的项目有:

一等奖：50万吨/年同轴式提升管催化裂化装置；采用6种原油研制并工业化试产成功符合国家水平的喷气燃料。

二等奖：油田专用注气装置；催化裂化装置反应过程动态观测与控制。

三等奖：YL—30000型能量回收烟气轮机的研究、设计和应用；丁二酰亚胺无灰分散剂（113B和113C）；CC级和CD级单级柴油机油（30#、40#、20/20WCC和CD）。

上述这些获奖项目中，有两项是炼油工艺技术的重大科研成果；一项是新型油品添加剂；两项是高档新油品；两项分别是油田开采和炼油的配套装置与设备。这些项目比较全面地反映了兰炼的科技开发水平。

三、细

"细"，是指产品的多样化、系列化和细分化，它反映了兰炼生产经营的集约化程度。

兰炼是国内炼油企业中，原油供应地变更次数最多的企业，不同油田的原油品质各异，组分各别，形成了多样化的原油品种结构。从需求来看，国民经济和国防建设对石油产品的需求，在种类和品种等方面也呈现为多样化。为了实现生产对原油和石油产品需求两个多样化的适应，兰炼建立了"全而精"的生产工艺技术体系，形成了原油供给多样化、产品和工艺技术结构多样化、市场需求多样化之间的配套和协调关系。

同时，为了适应国民经济各行业领域不断向深度和广度扩展的需要，兰炼的"一油两剂"生产还形成了不断深化和扩展的系列。以润滑油为例，1960年到1991年，兰炼所开发的品种就达80多种，即平均每年有2~3种润滑油新品种开发并投产，其应用范围涉及工业、农业、交通、国防等部门几十个种类的用油设备和机具的需要。

把产品需求的多样化、石油组分的多样化与工艺技术的深层次开发有机地结合起来,必然形成产品生产的细分化。这就是兰炼在发展炼油化工中所一以贯之的"精耕细作""吃光榨尽"的指导思想。特别是80年代以来,兰炼还从扩展主工艺流程方面,对精细化工进行了开拓,发展产品细分化的新领域,使产品结构更趋完善。

依靠持之以恒、精益求精的工艺技术开发,兰炼逐步形成了"全、精、细"的产品结构及与之相适应的工艺技术体系。在这一过程中,兰炼生产经营的集约化程度不断得到提高,成为使其保持并增强竞争能力的强大源泉。

（节选自《全国百家大中型企业调查——兰炼卷》当代中国出版社,周述实主编,1994年12月）

《兵法经营概论》绪论

党的十一届三中全会以后,随着改革开放的推进,国外先进的管理思想以前所未有的规模被引入到我国的企业管理之中。时至今日,人们对泰勒、韦伯、梅奥、西蒙等人为代表的西方管理思想已耳熟能详,这无疑是我国企业管理取得进步的一个重要方面。但是,在国门打开之后,我们也同样看到,在日本、韩国、新加坡等与中国传统文化有着深厚渊源的国家,其管理的成效与欧美国家相比,毫不逊色,甚至显示出更加旺盛的生机与活力。日本之所以能够胆粗气壮地向美国说"NO!",其中一个重要原因,就是其富有效率的管理,成为日本企业敢于与美国企业进行竞争的强大支撑。另一个颇具典型的例子是,海湾战争时,用高度现代化军事装备武装起来的美国军队,把中国的《孙子兵法》作为必备教材。在海湾战争的最后决战中,美军统帅充分运用了"避实就虚""声东击西"等这些出自《孙子兵法》的谋略,加上高度现代化的装备,以极小的伤亡代价,取得了战争的胜利。这些情况表明,源于中国传统文化的管理思想作为人类文明的共同财富,在当代管理思想、管理理论和管理方法的宝库中,占有重要的地位。

作为炎黄子孙,我们为之自豪,同时,也为近年来泛起的民族虚无主义,对中国传统文化一概排斥、一概否定的思潮,以及"数典忘祖"的行为感到痛心。翻开中华文化千百年来浩如烟海的典籍,就可以发现,中国的传统文化,蕴藏着博大精深的管理思想、管理理论和管理方法。发掘这一宝库，汲取其精华，对于发展有中国特色的现代企业管理，有着十分重要的意义。其中，如何把中国古代兵法的管理思想、管理理论和管理方法的精华，应用于现代化企业的经营和管理，是个值得探索的重要课题。

第一节　中国兵法与现代商战

中国的改革开放，打破了高度集中的计划经济体制（以下简称"传统体制"）排斥商品生产、抑制竞争的僵化、呆滞的局面，使以竞争为基本特征的市场经济机制长入企业的运行过程，并逐渐对企业的行为取向起主导作用。进入 90 年代，党的十四大确定了建立社会主义市场经济体制及其运行机制的目标模式。随后，党的十四届三中全会通过的《决定》，又进一步明确了建立现代企业制度，转换企业经营机制等企业改革的目标和内容，中国国有企业（注：在本文中如无特别说明，均称为"企业"）和其他非国有企业一样，作为社会主义市场经济主体进入到激烈的市场竞争之中。

"商场如战场"这句话，十分确切地描述了现代市场经济的基本特征。从这个意义上看，现代市场经济中的竞争，就是各个竞争主体之间进行的商战。作为市场竞争主体的企业，必须认识和掌握现代市场经济的运行规律，认识和掌握现代市场竞争的特征，或者说，认识和掌握现代商战的特征和运行规律，使自己的行为适应这些特征和运行规律，才能在现代商战中获胜。

竞争无疑是市场经济的本质特征。但是，现代市场经济的竞争与早期的市场经济竞争有着重要的区别。

其一，现代市场竞争是综合实力的竞争。所谓综合实力，就企业而言，在内部取决于企业全部生产要素综合配置的质量和水平，它直接体现为企业的生产效率；在外部，则取决于企业的产品与市场需求适应的程度,它体现为企业的经营效率。这两方面的有机统一就构成一个企业的综合实力,即企业的综合竞争力。而在早期的市场经济中,单项的生产要素的优势,往往成为企业在市场竞争中获胜的决定性因素。因而在早期的市场经济中,由资源垄断、技术垄断而获得市场垄断的现象比较常见。这种现象,在现代市场经济中虽然还存在,但其范围和影响已大大缩小。

其二,现代市场竞争是企业谋略的竞争。在早期的市场经济中,企业还带有小生产的烙印,其生产经营规模狭小,具有自发性、盲目性,且以经验管理为主;而在现代市场经济中,由于生产社会化水平的大提高,生产要素组合方式的多样化,物质技术手段的日新月异,市场的瞬息万变,等等,要求企业领导必须统揽全局,在对各种因素进行科学的综合分析的基础上,进行正确的经营决策。这样,经营谋略就成为关系到企业前途和命运的重要条件。

其三,现代市场竞争是规范、有序的文明竞争。早期的市场经济,经历了充满尔虞我诈、巧取豪夺的原始积累过程。在这一过程中,市场主体缺乏规范的竞争准则,企业内部的管理制度,则以榨取劳动者的剩余价值为目的。随着现代工业文明的发展,现代市场经济逐步形成了比较完整的制度规范,有序化已逐步成为现代市场竞争的重要特征。满足人的需要与企业利润最大化取向,客观上趋于有机结合和统一,使企业管理发生了深刻的变革,即管理的重心已从对"物"的管理转向对"人"的管理,近年来,更从重"管"轻"理",转变为以"理"为主。由此形成了具有不同文化特征的企业管理新思想、新方法、新模式,这就是近年来迅速崛起的企业文化建设。由于不同企业在企业文化建设中形成了具有本企业特色的管理风格,因而就形成了企业文化的无形竞争。与有形的产品、技术竞争相比,这种以文化为内核的无形竞争对企业的影响更为深刻,同时,也把现代市场竞争提高到与现代文明相联系的新层次。

现代市场竞争的这些特征,反映了现代商战在范围上不断扩展,层次上不断深化的趋势。这种趋势,对作为商战参与者的企业,提出了更高的要求,使企业越来越表现出与军队的战斗单元相类似的特征;同时,现代商战的纵横捭阖,也与战场上进退攻守异曲同工。这些,都为把兵法应用于现代商战提供了广阔的领域。也正是基于此,国内外许多企业家都把兵法中的谋略和用兵之道融于企业的经营管理。这种把中国传统文化中管理思想的精华与现代企业的经营管理结合起来的作法,在近年来国内外的企业管理中已创造出不少成功的范例。以被誉为世界上成就最高的兵法著作《孙子兵法》为例,它不仅对现代战争仍有参考和借鉴价值,而且也是企业进行商战的谋略和策略的宝库。日本企业把《孙子兵法》用于企业管理和国际商战使其能够在强手如林的国际市场中称雄;美国把《孙子兵法》列为培训经营管理人才的必修课,以期重建美国企业的优势。这些都说明,源于中华传统文化的兵法,已被视为现代商战中制胜的法宝。

第二节　中国兵法:现代企业文化的传统渊源

如前所述,以文化为内核的无形竞争已成为现代市场竞争中的一个重要特征。这一特征的直接体现,就是现代企业文化建设的崛起。

所谓企业文化,就是"企业中长期形成的共同理想、基本价值观、作风、传统习惯和行为规范等的统称"(《经济大辞典》,于光远主编,上海辞书出版社,1992 年 12 月第 1 版,第 800 页)。

从企业文化的内涵可以看到,作为一种文化形态,它的生成和发展与传统文化有着不可分割的联系。这是因为,一切文化现象都依存于一定的社会文化背景和社会经济结构。传统文化也必然成为企业文化重要的渊源。

在当今世界,不同的传统文化衍生出了3个类型的工业文明:即以基督教新教的伦理精神为基础的西欧、北美等发达国家的工业文明;源于拜占庭基督教神学精神的苏联、东欧国家的工业文明;以中华传统文化的精髓为核心的东亚国家工业文明。这里不拟对这3种工业文明进行优劣比较,只是想指出,日本从战争的废墟上重新崛起,韩国、新加坡和中国的香港、台湾走上新兴工业化的发展之路,中国大陆改革开放以来保持了经济的高速增长,都显示了中华传统文化的精华长入现代工业文明之后所形成的强大的经济凝聚力和扩张力。80年代以来,东亚国家和地区成为世界经济的高速增长区。人们在研究这一现象时,都把中华文化的精髓视为一个重要的根源。国际管理学界则对中华传统文化中的古代管理思想,给予高度重视,进行发掘和研究。其中,对中国兵法的管理思想、管理理论、管理方法的研究,已成为当代企业文化建设的重要内容。

在中国,自80年代中期以后,兴起了企业文化建设的热潮。从时序上看,我国的企业文化建设与欧美日等发达国家相比,并不滞后。但是,在企业文化建设中如何继承中华传统文化的精华,却存在着一些偏颇。一类偏颇是把中华传统文化视为封建主义的糟粕,一概否定,一概排斥。在改革开放初期,欧美和日本的管理思想、管理理论和管理方法被大量引入。这些与现代工业文明相联系的文化形态的引入,的确给长期束缚于高度集中的计划经济体制下的中国企业进行管理改革,带来了新的因素,但是,一些人却忽视了管理思想和风格的文化背景,对中华传统文化妄自菲薄,以致使一些引进的管理方法,或者半途而废,或者流于形式,从而削弱了这些管理方法的应用效果。例如,80年代初风行一时的全面质量管理的引进,在相当一部分企业中,并未取得明显的成效,以致发展到产品质量问题成为社会一大"公害"的地步。

另一类偏颇则是在继承中华传统文化的精华时，对其构成缺乏全面的了解和认识。近年来，国内管理学界，包括有远见卓识的企业家，日益认识到中华传统文化的精华对铸造企业的凝聚力，对于建构具有中国特色的企业文化具有重要作用。但在理论和实践中，一些人却对中华传统文化的结构缺乏全面的认识，存在着扬此抑彼的倾向。例如，对儒家思想研究得多，而对法家、兵家、墨家等思想研究得少，甚至在某种程度上，形成了"独尊儒术"的现象。

应该说，第一种偏颇实际上是否定中华传统文化的精华，其谬误是明显的。第二种偏颇虽然认识到继承中华传统文化精华的必要性，但在如何认识、怎样继承等方面存在者缺陷和不足。这些缺陷和不足必然对我们进行企业文化建设产生不利的影响。

中华传统文化是一个广博的体系。源于先秦诸子的各种流派，在几千年的历史中，唯有儒家思想经历代统治者的推崇和弘扬，在治国、治人方面形成了比较完整的思想和方法体系，而其他流派，则因种种原因，大部分被淹没于历史长河之中。例如，法家讲耕战刑赏，却为"治世"不容；墨家讲技艺劳作，却被视为"奇技淫巧"而罢黜；兵家讲攻伐谋略，却因统治者惧怕其为"犯上作乱"者所掌握而屡遭禁毁。尽管如此，这些流派仍然是中华传统文化的重要组成部分。它们在过去特定的历史时期，曾发挥过重要的作用，其中一些思想和方法，也为儒家所吸收，促进了儒家思想的形成和发展。在今天，我们在继承中华传统文化的精华，进行现代企业文化建设时，应当博采众家之长，丰富和完善企业文化的基础。

以兵家为例，其渊源可溯自三代以上，在秦以前的王朝更替、诸侯攻伐的战争中，就培育了一批著名的军事家，如姜尚、管仲、孙武、孙膑等。秦汉以后，军事家历朝历代皆有名人，其中既有以文治武功而著称的帝王,如秦始皇、汉高祖、汉光武帝、唐太宗、宋太祖、明太祖、清康熙帝等,也有辅佐帝王成功立业的著名将相,如汉之张良、韩信,三国之诸葛亮,唐之李靖、郭子仪,宋之岳飞,明之刘伯温、戚继光,清之曾国藩、左宗棠等等。中国历代军事家的军事实践及其军事著述,构成了中国兵法体系。中国兵法的源远流长及其实践的丰富和理论的完整,为世界上任何其他国家所难以望其项背。

中国兵法载诸古代典籍,其卷帙浩繁,难以数计。大体可分为3类:一类是兵家专著。《孙子兵法》《孙膑兵法》《六韬》以及诸葛亮的《将苑》等,均属此类。据粗略统计,中国古代兵法著述约1300多种,其中世传兵法著述有200多种。第二类是历代王朝的政书、官修史书中的军事部分。主要记载了历代王朝的"文治武功",见诸二十四史。第三类是古代的文史家论兵。这类著述比较分散,也不仅限于兵家,即使在儒家典籍中,也有论兵的内容。总的来看,中国古代兵法所涉及的内容十分广泛,主要包括战史、谋略、阵法、阵图、军制、兵策、天文、地理、气候、边防、将帅、后勤等,最集中地体现了人类关于战略、策略等方面的智慧和军事组织、制度建设方面的经验之精华。

从管理的角度来看,儒家思想的核心是伦理,讲秩序,讲守成;兵家则讲进取,讲力量的对比,讲取胜谋略的制定与力量的组织,以兵法的经典传世之作《孙子兵法》为例,谋略思想是其主线。《孙子兵法》十三篇中,《始计》《谋攻》《兵势》《九地》等篇章都主要是讲谋略的。《孙子兵法》特别强调"庙算",即谋略的重要性,指出事先筹划、计算,是制定谋略的前提。在制定谋略时,必须综合分析各种相关因素,即"经五事""校七计"。所谓"经五事",用今天的话来说,就是分析政治形势和天时、地利、将帅才能、组织编制。所谓"校七计",就是综合判断决定战争胜负的七大因素,即对交战和竞争对手双方最高决策者的能力,指挥者的才干,所处的形势和地位,管理组织水平,实力的强弱,队伍的素质,激励和约束机制等,进行全面系统的比较分析,并由此来判断胜负。不仅如此,《孙子兵法》还特别强调审时度势,知彼知己,发挥主观能动性,铸造队伍的士气与凝聚力,以寻求制胜之道。从这些方面看,兵家思想在管理决策与组织方面,能够为企业进行现代商战提供宝贵的借鉴和启迪。

如果说,儒家思想的精华,能够在形成经济社会发展的稳定机制方面发挥一定作用的话,那么,中国兵法在谋略和组织等方面的思想结晶,完全可以用于对经济社会发展的有效组织和管理。无论是在宏观层次上制定并实施经济社会发展战略方面,还是在微观层次上制定和实施企业商战策略方面,中国兵法的精华都可以算得上一部完备的教科书。

因此,从完整地继承中华传统文化精华的角度看,我们所进行的企业文化建设,不仅要吸收儒家思想的精华,而且还要吸收那些长期处于非主流的其他派别的思想精华,例如,法家的法治精神,墨家的科学求实精神等。其中,中国兵法所体现的科学决策和组织管理思想,更是现代企业文化建设不可或缺的重要方面,从这个意义上说,中国兵法应该而且必须作为现代企业文化的传统渊源的重要组成部分。

第三节　兵法经营论:具有中国特色的现代企业管理的探索

追溯我国社会主义企业管理发展的历史,大体经历了与我国的经济管理体制沿革相同步的发展阶段。第一个发展阶段是高度集中的计划经济体制时期,在这一体制的形成初期,我国就开始构建企业管理模式。可以说,当时建立起来的企业管理模式是高度集中的计划经济体制在企业内的延伸和复制。企业管理以生产为中心,企业的发展取决于国家的计划，基本上不存在什么市场竞争和经营策略的选择。与低效率的体制相伴共生、互为因果的企业生产要素配置的低效率，是这一时期企业管理模式的基本特征。

党的十一届三中全会以来，伴随着改革的深化和扩展，在高度集中的计划经济体制趋于松动和解体的过程中，市场化因素逐步长入企业管理，使企业由生产型逐步转变为生产经营型；党的十四大确立了建立社会主义市场经济体制及其运行机制的改革目标模式，则把我国企业管理推向建立与市场主体相适应的功能结构的新阶段。

纵观改革开放以来我国企业管理发展的过程，其管理思想、管理理论和管理方法与高度集中的计划经济体制时期相比，都发生了深刻的变化。这些变化突出地表现在这样几个方面：一是在管理思想上，逐步树立了面向市场、开拓进取的竞争观念；二是在管理理论上，形成了全要素整体优化配置的理论体系；三是在管理方法上，建立了"软""硬"结合的方法体系，这些变化，使传统体制对我国企业管理的影响趋于弱化，初步形成了现代企业的组织管理特征。

从现代企业组织管理的文化背景来看，改革开放以来我国企业管理的变革，在一定意义上说，是如何实现现代市场经济中的企业组织和行为规范与中华传统文化精华的有机结合、和谐统一，进行具有中国特色的企业管理的探索。

建立具有中国特色的企业管理，是建立具有中国特色的社会主义的题中应有之义；同时，也是我国企业管理在实践中不断探索所得出的必然结论。

在改革开放以前，我国长期对外封闭。虽然当时也创造出了足以彪炳史册的"大庆经验""鞍钢宪法"等管理模式，这些管理模式，也在很大程度上植根于中华传统文化的精华，但却由于落后于世界工业文明发展的进程，因而不能从整体上改变旧体制僵化、低效率的局面。

改革开放以来,我国企业逐步汇入世界工业文明发展的新潮流。在这一过程中,虽然在一些企业中曾经产生对"欧风美雨"的迷信,但相当一部分有远见、有作为的企业家则认识到,如果脱离了中国的国情,离开中华传统文化的肥沃土壤,即使引进了"现代管理十八法"这"十八般武艺",也难有用武之地;另一方面,在一些人将源于西方文明的管理思想、管理理论奉为圭臬的同时,欧、美、日等发达国家却兴起了研究中国传统文化的热潮。这些具有高度现代化工业文明的国家,对研究、发展中华传统文化中管理思想、管理理论和管理方法的精髓所表现的浓厚兴趣极其成功的实践,至少给我们以这样的启示:他们既然能够从中华传统文化中寻求推进现代工业文明的因素,我们就更应该寻求把中华传统文化的精华融于现代工业文明,成为促进现代工业文明成长的内生因素的有效途径,这正是建立具有中国特色的企业管理的基点。

我们认为,建立具有中国特色的企业管理,正确的途径应该是吸收古今中外管理思想、管理理论和管理方法的精华,以我为主,博采众长,融合提炼,自成一家。在这里,应该注意防止和纠正前述的两类偏颇,真正做到对国外的东西不迷信、不盲从,对中华传统文化不偏废、不泥古,创建出把现代工业文明植根于中华传统文化沃土的管理风格、管理特色。而在这方面,建立兵法经营论的理论和实践体系就是一个积极的探索。

所谓兵法经营论,就是运用军事谋略和组织管理理论及方法进行企业经营与管理。这里的兵法,从广义上说,就是古今中外的军事理论;从狭义上说,则指中国古代兵法。

前面的有关论述,实际上也揭示了兵法经营论的经济及社会文化背景。兵法经营的思想,在中国古已有之,面且成为源远流长的中国商业文化的重要组成部分。远在春秋时期,像管仲、范蠡这样的军事家,不但以奇谋大略辅佐国君取得了霸权,而且还在商业上取得了辉煌成就。管仲使齐国获渔盐之利而富强,陶朱公范蠡弃官经商之后,以富甲一方而声名显赫,被后世商人尊为祖师,在近代,清朝洋务运动的发起者,也基本上是历经征战的将帅。曾任陕甘总督的左宗棠,同时也是西北和甘肃近代纺织业和机器制造业的奠基者。由此可见,兵法经营在中国是一个把军事文化与商业文化结合起来的历史现象。

新中国成立以后,在高度集中的计划经济体制时期,我们党在推行社会主义工业化的过程中,在长期革命战争中形成的,以毛泽东同志为代表的军事思想得到了充分的应用,并且取得了伟大的建设成就。例如:"一五"时期的156项重点建设工程和50年代末、60年代初的大庆石油会战的成功,就是毛泽东"集中优势兵力打歼灭战"的军事思想用于建设实践的范例;在革命战争时期,我党我军形成的艰苦奋斗、联系群众和政治思想工作等克敌制胜的法宝,转化为我们企业管理的优良传统,至今仍然显示着强大的威力,成为新时期我国企业优势的基石。

在社会主义市场经济条件下,企业作为市场主体,有了生产经营自主权,面对波诡云谲的市场,决定企业命运和前途的是自身的综合竞争能力,是对市场风云变幻的洞察能力和反应能力,是蕴藏于文化这一深层的企业价值观和精神所凝聚的原动力。而正是在这些方面,中国兵法所蕴含的管理思想、管理理论、管理方法有着巨大的应用价值。姑且不论其他,即从70年代以来国际管理理论和管理实践发展的大趋势来看,兵法经营论这一命题的确定,也顺应了现代商战中管理理论和管理实践发展的需要。

因此,无论是从历史渊源,还是从现实的需要来看,兵法经营论都存在着深厚的传统文化底蕴和理论及实践基础。沿着中国兵法的思想体系的脉络，兵法经营论体系包括这样几个主要方面：

一是制定企业经营战略的思想、理论和方法。在这方面，《孙子兵法》中的"庙算""经五事""校七计"所揭示的思想和方法，在今天完全可以用于企业环境分析和企业素质的诊断，以确定企业的经营战略。

二是提高企业的应变能力的思想、理论和方法。中国兵法历来强调审时度势，随机制宜，因时变化，动态决策。《孙子兵法》说："水因地而制流，兵因敌而制胜，故兵无常势，水无常形；能因敌变化而取胜者，谓之神。"对现代企业来说，面对不断变化的市场，增强自身适应性和提高应变能力是在竞争中获胜的重要条件。

三是提高竞争能力的思想、理论和方法。《孙子兵法》说"水之形避高而趋下，兵之形避实而击虚"；"善战者，致人而不致于人"。现代企业在激烈的市场竞争中，必须树立主动进取的开拓精神，在与对手竞争时，要以己之长，攻彼之短。在这方面，著名的"田忌赛马"已成为现代对策论的经典案例，也能够为现代企业在竞争中避实就虚，以弱胜强，提供有益的借鉴。

四是提高决策者、指挥者素质的思想、理论和方法。领导者的素质，是现代企业成功与否的关键。《孙子兵法》在"校七计"中所说的"主孰有道""将孰有能"，就是指领导者的政治素质和决策、指挥才能。"千军易得，一将难求"，是中国兵家的至理名言。司马迁在《史记》中评价领导者的素质时引用孔子的话指出："其身正，不令则行；其身不正，虽令不从"，说的是领导者品质的优劣对其成员所产生的积极或消极的影响。其他如领导者要求贤若渴，知人善任，集思广益等，在中国兵法中更是不绝于书。

五是全面培育企业优势的思想、理论和方法。现代企业的综合实力，既取决于企业的人的素质的高低、资金的多寡、技术的优劣，也取决于对这些生产要素的合理组织与优化配置。对于优势的培育，中国兵法谓之"造势"。对于人,要解决"赏罚孰明"的问题,以形成对其行为的有效激励和约束;对于技术,则要明确"工欲善其事,必先利其器";对于组织和管理,必须建立完善的组织制度;而对企业的无形竞争,必须以"武为表,文为里"(《尉缭子·兵令》),"内修文德,外治武备"(《吴子兵法·图国》),即以政治信念和价值观为核心,增强企业竞争能力;对于浩繁的市场信息,则要"先知""知敌之情",如此才能"知彼知己,百战不殆",等等。

以上几个方面,虽然不是兵法经营论的思想和方法的全部内容,但也勾画出了把兵法的理论和方法用于现代企业经营和管理的主要方面,即使从这些方面看,中国兵法也能够与现代企业的经营管理实现高度的契合。作为一种与中华传统文化的精华密切联系,有机结合,并且属于高层次文化形态的管理思想、管理理论和管理方法,兵法经营在国内外企业的经营管理实践中已经和正在取得成功,从而也证明,它是社会主义市场经济条件下,具有中国特色的企业管理的理论和方法的重要组成部分。

诚然,源于封建社会的中国兵法,也必然存在糟粕;军事组织和企业的经营管理,也有着异质性。因此建立兵法经营论的理论和方法体系,既不能对中国兵法不分良莠地兼收并蓄,也不能把军事理论照搬于企业的经营管理或进行简单的类比,这些方面,正是需要认真探索和研究的重要问题。

(节选自《兵法经营概论》中国计划出版社,周述实主编,1995年12月)

自主管理工作法：
中国企业管理理论与实践的新发展

1978 年,具有划时代意义的中共十一届三中全会揭开了中国改革开放的序幕。14 年后的 1992 年,是波澜壮阔的中国经济体制改革进入发展新阶段的一个里程碑:年初,中国改革开放的总设计师邓小平同志视察南方, 发出了把改革开放推向新阶段的历史性宣言;10 月, 中共第十四次全国代表大会确定了建立中国社会主义市场经济体制及其运行机制的改革目标模式, 宣告了我国将彻底改革高度集中的计划经济体制(以下简称"传统体制"),完成传统体制向具有中国特色的社会主义市场经济体制的历史性转变。

社会主义市场经济的基础,是富有活力和效率的市场主体。在国民经济中居于主导地位的国有企业, 特别是国有大中型企业能否摆脱传统体制的束缚,按照社会主义市场经济的规范塑造其经营机制,是实现体制转换的关键, 而建立与社会主义市场经济相适应的企业管理模式,则是转换企业经营机制不可或缺的内容。

在我国 14 年的经济体制改革中,从企业(本文如无特殊说明,均指国有企业)改革来看,从一开始就分成两个层次。第一个层次是对企业宏观经济管理体制的改革, 其重点是正确处理国家与企业之间的关系,在改革不断深化的过程中,这一层次的改革愈来愈表现出塑造企业市场主体地位的特征,这正是党的十四大所确定的目标。

第二个层次是企业内部的改革, 其重点是正确处理企业与职工之间的关系。这一层次的改革基本上与宏观经济管理体制的改革同步,而且以宏观经济管理体制的改革为前提。虽然企业内部改革与宏观经济管理体制改革有着十分密切而直接的联系,但是,企业内部改革在不同的企业之间却表现出较大的差异。宏观经济管理体制的每一步改革,可以通过国家制定统一的改革政策和措施,在全国各个企业中进行大体同步和等效的贯彻和实施。但企业内部改革,除了与宏观体制直接相关的内容,如劳动人事制度、工资制度以及企业领导体制等,具有较强的统一性之外,其他与企业生产工艺技术特点、组织管理形式直接相关的内容,不同的企业却有不同的形式和途径。因此,相对于宏观经济管理体制改革,企业内部改革异彩纷呈,各具特色。当然,企业内部改革所表现出的这种差异性,并不是淡化甚至否定社会主义企业的本质属性,也不是破坏社会主义企业在生产经营目标上的统一性。恰恰相反,宏观经济管理体制改革的目标正是以此为前提,企业内部改革则是通过具体的形式和途径来保证这一前提的实现。

在中国的经济体制改革中,对企业宏观经济管理体制的改革,直到邓小平同志南方谈话及党的十四大召开之前,还是一个被姓"社"姓"资"之类的争论所困扰的"剪不断,理还乱"的难题。但在企业内部改革中,特别是企业管理模式的选择方面,受到的姓"社"还是姓"资"的困扰和责难则要少得多。例如,几乎在改革刚刚开始之时,日本的全面质量管理就被引入我国企业,并从上到下进行了大张旗鼓的宣传、应用和推广,以致在今天,相当多的企业在总结其管理经验时,都有全面质量管理的内容,最少也要列举出 QC 小组的活动情况,在其后,则有"现代管理十八法"的应用和推广,而"现代管理十八法"中,请如盈亏分析、价值工程、投入产出分析、决策技术等等,都是从国外引进的管理技术。这也从一个侧面表明,企业内部改革,至少有相当一部分内容是与现代企业生产技术、组织管理的规律和特征相联系，是现代化大生产的自然属性，在这方面，不存在什么姓"社"姓"资"的问题。

企业内部改革在我国经济体制改革中之所以表现出丰富多彩的内容和形式，除了取决于企业的生产经营特点以外，还因为在这一领域中东西方管理思想、管理理论在广泛地相互渗透和交融。实际上，在我国传统体制下形成的企业管理模式，一方面，由于受体制和时代的局限，存在着一些缺陷和弊端。另一方面，由于我国企业管理理论工作者和实际工作者以及广大职工对现代企业组织管理和生产技术的发展规律进行研究和探索，加之我国优秀的管理理论和实践源远流长，也形成了一些闪耀着光辉的管理思想、管理理论、管理方法和管理手段。这些思想、理论、方法和手段，是推动我国企业发展的重要因素，同时也对国外管理思想、管理理论、管理方法和管理手段的发展，做出了不可磨灭的贡献，只不过有的是我们"出口转内销"，或者我们提供"优质原料"和"初级产品"，国外"加工"后再"返销中国而已，例如我国的"合理化建议活动""技术革新小组"和国外的 QC 小组之间就有着这种关系。改革开放以来，我国企业管理理论工作者和实际工作者以及广大职工群众，又对传统体制下企业管理模式中积极、合理的因素进行继承、发扬和创新，并使其与国外先进的管理经验和方法有机地结合起来；使得我国企业管理的理论与实践比以往任何时期都更加多彩多姿、更富有成效。这一结合过程，就是具有中国特色的现代企业管理模式的形成与发展过程。

具有中国特色的现代企业管理理论与实践，与我国宏观经济管理体制的改革同步发展，到 90 年代初，已初步形成了与社会主义市场经济相适应的思想、理论、方法和手段体系，相当一部分企业，已具有转换经营机制、走向市场的条件和基础。

但是,由于我国生产力水平还比较低,缺乏西方发达国家那种历史久远的社会化大生产组织和管理的经验积累;加上在社会主义建设时期,从一开始就选择了与社会主义市场经济相悖的传统体制模式,因而在企业管理的思想、理论、方法和手段方面,也必然掺杂着一些与传统体制中消极的、甚至是阻滞企业发展的因素相联系的内容。虽然改革开放以来,宏观经济管理体制的改革在许多方面取得了成功,新体制的成长也使企业管理在革除传统体制的弊端中得到发展,但由于传统体制积弊久远,且制约企业经营机制转换的宏观体制中的一些主导性因素,在改革中至今尚未取得实质性的突破,所以,在企业内部改革中,也必然存在着一些与现代企业组织管理和生产技术发展规律背离的现象。这些现象在相当一部分企业中不同程度地存在,主要表现在以下几个方面。

一是承包经营责任制在企业内部的泛化。从 80 年代中期以来,国家在企业中推行承包经营责任制。对企业宏观经济管理体制所进行的这一改革,其初衷是理顺国家与企业的责、权、利关系,弱化传统体制对企业的束缚。在实施中,也的确在增强企业活力方面发挥了并仍在继续发挥着极其重要的作用。这个历史性功绩是不可抹杀的。但是,由于这一改革是在传统体制仍居主导地位的条件下进行的,因而在实施过程中,也产生了一些扭曲。例如,一些企业滋长了短期行为,强化了对政府的依赖性。一些企业还把承包制与农村实行的家庭联产承包责任制等同起来;把承包制的分配制度与传统体制下企业实行的计件工资相混淆。由此产生的问题是:作为现代社会化大生产主体的国有大中型企业,其生产经营方式与以小生产为主的农户生产经营,到底有什么区别? 在新体制成长时期,企业内部的分配方式要不要继续沿袭传统体制中的那些作法? 实际上,不少企业正是在这些方面认识模糊,一切寄希望于"包",以为"一包就灵",忽视了现代工业企业与从事小生产的农户的本质区别，抹杀了现代工业企业生产过程固有的连续化和高度协同的特征。一些企业在承包时，往往重视"现得利"而忽视企业的长期发展；不惜以拼设备来增加产出，而忽视对技术装备进行连续投入来增强企业发展后劲；甚至杀鸡取卵，进行掠夺式经营。这些做法，与一些农户对土地只求收获、不愿投入的竭泽而渔的做法如出一辙。一些企业在承包时，实行指标层层分解的内部承包，其初衷是明确企业内部的责、权、利关系，但疏于对指标所反映的企业内部各方面的关系进行组织和协调，其结果常常破坏了企业内部各环节的有机统一，推诿扯皮、以邻为壑的事屡见不鲜，在精神文明建设和思想政治工作中，把手段当成目的，注重"干了些什么"而忽视"干成了什么""干好了什么"的某些形式主义倾向抬头，这些都导致了企业内部承包指标的泛化，形成了企业经营机制中的一些消极因素。

二是在企业生产经营条件方面，重外部环境的改善而忽视企业自身整体素质的全面提高。改革开放以来，为了弱化传统体制对企业的束缚，改善企业的经营环境，国家对企业相继实行了扩权、放权、减税、让利等改革政策和措施。这些政策和措施对于使企业成为新体制及其运行机制的成长点，起了孕育和催化的作用，使企业向着自主经营、自负盈亏的商品生产者的改革目标模式迈出了重要的一步。旨在使企业走出传统体制的上述这些改革措施，无疑是必要的，但不是企业改革的全部内容。现在，企业的经营环境尽管还有许多不尽如人意的地方，但比起改革开放的初期，毕竟有了很大的改善。应该说，现在减税让利已使国家让给企业的利益到了边界和尽头，再让下去，就会损害国家的根本利益。但有的企业却忘记了"国家困难，企业的日子就难过"这一常理，把向国家要权、要利看作是企业发展的根本条件，却忽视了企业自身素质是决定企业发展的内在动因这一基本常识；

甚至从企业本位利益出发，搞"上有政策，下有对策"，有令不行，有禁不止，抵制或破坏国家的政策、法令，使宏观调控步履艰难，损害国家的根本利益。应该看到，宏观环境对每一个企业来说是大致相同的，但不同的企业，生产经营状况却表现出较大的差异。企业既不乏经营成功的范例，也有不少陷入经营性亏损的困境，导致这种差异的根本原因还在于企业素质，特别是经营管理素质的差异。这几年，企业产品质量低劣，经济效益下降的状况之所以十分突出，就在于相当一些企业经营管理素质低下；至于那些搞歪门邪道，损害国家和消费者利益，损大公以利小公，搞种种不正之风的企业，更是忘记了社会主义企业的责任和义务，仅仅把着力点置于外部环境的改善，只能掩盖企业自身存在的问题和矛盾，为某些企业领导者平庸无能制造借口。

三是在企业管理要素之间的关系上，存在着扬此抑彼的倾向。企业的社会主义性质，决定了企业必须充分发挥党组织的政治核心作用，坚持和完善厂长负责制，全心全意依靠工人阶级。也就是说，党对企业的政治领导，厂长在企业中的中心地位和企业职工的主人翁地位，构成我国企业管理的三大要素。在这方面，我们走过许多弯路，在"文化大革命"前的传统体制时期，党对企业的领导被扭曲为无所不管，领导一切；厂长（经理）无决策权力可言，在"文化大革命"中，林彪、"四人帮"鼓吹"踢开党委闹革命"，"反对管、卡、压"，在企业中掀起了无政府主义的"群众运动"的阵阵波澜。改革开放以来，随着新经济体制的成长，企业党委、厂长（经理）、职工三者的关系出现了协调统一的健康局面。但在一些企业中，这三者之间的关系还没有理顺，常常出现党委书记和厂长之间的"核心大"还是"中心大"之争，或者把职工当家作主的权利放在可有可无的地位，或者削弱和淡化思想政治工作，把管理要素人为地割裂开来，扬此抑彼，使企业内部本来应该和谐统一的关系变得错综复杂，不是核心、中心、民心"三心"合一，而是"三心二意"，削弱了企业的凝聚力。在这种情况下，很难谈得上企业的活力与生机。

四是在精神和物质的关系上，不适当地夸大了物质利益的作用。改革开放以前，一度相信"精神万能"，精神激励被视为调动职工积极性的唯一法宝。但实践证明，只有精神激励而漠视劳动者的物质利益，就难以充分调动劳动者的积极性。因此，改革开放以来，在企业的分配制度方面进行了一系列改革，使增进职工的物质利益成为调动职工劳动积极性的一个重要因素。但同时，也出现了只讲利益，不讲奉献的消极因素，甚至把勤奋劳动、无私奉献看作是过时的迂腐之见。在一些企业里，职工的奖金，福利越来越高，"胃口"越来越大，雇佣思想因之滋生，劳动纪律因之松弛，"拿一份钱，干一份活"甚至出勤不出工、出工不出活力的消极怠工现象也时有发生，使企业的收入分配向个人倾斜，而劳动生产率却无显著提高，有的甚至呈下降趋势。在这些企业中，其动力机制存在着严重缺陷，即把精神激励和物质激励有机结合的动力机制扭曲为只讲物质利益，不讲自觉贡献的单一的动力机制，使拜金主义、享乐主义、极端个人主义污染甚至毒化了政治、思想环境，有的已造成恶果。

上述这些情况都表明，尽管改革开放以来，我国企业管理的理论和实践已有了重要的发展，但也还存在一些"盲点"和误区。这些"盲点"和误区，无论对企业还是对国家都造成了许多有害的结果。其一，这些"盲点"和误区的存在，成为企业难以形成内在活力的严重障碍，导致企业活力不足，进而导致社会主义经济基础难以巩固和发展；其二，这些"盲点"和误区的存在，使国有企业难以形成与社会主义市场经济体制和运行机制相适应的基本素质，导致新经济体制和运行机制基础的乏弱，这必然延误改革的进程；其三，这些"盲点"和误区的存在，导致国有企业内部管理要素的离散化和管理过程的无序化，使企业陷入矛盾纠葛之中，内耗增大，既难获得长远发展，也难以为社会、为国家作出有效的贡献。同时，这些"盲点"和误区也表明，要搞好企业，只有把着力点放在企业内部，放在全面提高企业自身的整体素质上，苦练内功，增强内力，才能真正形成企业发展的动力和活力，也才能建立真正有效的社会主义企业的经营机制。

毫无疑问，克服这些"盲点"和误区，探讨转换企业经营机制的有效方法和途径，本身就意味着企业管理理论与实践的突破与发展。在这方面，我国企业的经营管理工作者和广大职工群众，已经创造了一些成功的管理经验和模式。兰州炼油化工总厂油品储运厂（以下简称"油品储运厂"）创造的自主管理工作法，就是这些经验和模式中的一枝奇葩。

兰州炼油化工总厂（以下简称"兰炼"）是我国"一五"期间 156 项重点建设工程中创造的老企业之一。作为我国现代炼油工业第一大型骨干企业，兰炼对我国现代炼油工业做出了彪炳史册的重大贡献，被称为我国现代炼油工业出产品、出技术、出经验、出人才的摇篮。改革开放以来，兰炼的广大职工和经营管理者，在深化企业内部改革的实践中，坚持从实际出发，把传统管理中的合理部分与引进、消化、吸收国外先进的管理思想、管理理论、管理方法和管理手段有机地结合起来，通过继承和创新。用开拓精神和丰富的实践活动，建立了独具特色的企业管理模式。油品储运厂的自主管理工作法，就是兰炼管理模式的有机组成部分。

油品储运厂自主管理工作法的形成、发展过程及其内涵，自主管理工作法的实施及其效果，是本文所要阐述的内容。这里不拟展评论述，只是着重指出，自主管理工作法作为一个创新的企业管理模式，有效地解决了相当一部分企业在管理方面遇到的难题，这些难题至今仍对一些企业形成严重的困扰，使这些企业的领导人"两眼一睁，忙到熄灯"，食不甘味，寝不安席，所谓"走路有人堵，上班电话吵，家里有人等，吃饭有人找"，就是生动的写照。

其一，社会主义市场经济要求企业必须有自我约束机制。这里的自我约束包括两重含义，一是企业要自觉承担对国家、对社会应尽的责任和义务，摒弃吃国家"大锅饭"的非规范行为，即以社会责任和义务来进行自律；二是企业内部，要建立健全科学、有效的规章制度，并通过加强思想政治工作等措施，来约束干部、工人的行为，即以职工对企业承担的责任和义务来实现自律。可以看出前一个自我约束是社会主义企业的本质属性的要求；后一个自律为企业进行社会化大生产所必需。企业"行不逾矩"，才能实现社会主义经济的有序运行；干部和职工"行不逾矩"，企业才能保持正常的生产经营秩序。

建立有效的自我约束机制，是油品储运厂自主管理工作法的重要组成部分。自主管理工作法的前提，就是自我约束。正是确立了这样一个前提，自主管理工作法才成为全体干部和职工自觉遵守并维护的行为准则，形成了企业经营管理有序化的内在机制。

其二，社会主义市场经济要求企业必须按照社会化大生产的规律和原则来合理组织企业的生产经营过程。这种合理组织，内含了企业管理基础工作的强化。应该看到，企业管理中的"盲点"和误区，给企业管理基础工作带来了干扰和破坏。在不少企业中，存在着"以包代管"或重"管"轻"理"甚至"管"而不"理"的倾向。在一些企业中，作为承包者的厂长（经理）不注意审慎地运用自己的权力，对企业管理中错综复杂的关系，不用科学的管理方法去疏导和理顺，而是动辄用简单、粗暴的方法去处理，因而在人际关系方面，导致干群关系的紧张和对立；在人与物的关系方面，导致劳动者对生产缺乏应有的责任感；同时，管理基础工作的削弱也造成企业人流、物流、信息流渠道的阻塞。有鉴于此，油品储运厂自主管理工作法确立了企业管理基础工作在企业中的基础地位,不断予以强化。一是继承传统管理中的积极因素且至今仍能发挥效力的部分例如大庆精神、"三老四严""四个一样""两参一改三结合"等,这些真正体现中国特色的社会主义企业的管理经验,都在自主管理工作法中得到充分体现;二是适应改革开放的新形势,进行企业管理方式、方法、手段、制度的创新,例如,应用组织行为学的理论和方法,更有效地调动劳动者的积极性;应用现代科学技术成果,改善劳动者的生产条件和生活条件,不断推进科技进步和文明生产程度,等等。自主管理工作法把二者有机地结合起来,促进企业生产要素配置的优化,从人和物两个方面形成企业凝聚力的牢固基础,提高企业生产过程的组织化程度和管理效率。

其三,社会主义市场经济要求企业必须加强职业道德建设。多年来,我们曾凭借强大的思想政治工作优势,来提高职工的思想觉悟,在特定的历史条件下,也取得了显著的效果。这个传家宝,我们永远不能丢,但是也不能否认,在一度盛行的"左"的思想指导下,思想政治工作也曾被严重扭曲,以致出现了企业行为和职工思想行为的抽象化、概念化、"政治"化趋向,这种状况,在"文化大革命"中被推向了极端,在那个时代,"宁要社会主义的草,不要资本主义的苗""宁要社会主义的低速度,不要资本主义的高速度""读书无用""白卷英雄",在喊破天的"革命口号"之下,一些工人不好好做工,农民不好好种地,学生不好好读书,整个社会的道德水准严重下降,职业道德更是失去了标准。改革开放以来,虽然在建立新体制及其运行机制方面取得了重要进展,但是,一则,传统体制中忽视职业道德建设的积弊尚未得到根除,一些认识和方法已显得过时(例如,重说服教育而忽视制度约束;把职业道德建设等同于提高思想觉悟,而忽视职业素养的培育,等等),而科学的认识和方法还有待探索;二则,市场经济体制完全不同于传统体制,必然要引起价值判断、价值取向的变化,这些变化,必然给企业的职业道德建设提出新的课题,在这种情况下,企业的职业道德建设,已经成为建立社会主义市场经济体制及其运行机制不可或缺的内容。但是,我们不无遗憾地看到,在我国,职业道德的建设已滞后于市场经济的推进,在社会经济生活中,"公仆"和"主人"地位的颠倒,"上帝"地位的失落等现象已俯拾皆是,以致医生"不收红包"、商店"热心服务"、官员"拒收贿赂"等等理所当然的事情成了舆论媒介宣传的"新闻",而与此相反的本应受到谴责的现象反倒见惯不惊、习以为常了。在企业中,不守合同,不重信誉,甚至生产假冒伪劣产品的现象时有发生;在职工中,不遵守劳动纪律、不爱惜公共财产等现象也并非个别。职业道德水准下降的现象已成为我国社会经济生活中人见人恨的一大公害。这至少说明,在相当一部分企业中,忽视了职业道德建设。

然而,油品储运厂却把职业道德建设放在重要位置,把职业道德的培育,作为自主管理工作法的重要内容。油品储运厂的领导有一句名言:"你在家里可能不是一个好父亲、好丈夫,但在工厂你必须是一个好干部、好工人"。这朴实无华的语言,揭示了职业道德建设的真谛。自主管理工作法在职业道德建设方面,已经形成了由实施过程、保证条件和目标规范构成的完备的体系。这也是自主管理工作法的一个重要特色。

最后,社会主义市场经济要求企业必须确立新的管理基点。在传统体制中,企业管理的基点是物。调动人的积极性虽然是传统体制管理中一项重要的内容,但这种对人的积极性的调动,并非以实现人的全面发展为目标。在那个时代,企业盈利与否,与职工的利益没有直接关系,也很难给职工个人的发展创造条件,而在新体制成长时期,虽然在一定程度上纠正了忽视职工个人价值实现的偏向,但又陷入另一种倾向中,即单纯注重用物质利益原则去调动职工的积极性,忽视了对职工思想、文化、技术素质的培养和提高。这表明,在一些企业里,管理的基点还是物,只是其内容由重在生产技术管理转变为单纯依靠物质利益原则,这种倾向的后果也是明显的:相当一些企业中,职工物质利益的增进与企业经济效益的提高之间形成反差和错位,国家和企业付出的金钱和物质的代价越来越大,快到了不堪重负的程度,但调动职工积极性的收效甚微,有的企业几乎到了束手无策的地步。

在这方面,油品储运厂的自主管理工作法开拓了一条新的思路。自主管理工作法的基点是"以人为本"。"以人为本"即把人作为企业生产要素的主体,作为企业赖以生存和发展的最根本的因素。"以人为本"确立了自主管理工作法这样的新思路,企业自我约束,本质是人的自律;企业管理的基础工作,也是要充分发挥人在生产过程中的作用,社会主义企业更要充分发挥劳动者的积极性、智慧和创造力。因此,企业必须牢固地树立"以人为本"的管理思想。既要把基层建设、基础工作、基本功训练这"三基"有机地统一起来,为职工创造全面发展并施展其才干的环境和条件,也要在理顺企业内部各种关系的基础上,建立企业与职工的责任共同体、利益共同体,形成自主管理的良性循环机制。自主管理工作法正是确立了"以人为本"的新基点,开创了企业管理的新局面。

在我国改革开放进入以确立社会主义市场经济体制及其运行机制为目标的新阶段,油品储运厂自主管理工作法的创立,从上述4个方面顺应了构建社会主义市场经济中的企业管理新模式的需要,这是兰炼及其所属的油品储运厂的干部和职工为中国企业管理理论与实践在新阶段的发展所作出的重要贡献。

我们以上所阐述的,远非油品储运厂自主管理工作法的全部内容,但仅从这些方面就可以看出,油品储运厂的自主管理工作法是我国企业在管理体制改革不断深化过程中，企业经营机制转换时期的必然产物。它的形成和发展，与我国社会主义市场经济体制及其运行机制的成长紧密地联系在一起，因而与改革早期一些企业创造的管理模式有着不同的体制条件和背景；同时，其理论和实践的渊源也非常广泛，古今中外的管理思想和管理理论的精华，在自主管理工作法中都得到不同程度的体现和应用，但这些管理思想和管理理论却绝非"杂烩"式的拼接，而是浑然一体，这也说明它有着广泛而深厚的理论基础和丰富的内容。从自主管理工作法的运作体系来看，它囊括了企业生产、经营、管理的各个层次和环节，但却绝非主次不分，而是形成了协调、有序的结构体系。从自主管理工作法的实施效果来看，它以提高企业的经济效益为主要目标，但它并不以提高企业的经济效益为唯一目标，而是追求企业管理素质、人的素质的全面提高和生产的物质技术手段的全面改善，以求全面发展。这些方面，都可以说是面向社会主义市场经济的企业管理的"新思维"。

（节选自《自主管理工作法》企业管理出版社，周述实、陈清方主编，1993 年 12 月）

金川经验

33 年来特别是党的十一届三中全会以后，金川公司依靠科技进步，不断提高全要素配置的质量和水平，培育科技进步长入企业发展的机制，企业由数量投入型发展模式向新型发展模式转变，推动了企业生产经营全面起飞，在这一转变过程中，金川公司积累了丰富的经验。

一、科技先导是企业发展模式的新选择

金川公司的实践表明，中国工业企业必须摒弃传统体制下粗放的数量投入型发展模式，才能实现企业全部生产要素的优化配置，最大限度地释放生产要素的潜能，推动企业生产规模的高速扩张和经济效益的高速增长。金川公司科技进步的实践表明，它正确地选择了发展模式，从而摆脱了数量投入型发展模式的束缚。这种新模式，就是科技先导型发展模式。

所谓科技先导型发展模式，就是既注重企业科技进步要素系统成长的内在规律，使企业科技能够按照当代科技发展的基本趋势和最新水平，不断提高创新能力；同时，又使科技发展与企业生产经营的发展实践相适应，以科技进步推动企业生产效率和经济效益的提高。

科技先导型发展模式的核心，就是以科技进步的先导作用，推动企业走经济效益较高、集约化程度较高、市场竞争能力较强、以内涵为主的发展道路。它与数量投入型发展模式有着本质的分野。这可以

从金川公司科技进步的实践及其与中国工业发展水平的比较中得到验证。

(一)现阶段中国工业企业发展模式的总体评价

20世纪60年代以来,世界主要工业发达国家相继完成了产业结构的调整和变革,其基本特征是广泛地应用当代最新科技成果,对工业生产技术工艺体系更新改造。被人们称为新技术革命的变革,使科技进步成为推动发达国家经济发展的主导因素,大大提高了科技进步在经济增长中的贡献份额。到80年代,科技进步在工业发达国家经济增长中的贡献份额已达60%以上,最高的甚至达到70%~80%,这就足以说明,科技先导型发展模式已成为发达国家工业企业发展的主体模式。

在中国,虽然在改革开放中确立了依靠科技进步发展经济的指导思想,但是,由于传统体制的积弊和发展模式选择的失当,大多数工业企业,特别是国有工业企业仍未摆脱传统的数量投入型发展模式的束缚。1978年至1990年,全国全民所有制工业企业生产的总投入增加了3.72倍,年平均增长了13.81%,工业总产值按可比价格计算,仅增加了2.42倍,年均增长了7.63%;实现利税仅增加了0.90倍,年均增长5.49%。同一期间,全国全民所有制工业企业每百元工业总产值中的物质消耗由65.05元上升到71.61元,增加了10.08%;产值利税率和资金利税率,则分别从248%和14.1%,下降到124%和12.0%。这些都表明,中国工业企业从总体上看,仍然具有数量投入型发展模式的显著特征。需要指出的是,在中国工业中,为国民经济提供主要原材料的有色金属工业(包括有色金属采选业和有色金属冶炼及压延加工业),数量投入型发展模式的特征更为显著,80年代高速发展的国民经济所产生的对原材料产品需求的高速扩张,迫使中国有色金属工业沿袭传统的数量投入型发展模式,从而延缓了转换发展模式的进程。与全国工业相比,有色金属工业技术水平还比较落后,经营也比较粗放(见表1)。

表1　中国有色金属工业与中国工业主要经济技术指标比较（全民所有制，1990 年）

	全国工业	有色金属工业	与全国工业差距（±%）
固定资产新度系数	0.69	0.65	−5.79
资金装备率(元/人)	28152	32334	14.85
全员劳动生产率(元/人·年)	18639	17896	−3.99
劳动—资产产值率(元/人·年)	12746	9905	−22.29
产值利税率(%)	11.96	10.27	−14.13
资金利税率(%)	12.43	11.77	−5.31

说明:(1)资料来源:根据《中国统计年鉴(1990)》。

　　(2)劳动—资金产值率指标中的产值,是按 1980 年不变价格计算的工业总产值。

在经济不发达的甘肃,工业发展模式转换更为迟缓。甘肃工业结构倾斜于以能源、原材料工业为主的重工业(1990 年,甘肃工业总产值中,重工业占 71.2%,重工业中,采掘原材料工业占 66.6%)。

这种状况,使其工业只能维持低水平的数量投入型模式。有色金属工业作为甘肃的一大支柱产业,也同样受到数量投入型发展模式的束缚。总体上看,甘肃工业的集约化程度更低,经营更为粗放(见表2)

把表2与表1比较,可以看出,甘肃工业的生产技术水平,落后于全国工业的发展水平。有色金属工业的情况比甘肃工业和全国有色金属工业的情况要好一些,但反映科技进步的两项主要指标,即固定资产新度系数和劳动—资金产值率却比较低,这说明其科技进步的物质技术基础比较薄弱,生产效率比较低。

在前述的有关章节中,我们已经看到了1978年以来,金川公司由于不断强化科技先导地位,实现了生产技术水平和经济效益的飞跃。上述各表所列的指标,1990年金川公司水平与全国有色金属工业相比,除固定资产新度系数分别高3个和7个百分点以外,其他指标则分别高53.5—350.1%和59.9—479.3%;与甘肃工业和甘肃有色金属工业相比,高出的幅度则更大。这反映了金川公司在中国工业企业中,由于较早地实现了发展模式的转变,已具备了大规模、高效率、高效益等科技导型发展模式的基本特征。

表2 甘肃工业及其有色金属工业的主要经济技术指标
(全民所有制,1990年)

	全国工业	全省有色金属工业
固定资产新度系数	0.64	0.53
资金装备率(元/人)	29802	39650
全员劳动生产率(元/人·年)	16086	19155
劳动—资产产值率(元/人·年)	8683	9191
产值利税率(%)	20.13	31.71
资金利税率(%)	10.87	15.32

说明:表中数据系根据《甘肃统计年鉴(1990)》有关资料管理。

(二)科技先导型企业的特征

选择科技先导型发展模式的企业还具有如下的特征。

1. 生产要素配置及投入的整体性

现代工业企业的生产要素系统,是企业大系统得以运行的支撑,它必须适应大系统各个环节、各个层次不同的运行状态和运行方式的需要。生产要素系统中存在的任何薄弱环节和功能缺损,都会导致企业大系统运行的紊乱,降低其运行效率,使企业的经济受到损失。因此,作为企业运行的支撑和先导因素,生产要素必须通过全要素的配置,完整地投入到企业生产的全过程。这种全要素的配置和投入与数量型模式的区别在于:它以科技进步要素推动要素配置结构的优化。既通过不断提高生产工艺技术和设备的质量和性能,提高劳动力的素质和决策管理的素质,提高科技管理的效率,使生产要素的质量得到全面提高,并形成使全部生产要素有机结合,整体功能较强的要素配置结构。在这种要素配置结构中,薄弱环节和缺损功能得到强化,高质量的生产要素及其合理的结合方式形成高质量的投入,成为提高企业生产效率和经济效益的主导因素。

2. 生产要素投入及其发挥效用的协调性

进行现代社会化大生产的工业企业必须是一个协调运行的系统,生产要素投入与企业生产经营过程相适应是实现企业协调运行的根本条件。

现代工业企业的发展受着企业成长规律和科技发展规律的双重制约。所谓企业成长规律,是指企业在经济规律的支配下,以增加生产要素的投入数量和提高生产要素及其配置的质量,提高生产效率和经济效益的过程;所谓科学技术发展规律,是指随着经济社会的发展,科学技术由低水平向高水平发展的过程,其中包括研究与开发领域的扩展和深化,研究与开发手段的进步和组织管理水平的提高,科技进步要素向经济社会实践的各个领域渗透和转化能力的增强,对经济社会发展推动作用的提高,等等。

现代工业企业只有把企业成长规律和科学技术发展有机地结合起来,才能形成企业发展的强大动力。实现这种结合的根本途径,就是以科技进步因素来提高生产要素的质量,把科学技术作为企业的第一生产力。只有实现了两个规律的有机结合,才能提高生产要素投入与企业生产经营过程的适应程度。这种适应程度主要表现在:生产要素投入数量和投入质量的协调;生产要素在企业生产经营过程各个环节、各个层次上的投入与不同环节、不同层次功能和作用的协调;在各类技术要素的投入中,硬技术投入和软技术投入的协调;企业科技进步要素配置结构和功能与企业全要素配置结构和功能的协调,等等。这些协调不是僵滞的、机械的,而是动态的、有机的。只有这样,才能形成现代工业企业必须具备的自组织、自适应能力。

3. 生产要素产出的效益性

获取经济利益是一切经济活动的根本目标。企业扩大生产要素的投入规模,提高生产要素的质量,目的就是从产出中获得经济利益。经济效益作为企业产出的物质成果,是企业经济利益的源泉。企业产出的物质成果,既包括产品的数量和规模,也包括产品的质量、性能满足社会需求的程度。后者决定着企业是否能获得经济效益及由此而得到的经济利益;同时,当代工业发展的基本趋势表明,单位产品价值中技术含量的高低,已成为衡量企业产出效益高低的重要标志。这些都要求现代工业企业不仅要实现产出规模的扩大,更要提高产出的质量。因此,以科技进步要素来提高生产要素的质量,推动生产要素配置结构的优化,以高质量的投入获得高质量的产出,从而达到投入数量和质量,产出规模和效益的有机统一,就成为科技先导型发展模式的基本特征。

毋需再赘述关于金川公司科技进步实践的实例及其分析,只要把上述这些特征与内容相对照,就不难得到结论:金川公司已成功地实现了发展模式的转换,成长为科技先导型企业,同时,金川公司创建科技先导型企业的丰富实践,已使它成为中国工业企业特别是大中型企业转换发展模式并取得辉煌成就的典型。

二、金川经验的内容和实质

金川公司培育和建立科技先导型企业的实践，发端于金川资源综合利用联合攻关。在联合攻关中，由领导机关和参加攻关单位，其中包括金川公司的广大干部、工程技术人员和工人，共同创造了金川经验，它是金川公司依靠集体的智慧，在企业科技进步中形成的丰硕成果。

（一）金川经验的内容

1985 年 10 月，在全国有色金属工业科技工作会议和金川资源综合利用第八次科技工作会议上，中国有色金属工业总公司总结了金川经验并决定在全行业推广。金川经验的内容主要有 6 条：

1. 坚定不移地依靠科技进步发展生产，依靠科技进步提高经济效益。

2. 大力协同，联合攻关。

3. 发扬锲而不舍、一抓到底的精神。

4. 走国内攻关与国外引进相结合的道路。

5. 把科研、设计、施工、生产紧密结合起来，实行一条龙的技术开发。

6. 要有一个自觉贯彻"经济建设必须依靠科学技术，科学技术必须面向经济建设"这一战略方针的领导班子。

（二）金川经验的实质

金川经验涵盖了金川公司自开展资源综合利用联合攻关到 80 年代中期科技进步途径的各个方面，是对其这一时期科技进步实践的科学概括。其实质是：自觉依靠科学技术，走内涵发展道路。对此，可以从以下几个方面来认识：

1. 不断探索并自觉、能动地运用产业成长规律和科学技术发展

规律,建立生产与科技进步之间互促互长的良性机制

从创建开始到80年代中期,金川公司的发展经历了两个重要的转折。第一个转折是在创建初期,实现了镍钴生产工艺技术体系和企业科技要素从无到有的飞跃。虽然几乎所有的企业都要经历这个"从无到有"的初始发展过程,但对金川公司来说,其特殊性在于它是在缺乏现代经济成长条件的甘肃创建中国镍钴资源开发和生产的工艺技术体系。因此,这一个转折,只能依靠外部输入的科技要素,经过试验、探索来实现。这是金川公司科技要素成长的一个特点。

第二个转折是从1978年开始到80年代中期,金川公司建成了能够进行大规模生产,协调、配套的采、选、冶主工艺流程和进行资源细分化的工艺技术手段,实现了规模经济和资源细分,从而形成并积蓄了保证企业持续稳定发展的经济能量和科技开发能力。这一转折的主要特点是:其一,科技要素量的积累,是企业规模扩张的主导因素,这表现在联合攻关中对生产过程进行了高度密集的科技要素投入;其二,把科技开发领域由面向主体资源扩展到资源的有益组分,为资源细分化提供了研究开发成果,从而在资源细分这个层次上提高了资源利用程度;其三,企业以生产工艺技术体系为基础的物质生产力和以科技要素投入为基础的科技生产力开始有机地结合在一起,形成了科技生产力与物质生产力互促互长的良性循环。

上述这两个重大转折,反映了金川公司对产业成长规律和科学技术发展规律进行探索、认识的不断深化过程。如果说,第一个转折是在对这些规律直观、自发的认识中实现的话,那么,第二个转折就反映了金川公司开始自觉、能动地认识并运用这些规律,找出了适合本企业特点的以科技进步推动企业发展的有效途径。这些途径的根本点就是建立生产与科技进步之间互促互长的良性机制。

面向生产实际进行工艺技术的研究开发,是金川公司生产—科

技运行机制的根本特点。

在金川公司,所有的研究与开发活动,都围绕着生产实践中急需解决的难题,或者是解决矿山采掘的工艺技术障碍;或者是排除制约选冶回收率提高的工艺技术"瓶颈";或者是攻克提高电解镍质量和生产效率的关键工艺技术等。在这些方面所取得的研究与开发成果,直接应用于生产实践,克服了生产过程各个环节上的工艺技术障碍,完善和发展了采选冶工艺技术体系,并在生产实践的发展中又提出新的课题,从而推动企业生产工艺技术体系的综合生产能力不断提高。同时,金川公司还根据生产与技术的发展趋势,选择重大课题进行攻关,为其后期发展提供技术储备。扩建一期工程和二期工程中的一些重大项目,实际上就是在这些工程进行建设以前先期开发的科技成果的应用。

解决阻碍生产的关键工艺技术环节,以促进采、选、冶主工艺流程的不断完善;进行先导性的研究与开发,以顺应生产与技术的发展趋势,是金川公司得以不断扩大生产规模、提高生产效率、增进经济效益的根本原因。

2. 掌握和运用系统工程的理论和方法,对科技进步进行科学决策、精心组织和实施

(1)"大力协同联合攻关",不但是金川公司,而且也是中国有色金属工业发展史上第一次组织的跨行业、跨地区、多学科、多层次的大规模科技活动。对这样一个结构复杂、规模庞大的科技活动,如果不用系统工程的理论和方法去进行组织,其运行就会陷入紊乱之中,建立协调的运行机制,是联合攻关取得巨大成就的重要原因。而"协调",既是"大力协同、联合攻关"的题中应有之义,也是系统工程运行机制的基本特征之一。

(2)建立科技进步的有序结构。工业企业的创建及其成长过程中

生产建设活动,始于科研,经过设计、施工等中间环节,到生产能力的实现,是一个紧密衔接的完整过程,也是研究与开发成果转化为生产力的基本过程,在传统体制时期,这一过程的各个环节却被人为地割裂开来。一方面,导致了建设周期的延长;同时,也形成了科技成果转化为生产力的障碍和阻隔。金川一期工程建成后,10多年中未能实现达产目标,固然有政治体制环境和工艺技术方面的缘故,但也与科研、设计、施工、生产的相互脱节有关。金川扩建一期工程之所以在短短的3年中,能够建成投产并实现产量翻番的目标,其中的一个重要原因,就在于把科研、设计、施工、生产紧密结合起来,形成了企业生产建设和科技要素投入过程中的有序结构。这种有序结构的特征,一是实现了各个环节的有机衔接和密切配合,二是形成了科研—设计—施工—生产—科研……的反馈机制。一方面科技成果通过中间环节转化为生产要素的投入;另一方面,生产实践的发展又推动科技开发活动迈上新水平。在金川公司,前者表现在大量科技成果在一期达产和扩建一期工程中得到应用;后者则表现为扩建一期工程建成投产,实现产量翻番的过程中,又对生产工艺技术体系的发展,提出了更高、更新的要求,这些要求,成为金川公司对二期工程建设进行先期科技开发,把资源综合利用从简单形态细分推向产业化开发的高层次的直接动因。因此,一条龙的技术开发,不是各个环节简单的拼合,而是把企业的生产建设活动和科学技术转化为生产力的过程,作为系统工程的组织和实施,从而充分地体现了系统运行中有序和反馈的基本特征。

(3)提高科技进步的组织化程度。保证系统健康运行的关键在于组织,组织的核心则是决策。在金川公司,作为决策主体的决策者,在科技进步系统工程运作的组织中,一是树立了"经济建设必须依靠科学技术,科学技术必须面向经济建设"的战略指导思想,精心培育并促进生产—科技良性循环机制的成长；二是树立了富有远见卓识的科技意识并把这种意识从建立先进的物质技术手段扩展到提高企业管理素质强化人力资源开发和企业精神文明建设，促进了全要素的科技进步；三是把发展科技的战略指导思想和科技意识与企业生产实践结合起来，与专家和职工群众的智慧结合起来，形成了科学化和民主化的决策机制；四是对企业内外的科技资源兼收并蓄，精心组织，形成了"内外结合""上下结合"乃至"中外结合"的吸引凝聚、组合、配置科技要素的有效方式；五是为科技要素渗透、长入到企业提供财力、物力、人力支持和组织保证。这种科学的决策行为和组织运作，有效地提高了科技进步长入企业发展的组织化程度。

3. 增加科技要素投入，提高内涵发展水平

适应体制环境的变革转换发展模式，是金川公司在 1978 年到 80 年代中期具有战略意义的重大举措。1978 年以前，金川公司沿袭了高度集中的计划经济体制下"拼设备、拼人力、拼投资"的企业发展模式，导致"矿山建设十分缓慢，企业管理十分落后，金属流失十分严重"，未能实现"快出镍、多出镍、出好镍"的目标。1978 年以后，金川公司走上了自觉依靠科技进步，实现内涵发展的道路。一是通过生产工艺技术体系的改造、更新，有效地提高了企业的生产效率，使科技进步的目标从降低物化劳动消耗、提高活劳动效率扩展到提高资源配置效率；二是选择了先进的科技要素作为投入，使企业摆脱了传统体制中修修补补、"复制古董"的窠臼，显著地增强了资产增值能力；三是增加外延扩张中内涵因素的份额，实现了挖掘企业现有潜力与技术变革的有机结合，这一点，也是金川公司实现外延扩张与内涵发展相结合的一个创举。金川经验虽然产生于中国工业企业管理体制改革初兴的 1985 年，但对金川公司来说，这一时期正是其实施发展模式转换的关键时期，它体现了科技先导型发展模式在金川公司的

发育和成长以及金川公司为促进这一新模式的成长而进行的艰苦探索,这一新模式在其成长初期,就已显示了它冲破传统体制束缚、促进企业生产力大发展的强大威力,从而对金川公司以后的发展确定了明晰的方向和目标。这一经验,对那些仍在旧传统体制及其发展模式中寻求出路的企业来说,提供了十分宝贵的借鉴和启迪。

三、金川经验的新发展

80年代以来,随着经济体制改革的深化和企业生产实践的新发展,金川公司不断强化科技先导型企业成长的因素,确立了科技进步在企业发展中的先导地位,促进企业向科技先导型企业的转变,从而丰富和发展了金川经验。

金川经验的新发展,表现在以下几个方面。

1. 确立攀登世界先进水平的科技进步目标。中国工业现代化的基础是企业生产的物质技术手段现代化。金川公司清醒地看到,虽然"三年三大步"使企业的发展迈上了一个新台阶,但与工业发达国家的镍钴生产企业相比,在生产工艺技术方面,还有较大的差距。缩小这些差距的根本途径,就是以世界先进水平为目标,不断提高生产工艺技术水平,使企业的生产规模、生产效率不断迈上新台阶。为此,金川公司在扩建一期工程建成投产的同时,就开始了二期工程建设的准备工作。与扩建一期工程相比,二期工程的主体工艺技术,都采用了具有世界先进水平的前沿技术,这一工程建成后,金川公司将成为中国有色金属工业中实现采、选、冶主工艺流程现代化的企业。

敢于攀登世界先进水平,既体现了金川公司决策者的胆识,也反映了金川公司在发展目标上的创新。与80年代中期相比,金川公司的创新能力无疑大大增强,这不但反映在科技进步目标的选择上,也反映在科技开发的途径、方式及组织方面,还反映在创新机制已成为企业经营机制的重要组成部分。可以说,增强企业创新能力,已成为80年代中期以后金川公司科技进步的主导性因素。

2. 以科技进步推动产业创新。80年代中期,金川公司生产工艺技术体系仍然具有对资源进行单一的直线型开发的显著特征, 尽管这种从采掘开始,选矿、冶炼顺次衔接的产业链具有后向、前向分工明晰和彼此衔接紧密的特点,但在整个工业生产体系中,仍旧属于资源附加价值较低、综合利用程度不高的后向环节, 这种直线型产业链,与金川资源的赋存特点,与有色金属工业生产过程中衍生产品和伴生产品多的特点很不适应。产业链的纵向延伸和放射性扩展,是提高资源利用程度的客观要求。因此,金川公司自80年代中期以后,在继续完善和发展主工艺流程的同时,在其前向、旁侧进行了科技要素投入,推动了直线型产业链向由采掘、选冶、化工和产品深加工等组成的一体化多元复合型产业体系转变。在促进一体化多元复合型产业体系形成和发展的过程中, 金川公司深化和扩展了资源的综合利用,使从对多金属共生矿中有益组分回收的资源细分,发展到提高附加价值、增加技术含量、与市场多样化需求相结合的产品细分,并形成了产业化开发的雏形, 从而为企业生产工艺技术体系由对资源进行初级产业开发向技术含量较高乃至高新技术的产业化开发转变奠定了基础。

从这些方面看,80年代中期以后, 金川公司的科技进步已经扩展到产业创新方面。这种扩展的重要意义在于,它符合当代产业成长的趋势和科学技术发展的趋势, 对一个以非再生资源为依存的企业来说,这种扩展是避免其步入资源开发后期困境的有效途径;对一个特大型企业来说,这种扩展则为其发展多元化、综合型经营,扩展市场空间奠定了产业基础。

3. 以科技进步推动经营机制转换对金川公司这样一个垄断型

国有企业来说，市场因素对科技进步的牵引力量远远小于竞争型企业。但是，一则，在对外开放中，金川公司看到了中国镍钴工业在国际市场中的弱小地位；二则，市场取向的改革使企业获得了利益主体的地位和成为市场主体的条件，从而使企业产生了利益扩张的动机；三则，改革的深化已使传统体制下低效率的资源配量结构难以为继，与这种资源配置结构相随而行的企业组织结构已越来越成为企业生产力进一步发展的桎梏。为了实现科技进步的目标创新、产业创新与新体制的协调，金川公司把科技进步引向企业经营机制的转换方面，形成了推进经营机制转换的三大因素。一是以进入国际市场为目标，开发出口创汇的产品；二是把单一的资源指向转变为资源和市场的双重指向，即以资源优势为依托，面向市场需求，开发新产品；三是推动组织创新，通过发展"一厂两制"企业，发展"一业为主，多种经营"，把市场机制引入企业建立运行机制灵活、竞争能力强的集团化企业组织。科技进步在这些因素中居于主导地位，从而使金川公司在风云变幻的市场中，能够以资源优势为后盾，保持着强大的竞争能力。

需要指出的是，直至80年代末、90年代初，确立中国经济体制改革的目标模式，仍是一个争论甚多的问题，但是金川公司却坚定不移地顺应了市场取向改革的趋势，这是金川公司在丰富和发展金川经验方面最有意义的创新之举。

总之，在改革开放以来，金川公司的科技进步发生了质的飞跃，在对科技进步的认识上，由1978年以前不自觉地发展科学技术，转变为自觉地实践科学技术是第一生产力的理论；在发展科学技术上，由1978年以前以促进生产技术工艺体系的发育和成长为主，转变为全面系统地进行工艺技术改造，应用最新的科技成果提高生产技术的现代化水平；在科技进步的目标上由过去追求增加资源产品数量，转变为在扩大资源开发规模的同时，通过工艺技术的深化和扩展来提高资源的综合利用水平；在科技进步的手段上，由过去的单一的工艺技术开发，转变为工艺技术开发和现代化管理技术的应用并重；在转变企业经营机制的过程中，以科技进步来增强企业的创新能力。所有这些，就是金川经验形成和发展过程的全部内容。

（节选自《镍都崛起之路》管理出版社，周述实主编，1999 年 9 月）

扶贫开发篇

开发比救济更能扶贫

由救济性扶贫向开发性扶贫转变,是扶贫工作在目标、任务、体制、机制和模式等方面的变革。从扶贫工作的目标看,救济性扶贫在当时农村普遍贫困的情况下,具有普惠性;开发性扶贫的目标比较集中。从扶贫工作的任务看,救济性扶贫的主要任务是扶助;开发性扶贫的主要任务则是立业。从体制来看,救济性扶贫基本上是与传统体制相联系的政府自上而下的行为;开发性扶贫则是在社会主义市场经济条件下政府行为、企业行为与贫困人口的自立行为的有机结合。从运行机制来看,救济性扶贫主要是通过政府从外部注入资金来帮助贫困人口解困脱厄;开发性扶贫则是在市场化条件下,政府通过有效的组织和配置资源,促进贫困地区现代经济因素的孕育和成长,并把这些因素的孕育和成长与外部产业的长入有机结合起来。从模式来看,救济性扶贫重在济困;开发性扶贫在济困的同时,更注重发展。因此,前者是以满足贫困人口基本生活需求为指向的需求型模式;后者则是在满足基本生活需求的基础上,走向发展之路的需求——发展型模式,从这些方面看,开发性扶贫是过去的救济性扶贫已取得成效的基础上,在市场化条件下,反贫困的必然选择。

诚然,市场化也会给扶贫工作带来一些新的问题。市场化讲求效率、讲求竞争,这本身就构成了对效率不高、竞争能力较弱的贫困地区的不利因素。例如,使贫困地区本来就稀缺的资金、技术等生产要素或者流失,或者难以流入,在传统体制时期依靠行政力量建立起来的对贫困地区进行扶持的优惠政策和措施,有些会显得过时,有些效应可能会受到削弱;贫困地区由于市场发育水平低,对市场风险承受能力弱,可能会产生对市场化的惧怕和排斥心理,等等。这些都说明,在市场化条件下,贫困地区在社会公平与效率的选择方面,仍然处于被动地位。

但是,我们要建立的市场经济,具有社会主义的本质特征。正确处理社会公平与效率的关系,是政府责无旁贷的职能。在这方面,还需充分发挥市场机制对贫困地区资源配置的基础性作用;也要充分发挥政府在资源配置中的组织、协调和调节作用。若忽视前者,贫困地区就难以彻底根除贫困,走上发展之路;忽视后者,贫困地区就会成为"被市场遗忘的角落",陷于"贫者愈贫"的困境。这两个方面,已是开发性扶贫的题中应有之义,也是遏制市场化对贫困地区脱贫带来不利影响的根本方针。

在这方面,还应纠正一种对效率问题认识上的偏颇,即把贫困地区与低效率等同起来。虽然贫困地区因基本上处于农耕社会,其效率自然不能与已经进入工业化的地区相比,但是在贫困地区由农耕社会进入工业化的过程中,其资源潜力一旦挖掘出来,往往会产生更高的效率。同时,贫困地区往往拥有比较丰裕的自然资源,这些资源,则是发达地区获得高效率的保证。这已为全国、全省的扶贫工作实践所证明。例如,陇东老区对林果资源的开发,已初步形成了全省独一无二的"杏产业";地处高寒阴湿山区的陇南,近年来工业经济综合效益指数已居于全省各地、州、市的第一位。又如,在全国,东南沿海地区经济的高速增长中,就有着中西部贫困地区千千万万个"打工仔"的贡献;更离不开中西部地区能源、矿产资源的支持。因此,把贫困地区与低效率等同起来,至少是一种静止的、僵化的认识。由此也启发我们,进行开发性扶贫,就是要增进贫困地区的工业化,充分发挥其资源潜力来提高其经济效率;同时,也要通过向发达地区输出资源、劳动力等方式,既支持发达地区获得高效率,也为贫困地区的开发准备必需的初始积累,从而为提高其经济效率奠定基础。

开发性扶贫的核心是通过资源开发,产业开发,人力资源开发,使贫困地区摆脱资源开发程度低——产业发育水平低——资源开发程度低,市场化程度低——经济循环梗阻——市场化程度低的恶性循环,解决其人口失控、人力资源素质低与经济发展之间的矛盾。对甘肃高寒阴湿贫困地区来说,这些也正是其开发性扶贫的重点。

高寒阴湿地区矿产资源和农林牧业资源均有优势。进行资源开发,应是高寒阴湿地区摆脱贫困的合理选择。但进行资源开发,必须有两个先决性条件:一是资源开发必须以满足市场需求为目标;二是资源开发必须以市场流通的物质条件(交通、通讯、流通服务网络等)为保证。前者是指资源开发的数量、规模、品种必须适应市场的功态需求。在这方面,高寒阴湿山区的资源,尤其是农林牧资源存在的主要问题是"有优无势",即虽是地方特色资源,但数量少、规模小、市场的占有份额低。因此,建立优势农林牧产品专业化的商品生产基地,例如中药材基地、畜牧业基地、林产品基地等,是形成数量、规模优势的根本途径。

后者从广义上看,则属于国土资源的整治和开发,实际上是资源开发,或者是脱贫致富的基础工程。高寒阴湿地区环境封闭,交通、通讯不畅加之经济、人口聚集的城镇稀少,资源开发的市场条件很差。为此,应把兴建资源开发的基础工程置于先导地位,畅交通、聚资源、疏货流,完善资源开发的市场条件,使资源优势变成有活力的流动的优势,巩固和增强脱贫致富的资源基础。

对资源进行产业化开发是产业开发的重要方面。高寒阴湿山区的产业开发,应解决两个问题,一是发展易于形成初始积累的初级产业。这类产业主要靠劳动投入来形成,因而是劳动积累型产业。例如分散小型矿山的开采、资源的初级开发(采集、粗加工等)、国土整治(植树造林和农田水利工程、道路及公共工程等)。一般而言,以工代赈是发展这类产业的有效方式。随着市场化的推进,可以把以工代赈资金转变为发展这类产业的资金投入,使其成长为有一定的产业组织(公司或企业),以提供劳务为主的产业。

二是产业开发方式的选择。高寒阴湿山区发展工业的条件比较差。对此,一方面要在本地区进行产业的区位开发,即选择适宜人口、经济聚集的居民点进行城市或城镇建设,培育产业的空间生长点。同时,也可采取异地开发的方式,即在省内外的城市,建立贫困地区产业开发区,进行扶贫资金、技术和人才的集中、配套投入,组织贫困地区的劳动力到开发区进行产业开发,使开发区成为贫困地区外部的产业生长点。

人力资源开发是贫困地区实现反贫困目标的基础性工程。人力资源素质低以及由此而产生的熟练劳动力和组织管理资源的稀缺,是贫困地区资源开发程度低、产业发育水平低的根本成因。甘肃高寒阴湿山区既是全省贫困的"堡垒",也是全省劳动力文化技术素质最差的地区。据 1990 年第四次人口普查,高寒阴湿山区主要分布在陇南地区和临夏、甘南两个自治州。这 3 个地区 6 岁以上人口中文盲、半文盲的比重,分别高达 55.91%、62.39% 和 63.08%,是全省平均水平(36.73%)的 1.5~1.7 倍;若以全省 6 岁以上人口平均受教育程度(5 年多一点)为 1,则这 3 个地区 6 岁以上人口平均受教育程度仅为 0.57~0.66,实际上仅相当于小学三年级的水平。因此,在这样一个文盲比例很高的地区进行开发性扶贫,必须把兴科教、启民智作为治穷的根本。在这方面,除了开展扫盲、普及义务教育外,对劳动力进行各种产业的职业技术教育和培训,是人力资源开发的一项战略性措施。

　　此外,在提高人力资源文化技术素质的基础上,对人力资源进行合理配置也是人力资源开发的重要内容。经过职业教育和培训的劳动力,既可以向外地输出,也可以投入于本地区的资源开发、产业开发领域。从现阶段看,人力资源的投入应以劳动积累型的初级产业为重点,这是高寒阴湿山区加快初始积累,进入工业化的基础。

　　综上所述,高寒阴湿山区的开发性扶贫应以人力资源开发为基础,启动资源开发和产业开发。需要指出的是,贫困地区的任何一种开发活动,必须把政府行为、企业行为与贫困地区的自立行为联系起来;必须把外部的援助与本地区自立、自强结合起来;必须把政府为实现社会公平所进行的调节与市场化所需实现的效率有效地结合起来,以进行资源的合理配置,这些,正是市场化条件下开发性扶贫取得成功的保证。

（本文发表于《发展》1995 年第 10 期）

简议甘肃贫困县的脱贫与发展

　　1999 年，甘肃农村家庭人均年纯收入不足 1000 元的县有 18 个。其中天水市有五个，即清水、秦安、甘谷、武山、张家川；陇南地区有 6 个，即武都、宕昌、康县、文县、西和、礼县；临夏回族自治州（以下简称临夏州）有 5 个，即康乐、永靖、和政、东乡、积石山；甘南藏族自治州（以下简称甘南州）有 2 个，即临潭和舟曲。这些县农民人均年收入最高的是永靖县，为 981 元，最低的是宕昌县为 560 元，仅分别为全省平均水平的 69.43% 和 39.63%，为全国平均水平的 44.38% 和 25.33%，只是达到了低水平的温饱。实现稳定的脱贫，仍是这些县的重要任务。

　　从自然地理条件来看，这 18 个县主要分布在黄土高原沟壑区和青藏高原边缘地带，生态环境十分严酷，生产和生活的基本条件很差。这 18 个县中的大多数县，能源、矿产资源比较贫乏，18 个县的农村人均耕地而积，仅为全省平均水平的 69.18%，而在黄土高原沟壑区，水资源十分短缺。

　　这 18 个县的经济发展水平很低，其人均国内生产总值为 662 元（积石山县）~1452 元（文县），仅为全省平均水平的 18.05%~39.59%，按当年汇率计算，仅为 80~175 美元；从国内生产总值的产业结构看，除秦安、甘谷、文县、临潭的第三产业比重较高外，其余各县，均以第一产业居第一位。第一产业占国内生产总值的比重，为 29.13%（文县）~60.71%（礼县），比全省平均水平（20.52%）高 8.61~40.19 个百分点;第一产业占国内生产总值的比重为 12.60~33.47%,比全省平均水平(45.47%)低 32.87~12 个百分点,其中规模以上企业工业增加值占国内生产总值的比重, 除永靖县为 25.54%, 略高于全省平均水平(24.20%)外,其余县仅为 0.25%~18.01%,比全省平均水平低 23.95~6.19 个百分点。农业人口占总人口的比重为 84.01%(永靖)~95.26%(秦安),比全省平均水平(79.47%)高 4.52~15.77 个百分点。这 18 个县分别所属的天水市、陇南地区和临夏、甘南两个自治州,均是全省农村工业化水平很低的地区, 农村人均乡镇企业总产值, 全省为 3072 元,甘南州为 601 元,陇南地区为 766 元,天水市为 1269 元,临夏州为 1459 元,其中这一指标最高的临夏州,也仅是全省平均水平的 47.49%,最低的甘南州,还不到全省平均水平的 20%。

从总体上看,这 18 个县基本上还处于前工业化发展阶段。这些县经济增长的内源动力不足,其外部推动力也很弱。这 18 个县全部为财政赤字县,其一般性预算支出是一般性预算收入的 2.25 倍(秦安)~17.77 倍(临潭),除秦安县略低于全省平均水平外,其余各县,均大大高于全省平均水平;人均一般性预算收入,全省为 230 元,这 18 个县则为 18 元 (积石山)~113 元 (永靖), 仅为全省平均水平的 7.83%~49.13%。人均固定资产投资,全省平均 1511 元,18 个县则为 42 元(宕昌)~597 元(武都),仅为全省平均水平的 2.78%~39.51%。

市场化因素稚弱和经济的封闭性是这 18 个县经济运行的基本特征。国有企业占规模以上工业企业总产值的比重,全省为 76.68%,而在 18 个县中, 礼县、甘谷、永靖三个县的比重分别为 79.43%、89.72%、94.43%,清水、武山、武都、康乐、和政、临潭、舟曲七个县的比重甚至达到 100%。社会消费品零售总额与国内生产总值的比(以后者为 1),全省为 0.36,这 18 个县平均则为 0.28;人均社会消费品零售总额全省为 1304 元,这 18 个县为 81 元(东乡)~495 元(康县),仅为全省平均水平的 6.21%~37.96%,农民对非农业居民零售占社会消费品零售总额的比重,全省为 16.09%,这 18 个县平均为 11.38%,其中不到 10% 的县有 10 个,包括清水、秦安、甘谷、张家川、宕昌、西和、和政、东乡、积石山、临潭。这 10 个县中,这一比重最低的为清水,只有 1.20%。

处于社会主义初级阶段的低层次,是现阶段甘肃基本的省情,而这 18 个县的经济发展水平,则在全省处于更低层次。能否走出这种最低层次的"贫困陷阱",是这 18 个县在"十五"期间迫切需要解决的重大课题。

虽然这 18 个县要稳定地摆脱贫困,走上发展之路,有诸多不利因素和限制条件,但也并非没有可以利用的有利条件和机遇。特别是在国家实施西部大开发这一前所未有的历史机遇而前,这些县应该是大有作为的。这主要是根据国家西部大开发的战略部署,努力推进以退耕还林(草),改善生态环境,加强基础设施建设等为主要内容的国土整治,以改善生产和生活的基础条件;实施产业结构调整,因地制宜,发展特色产业;培育能够启动工业化、具有市场竞争力的优势产业等。在这些方而,值得特别注意的问题:

一是促进市场与产业的结合。在这 18 个县中,除陇南地区 6 个县和甘南州 2 个县,因本地区尚未建立起有影响力的市场外,其余各县,本地区已经有了在全省乃至西北地区和全国都有较高知名度的市场,如临夏州的临夏、广河的皮毛市场,天水市张家川的皮毛市场,秦安小商品市场,武山蔬菜市场等。这本来是启动市场所在地区经济发展十分有利的条件,但这些市场却并未有效地发挥对本地区经济应有的带动作用。究其原因,就是市场所积累的商业资本与产业的发展相脱离,产业的发展与市场所集散的商品相错位。例如,临夏、张家川的皮毛市场,在促进本地区畜牧业及其加工业的发展方面并未发挥明显的作用；秦安的小商品市场，也没有形成促进本地区小商品生产的相关产业发展的带动力量。这种情况，与温州的情况形成鲜明的对比。当年费孝通先生称赞"东有温州，西有河州"。市场与产业相结合，以市场促进产业的成长，已成为温州经济的一大特色；反观河州，市场在这方面的作用还比较微弱。这样的市场充其量只是初级集贸市场的简单放大。因此，对贫困县已有的市场，应进行功能再造，促进商业资本向产业转移，建立市场运行的产业基础，使本地已经形成的市场优势在促进特色产业的形成与成长方面发挥应有的带动作用。

二是促进市场化。建立健全市场，只是市场化的一个方向。市场化意味着市场机制在资源配置中能发挥基础性作用。就目前这18个贫困县而言，其资源配置的机制仍主要表现为计划经济体制与小生产相结合的特征。比如，资源配置的国有经济取向十分突出；经济运行的封闭性很强；绝大多数县，还没有形成有一定规模水平市场竞争力的产业等等。因此，对这些县来说，推进市场化的首要问题就是放手发展非国有经济，特别是非公有制经济，构造多样化的市场主体结构。在这方面，政府部门应进一步转变思想观念，切实转变职能，纠正至今仍然居于主导地位的公有制的偏好，确立非国有化的市场化改革取向，从政策环境，法制的环境，舆论环境等方面，为非国有经济特别是非公有制经济的发展营造良好的氛围。同时，要摒弃小生产者的封闭、保守的观念，从走向大市场着眼，从增加资本积累着手，充分动员区内外的一切经济资源，努力营造"市气"，真正发挥市场机制在资源配置中的基础性作用。

三是寻找并培育能够进入市场的优势，发展特色经济。曾经因"贫瘠甲天下"而著称的定西地区，近年来大力实施"洋芋工程"，使过去不起眼的"洋芋蛋"变成了农民脱贫致富的"金蛋蛋"。1999年，定西地区各县农民人均纯收入都在1000元以上。这一典型案例说明，

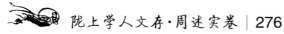

只要努力探索,贫困地区总能找到脱贫致富的产业成长点。从这 18 个县来看,虽然其中的大多数县缺乏能源、矿产资源,但振兴经济绝非仅靠能源、矿产资源的开发。实际上,这 18 个县中,陇南地区的 6 个县和甘南州的 2 个县特色农产品资源种类繁多,尤其是以壮丽的自然景观为主的旅游资源十分丰富;天水市和临夏州的各县,则有市场组织比较健全的优势,同时,也有丰富的人文景观和自然景观的旅游资源。但是长期以来,对这些资源的开发或者未引起重视,或者停留于浅层次开发,或者是缺乏市场指向的盲目开发,因而,这些资源优势未能转变成为现实的产业优势和市场竞争优势。为此,这 18 个县应根据本地区的实际情况,在西部大开发中,积极推进以农业产业化经营为主的产业结构调整。对各类特色农产品资源的开发,不能仅停留在"人无我有"的层面上,而应上规模、上水平,把产业做大、做优、做精、做强,增加产品的知识和技术含量,使之形成有市场竞争力的产品。由于这些贫困县在各地州市多为连片分布,因而,必须将特色产业的发展纳入本地州市的统一规划,避免低水平的过度竞争。对旅游资源的开发,则应与基础设施建设、生态环境的治理结合起来,使之形成较强的吸引力,建成融旅游观赏、旅游产品制造、餐饮服务、交通运输等为一体的综合性产业体系。在市场组织比较健全的地区,应推动市场与产业的结合。简而言之,特色农产品的产业化开发,旅游业的发展,市场与产业的有机结合,应是这 18 个县稳定脱贫、实现发展的重要途径。

(节选自《甘肃经济管理干部学院学报》2001 年第 6 期)

老区反贫困战略

加快庆阳地区的经济开发,打好扶贫攻坚战,必须从根治其"贫困综合症"出发,把国家和省上扶贫开发的各项政策及投入,与改善内部的环境、体制与结构结合起来,制定反贫困战略。这一战略,就是围绕脱贫致富奔小康的目标,制定阶段性的国土资源开发利用规划,明确不同时期的任务和措施。以求均衡而又充分地开发利用国土资源,形成以市场为基础的最优资源配置结构,以使老区人民通过国土资源的合理开发、有效整治和优化配置,最大限度地增进收益。

第一节 老区反贫困及反贫困战略的内涵

80 年代中期以来,庆阳地区的扶贫开发已取得了长足的进展,大部分贫困人口的温饱问题已得到初步解决。这是庆阳地区的干部、群众在国家、省上的各项扶贫开发政策及投入的支持下,在脱贫致富方面进行艰苦卓绝努力所取得的重要成就。但是,还应当看到,导致庆阳地区"贫困综合症"的各种内外约束条件仍然存在,扶贫攻坚战的任务仍十分艰巨,从老区经济社会发展所面临的内外条件及其变化来看,反贫困仍是老区开发的主题。这一主题的核心,就是立足于国土资源的有效开发和整治,促进老区脱贫和经济发展迈上新台阶的反贫困战略。

一、庆阳地区反贫困的内涵

庆阳地区反贫困的内涵十分广泛。"反贫困"就是贫困地区在经过扶贫开发之后，以积极进取的精神不断强化自力开发，在根治导致贫困根源的基础上，充分利用一切有利的条件和机遇，在市场化进程中改善资源配置，走上稳定脱贫和持续发展之路。因此，"反贫困"是与"扶贫"有着重要区别的概念。从国土开发和整治的全过程来看，反贫困包括以下几个方面的内容。

（一）进行国土资源的保护性开发，抑制原生性贫困

自然灾害频繁，水土流失严重，是导致庆阳地区生态环境恶化的重要因素。虽然从人与自然的关系来看，人的非理性活动如滥开滥垦等是导致环境质量劣化的主要原因。但这毕竟是在漫长的历史过程中的产物。对于今人来说，从先辈那里承袭的已经劣化的环境，无疑是导致其贫困的先天性原因。因此可以说，环境质量的劣化所导致的贫困在很大程度上是一种原生性贫困。只是由于今人非理性的经济活动，才使这种原生性贫困得以延续，甚至加剧，而具有继发性贫困的特征。

实践证明，由于人的非理性经济活动所导致的环境劣化，其恢复和改善过程十分艰难且十分漫长，特别是当这种非理性经济活动已经造成了人类赖以生存的条件如气候、水、土地等发生灾害性变化时，更是如此。这在世界和中国，都不乏其例。在庆阳地区，由于人的非理性经济活动导致的土地沙化、森林资源减少、水土流失、水资源短缺等问题，已在部分地区如土地沙化、干旱比较严重的北部地区，水土流失比较严重的中部地区，森林资源破坏较为严重的子午岭林缘地区等，显露出威胁人口生存条件的端倪。因此，根治庆阳地区贫困的一项基础性工作，就是确立对国土资源进行保护性开发的战略

思想,坚持不懈地进行环境治理,以扭转环境质量劣化的趋势。

(二)强化国土资源与整治的基础,缓解导致贫困的基础性障碍

国土开发与整治的基础结构,包括农业、交通等基础产业和城镇体系及经济聚集的区位等,在发育不足的情况下,是使贫困得以持续的稳定因素,即由于区域经济实力比较薄弱,难以为区域内国土开发提供必要的生活保障(农业),难以满足国土开发所引发的各类生产要素及物资、商品流动的需要(交通),难以为国土开发提供适宜的空间载体(城镇体系及适宜区位)等等。在这种情况下,薄弱的基础结构与国土资源开发不足及其所导致的贫困之间必然形成恶性循环,通过前述关于庆阳地区国土资源开发的基础结构的论述,不难看出这种恶性循环对庆阳地区脱贫努力的抑制。摆脱这种恶性循环困扰的基本途径,就在于强化基础结构。因此,强化农业,发展交通,推进城市化,是庆阳地区反贫困的又一项基础性工作。基础结构的巩固和改善,是建立稳定的脱贫机制、稳定的经济成长机制不可缺少的内容,同时,也是使沿袭久远的农耕文明,向现代工业文明、城市文明转化,改变导致低水平开发的封闭性环境的战略举措。

(三)进行国土资源的产业化、商品化开发,开拓贫困人口的收入来源,根治生活贫困收入水平低,是贫困的表征性特征

总的来看,庆阳地区农业的商品化程度还不高,农产品的产业化程度也比较低,农村工业化还基本上处于初始发育阶段。在贫困人口比较集中的北部、中部,更呈现为以传统的小生产方式进行生产的基本特征。农业的商品化程度及农村工业化的发展水平对农村人口的收入水平的影响,可以从下表中反映出来(表1)。

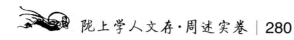

表1　1991年庆阳地区各县市的农产品商品率、
农民人均乡镇企业总产值和农民人均纯收入

	农产品商品率(%)	农民人均乡镇企业总产值(%)	农民人均纯收入(元)
西峰	42.36	1102.53	632.50
庆阳	37.42	364.11	455.93
环县	31.53	204.43	396.34
华池	39.88	185.38	441.50
合水	49.13	506.17	538.28
正宁	55.20	519.41	524.63
宁县	46.05	741.24	493.57
镇原	50.15	418.18	492.16
全地区	46.28	541.28	494.25

从表1中不难看出农业的商品化程度、农村工业化水平与农民收入水平的关系。庆阳、环县、华池为庆阳地区贫困人口比较集中的县，而这3个县的农产品商品化水平较低，农村工业化的水平也很低。因此，对国土资源进行产业化、商品化开发，是解开贫困地区低水平开发—低收入死结的起点。

(四)提高资源转换效率，根治生产贫困

总体上看，庆阳地区国土资源无论是在空间分布还是行业结构方面，都表现出结构功能弱，资源转换效率低的特征。资源开发的边际报酬低，一方面导致低收入—低积累—低水平开发的恶性循环，另一方面，也导致扩大再生产的障碍，从而构成生产贫困，即生产的物质技术手段落后，扩大再生产的能力乏弱的原因。在庆阳地区，实际上存在着这样一条低效率的链条：即较低的土地产出率和较低的劳动生产率→低水平的二元结构和均衡程度较低的经济布局→低度化、低效益的产业结构……这也就是说,在国土资源开发、整治的各个层次和各个环节,起主导作用的是低效率的机制,这种低效率的资源配置体系,只能导致贫困的复制,特别是在社会主义市场经济成长的新阶段,低效率就意味着在市场中失去竞争力,从而也意味着庆阳地区即使能够摆脱绝对贫困,但也难以摆脱与经济发展较快地区的差距不断扩大所造成的相对贫困。因此提高资源转换效率,是庆阳地区反贫困这一主题的核心内容。

（五）控制人口过快增长,开发人力资源,奠定脱贫的永久性基础

1991年,庆阳地区的人口密度,已接近于全国的水平。虽然从可以利用的土地来看,庆阳地区与全国相比,尚有一定的优势,而且其人口的自然增长率也低于全国(14.04‰)和全省(13.33‰)的水平。但是,庆阳地区在省内是一个人口比较稠密的地区,加之人口的生存环境中存在着诸多不利因素。因此,控制人口过快增长仍是一个不可须臾忽视的重要问题。即使按照"七五"期间庆阳人口的自然增长率平均为10.04‰来计算,到2000年,其人口也将达到240万人以上,到那时,人均耕地将由1991年的0.30公顷下降至0.27公顷左右。而且值得注意的是,"七五"期间,庆阳地区在1986—1988年,连续3年使人口自然增长率保持在10‰以下的水平之后,到1989、1990年两年,其人口的自然增长率又上升到几乎与1985年(11.1‰)平齐的水平,1991年又进而达到11.73‰,已超过了1985年的水平。这种情况表明,随着第三次人口增长高峰的到来,庆阳地区控制人口过快增长的任务更为艰巨。

控制人口的过快增长,是保持人均资源占有量不致大幅度下降,人均财富得到较快增加的治本之策,而要把有限的资源转化为尽可

能多的财富,起决定性作用的,还在于人力资源的高素质。而庆阳地区贫困人口比较集中的县,同时也是人力资源的文化技术素质比较低的地区。从前面关于人力资源素质的分析中可以看出,庆阳地区人力资源素质的现状与摆脱贫困的要求还很不适应。

从国土资源开发、整治的过程来看,低素质的人力资源是与低效率的开发和配置结合在一起的。同时,低素质的人力资源非但难以进入对国土资源进行现代产业开发的过程,而且还会以传统落后的观念、习惯排斥这一过程,形成贫困人口的再生产。因此,启动人力资源开发,是奠定庆阳地区脱贫的永久性基础的保证。

二、庆阳地区反贫困战略的内涵

反贫困的内涵决定了反贫困战略的内涵。对庆阳地区来说,把反贫困战略的基础确立在对国土资源进行合理开发、整治的基础之上,一方面,是因为其国土资源赋存及开发的现实状况形成了导致贫困的种种约束;另一方面,在社会主义市场经济成长的新阶段,只有使市场机制进入国土资源的开发、整治过程,才能有效地提高资源利用效率、资源配置效率和资源转换效率,也才能为庆阳地区稳定脱贫、进而摆脱相对贫困的困扰寻求一条有效途径。因此,庆阳地区的反贫困战略,首先应是国土资源的开发、整治战略。由此出发,庆阳地区的反贫困战略应确立为:"固基础、启民智、强科技、兴产业、优结构"。

(一)固基础

所谓"固基础",就是改善国土资源开发、整治的基础条件,完善和强化基础结构建设。主要包括:改善生态环境,遏制环境质量劣化的趋势;巩固和强化农业,提高土地产出率;完善交通运输、邮电通讯和商品流通网络建设,改善区位条件;加强城镇体系建设,为进行国土资源的现代产业开发奠定良好的区位基础,等等。通过这些方面,使贫困地区尽快摆脱环境质量差—产业发展滞缓的恶性循环。

(二)启民智

所谓"启民智",就是开发人力资源,使其具有对国土资源进行现代产业开发的素质和能力。其中包括:以符合现代文明的生育观破除封建、愚昧的生育观,根治多生、多育的思想观念;用现代文明教育小生产者,使其克服悖逆现代文明的非理性经济行为,成为对国土资源进行合理开发、有效利用的理性主体;提高劳动者的文化技术素质,使其具有对国土资源进行现代产业开发的能力,并能自觉地按照现代化市场经济的需求和运行规律,提高国土资源的利用、配置和转换效率。

(三)强科技

所谓"强科技"就是确立并强化科学技术在国土资源开发、配置、整治中的先导地位和作用。其一是用科学技术武装劳动者,使其成为高素质的开发主体,以劳动者的高素质拓展国土资源开发的深度和广度,提高国土资源配置和整治水平。其二是提高产业发展的科技要素供给能力,扩大科技要素的供给规模,在国土资源开发、配置和整治的各个环节,培育一批科技先导型企业,把国土资源的开发、配置和整治建立在技术进步的基础之上。

(四)兴产业

所谓"兴产业",包括这样几重含义:一是在国土资源开发的初始环节,例如农业开发、交通运输建设、矿业开发等,就应引入市场机制,增加劳动积累使之产业化、商品化;二是扩大国土资源开发的领域,开拓新的产业成长空间,开辟生产积累的新来源;三是对已有的产业,应扶优抑劣,提高规模经济水平,形成区域性支柱产业,增强其积累能力。通过兴产业,从扩大劳动积累和生产积累两个方面,加速完成贫困地区的初始积累过程。

（五）优结构

所谓"优结构"，就是改善贫困地区国土资源配置的产业结构和空间结构。在国土资源的产业配置方面，协调发展一、二、三次产业，按照市场经济下产业结构的成长规律，促进产业结构的高度化；协调初级开发产业与深度、广度开发产业的关系，促进优势产业的成长，建立具有本地区特色和比较优势的综合性产业体系；改善生产要素的投入结构，形成能够动员和组织全社会经济资源参与国土开发、整治的投入机制。

在国土资源的空间配置方面，主要是实现本地区与毗邻的省内、省外地区，与全省经济的有机衔接和协调发展；优化国土资源在本地区的空间配置；促进城乡低水平的二元结构的融合，建立区域一体化的经济网络，把产业成长区域化与区域开发产业化有机地结合起来。

优化结构的目的是提高国土资源的配置效率和转换效率。以市场化来推进各类经济资源，特别是生产要素的自由流动，则是优化结构的前提条件。

第二节　反贫困战略的指导思想和目标

庆阳地区的反贫困战略，是以增进区域经济利益，提高贫困人口收入为目标，对国土资源进行合理开发、有效整治和优化配置的战略。

一、反贫困战略的指导思想

立足于国土资源开发、整治和配置的庆阳地区反贫困战略，其指导思想是：面向市场需求，充分调动各种积极因素，发挥资源优势，合理开发资源，有效整治资源，优化配置资源，提高资源的利用效率、配置效率和转换效率，实现资源、人口与环境的协调，经济效益、社会效益与生态效益的有机统一，最大限度地提高区域经济实力和人民生活水平。

这一战略指导思想有以下几方面的含义：其一，以市场启动资源开发；其二，在开放的环境中动员和组织区域内外的经济资源；其三，在资源开发和配置中遵循效率原则；其四，建立资源开发、整治、配置过程中的协调机制；其五，资源开发、整治和配置的根本目标是实现脱贫和发展。

二、反贫困战略的目标

1992年，庆阳地区制定了《庆阳地区国民经济和社会发展十年规划和第八个五年计划》（以下简称为"规划和计划"）。规划和计划所确定的目标，实际上也涵盖了其反贫困战略目标的各个方面。但是需要指出的是：规划和计划是在党的十四大召开之前，即我国的改革目标模式即将确定之前制定的，因而对实现规划和计划的体制环境的变化因素未能予以充分地估计；同时，规划和计划只是涉及本地区所能直接动员和组织的社会经济资源的配置，对于中央和省属的区内企业的发展，则未予以充分考虑。因此，就国土资源开发、整治、配置的整体性及其体制环境的变革所产生的影响来看，规划和计划还存在着与前述的反贫困战略不尽相符的地方。但尽管如此，我们还是可以把规划和计划确定的目标，作为反贫战略目标的下限。

把反贫困的内容渗透到国土资源开发、整治、配置的全过程中，其目标包括以下几个方面。

（一）国土资源开发和配置所形成的社会生产总量

社会总产值是反映国土资源开发、配置所形成的社会生产总量指标。农业总产值、工业总产值则反映对国土资源进行产业开发和配置的规模。

1. 社会总产值

在庆阳地区制定的规划和计划中，仅确定了本地区内的社会总产值目标，即除中央、省属企业外"八五"期间，社会总产值年均增长8.1%，10年平均增长8.2%，1995年达到40.5亿元（1990年不变价，下同），2000年达到60亿元。

包括区内中央、省属企业在内，1990年的社会总产值为33.53亿元。其增长速度按规划和计划所确定的水平，1995年达到49.5亿元，2000年达到73亿元。

实际上，8%左右的年均增长速度是低限增长水平——在80年代，包括中央、省属的企业在内，庆阳地区社会总产值年均增长速度为12.91%；"八五"前两年的年均增长速度为12.17%。考虑到在市场化进程中，地区经济的活力将不断增强，其经济发展环境也将得到不断改善，因而其社会总产值增长速度达到10%以上是完全可能的。根据这一速度，庆阳地区除中央、省属的区内企业以外的社会总产值，1995年可达到44亿元，2000年可达到71亿元。包括中央、省属的区内企业，其社会总产值1995年可达到54亿元，2000年可达到87亿元。

2. 农业总产值

农业基本上是地区直接进行资源配置的产业。根据规划和计划，农业总产值"八五"期间年均增长3.9%，10年平均增长49%，1995年达到18亿元，2000年达到29.1亿元。80年代庆阳地区农业总产值年均增长速度9.73%；"八五"前两年增长速度显著地低于80年代的水平。因此，可以认为，规划和计划对农业总产值的增长所确定的目标是比较符合实际的。

3. 工业总产值

庆阳地区中央、省属企业基本是工业企业，在规划和计划中，除了这部分企业外的地方工业总产值,"八五"期间年增长 10.90%,10年平均增长 11%,1995 年达到 12 亿元,2000 年达到 20.3 亿元。包括中央、省属企业在内的工业总产值,1990 年为 12.02 亿元,按规划和计划所确定的增长速度计算,1995 年达到 20.2 亿元,2000 年达到 34亿元。

80 年代,庆阳地区地方工业总产值平均增长速度达到 16.42%,"八五"前两年,则达到 30%以上。因而从实际发展情况来看,今后地方工业总产值的增长速度完全有可能超过规划和计划确定的水平。把这一速度确定为 15%,则地方工业总产值到 1995 年可达到 14.4亿元,2000 年达到 29 亿元。80 年代,庆阳地区包括中央、省属企业在内的工业总产值年均增长速度为 22.57%,"八五"前两年为 20%以上,把这一速度确定为 15%,则工业总产值到 1995 年可达到 24 亿元,2000 年可达到 48 亿元。

4. 乡镇企业总产值

按照规划和计划,乡镇企业总产值年均增长速度"八五"期间为12.4%,10 年平均为 12.4%,1995 年达到 17.5 亿元,2000 年达到 31.5亿元。

80 年代,庆阳地区乡镇企业总产值年均增长速度为 47.18%,"八五"前两年为 19.64%,考虑到在市场化进程中,乡镇企业在推进农村工业化,促进国土资源开发和配置不断深化和扩展中将发挥越来越大的作用,所以在今后,庆阳地区乡镇企业将走上数量和质量同步发展的道路。据此,可以把乡镇企业总产值的年均增长速度确定为15%,这样,到 1995 年,其总产值将达到 20 亿元左右,到 2000 年达到 40 亿元左右。

(二)国土资源配置的产业结构

国土资源配置的产业结构,可用国民生产总值中一、二、三次产业增加值的份额来反映。为了反映人力资源的配置状况,还必须确定劳动力在一、二、三次产业的就业结构中的份额。

1. 国民生产总值及其结构

按照规划和计划,国民生产总值"八五"期间平均增长 7.9%,10年平均增长 8.2%,1995 年达到 22 亿元,2000 年达到 33 亿元。

包括中央、省属企业在内的庆阳地区国民生产总值,1990 年为 20.44 亿元,其中地方经济的国民生产总值"七五"期间年均增长速度达 19.17%。因此,规划和计划所确定的国民生产总值目标,实际上是低限水平。全地区的国民生产总值在"八五"的前两年增长速度为 7% 左右。故就整个地区而言,其国民生产总值也能够达到规划和计划确定的目标,这样,包括中央、省属企业在内的国民生产总值,到 1995 年将达到 30 亿元,2000 年达到 44 亿元。

从国民生产总值的结构来看,一、二、三次产业增加值在国民生产总值中的份额,1991 年分别为 48.24%、27.01% 和 24.75%,1992 年分别 46.99%、27.92% 和 25.09%,呈现为低度化的"一、二、三"型结构,但同时,也显露出第一次产业份额下降,第二次和第三次产业上升的端倪,预示着庆阳地区产业结构向较高层次演进的迹象。1991 年到 1992 年一、二、三次产业份额变化的幅度,第一次产业增加值的份额年均下降 2.59%,第二次产业的份额年均上升 3.36%,第三次产业的份额年均上升 1.37%。预计在今后,第二、第三次产业将高速发展,在国民生产总值中的份额将显著上升。根据 90 年代初的变化情况,其份额上升幅度分别确定为 3% 和 2%,则到 2000 年,第二次产业和第三次产业在国民生产总值中的份额将分别达到 35% 和 30%,第一次产业在国民生产总值中的份额将下降为 35% 左右,其结构也将由 90 年代初倾斜于第一次产业转变为一、二、三次产业大致均衡。国民生产总值的产业结构将形成向高度化演进的过渡型结构。到 2000

年,庆阳地区人均国民生产总值将达到 1700~1800 元,这一水平,正是产业结构发生变革的转折时期。因此,实现这一结构目标是完全可能的。

2. 劳动力的就业结构

国民生产总值结构的变化,与劳动力就业结构的变化相伴而行,与产值结构相比,庆阳地区劳动力就业结构的低度化特征更为显著,特别是大量的农村劳动力仍滞留于农业领域,随着农村工业化的推进和整个地区第二、三次产业的发展,劳动力的就业结构将呈现为第一次产业下降,第二、三次产业上升的趋势。到 2000 年,全地区的劳动力就业结构按第一、二、三次产业划分,分别为 60%、20% 和 20%。在农村,劳动力在农业和非农产业中就业的比重分别为 70% 和 30%(1990 年为 79% 和 21%)。在市场化和农村工业化的推进过程中,实现这一结构是可能的。1991 年,全国的人均国民生产总值为 1758元,按三次产业划分的社会劳动力就业结构为:第一次产业 59.76%,第二次产业为 21.4%,第三次产业为 18.9%,按照上述对庆阳地区 2000 年人均国民生产总值的预测,恰恰相当于全国 1991 年的水平,其就业结构也大致与全国的情况相一致。1991 年,全国农村劳动力在农业和非农业产业中就业的比重分别为 79.33% 和 20.66%。也与庆阳地区的情况大致相当。1990 年到 1992 年,全国农村劳动力在农业中就业的比重,年均下降 1.04%,按此速度计算,则到 2000 年,全国农村劳动力在农业和非农产业就业的比重分别为 71.48% 和 28.52%。对庆阳地区农村劳动力结构的预测,与此也十分相近。因而上述的目标预测基本上是可行的。

(三)国土资源的空间配置

陕甘宁毗邻地区是全国重要的以油气资源为主的能源重化工基地。就石油资源的开采量来看,庆阳地区占有较大份额;在省内,庆阳地区是石油化工企业重要的原油供给基地；同时，庆阳地区还依托长庆油田，建立了地方石油化工产业。相对富集的石油资源和已经形成的产业开发体系，使庆阳地区成为全国能源重化工基地的重要组成部分，成为本省石油化工工业的资源依托，石油化工工业也因而成为庆阳地区重要的骨干产业。随着市场经济的成长，过去以国家为单一的主体对石油资源的开发将转变为国家与地方进行互惠互利、分工合作的开发，这就使庆阳地区有可能建立起国家—地方性的以油气资源开发、加工为主体的综合性产业体系。这一综合性的产业体系，通过陕甘宁毗邻地区能源重化工基地的建设和发展，为国民经济的发展提供能源和原材料产品；通过与省内石油化工工业企业的前后之间的产业关联，成为壮大全省石油化工产业优势的重要保证；通过地方对石油化工原材料进行深度和广度加工，使地方获得加工增值效益，从而为地方经济增长开辟新的源泉。因此，以油气资源开发、加工为主体的国家—地方综合性产业体系的建立，具宏观经济布局、省级经济布局和地方主导产业布局上的重要意义，也是庆阳地区面向大市场，进行国土资源空间配置的重要目标。

从地方所拥有的资源优势来看，庆阳地区国土资源的空间配置，按照产业成长区域化和区域开发产业化相结合的原则，可以形成以下几个区域体系。

1. 北部经济区

这一地区包括环县、华池两县，农牧业资源和煤炭、非金属及建筑材料资源具有一定优势。其主导产业可以选择为食品、皮毛加工和煤炭采选业以及非金属及建筑材料开采和制造业。其中食品、皮毛加工业主要面向省内和毗邻的宁夏、陕西市场，并积极打入国内东部地区的市场，煤炭开采主要满足区内城乡的能源需求，建筑材料除传统产品如砖瓦、水泥等主要满足区内城乡建筑材料需求外，非金属化工原材料及加工制成品、优质建材等,向地区外输出。

从总体上看,北部经济区的主导产业,在发展初期,主要是为农村工业化提供初始积累,其长远目标则是发展成为农业、牧业工业型和矿业加工型的主导产业体系。

2. 中部经济区

这一地区包括庆阳、镇原两县,贫困人口比较集中,其中庆阳、镇原、环县交界处为特困片,脱贫的任务十分艰巨。中部经济区的优势是农牧业资源多样化,开发潜力大;石油化工工业的主体分布在这一地区。据此,其主导产业一是地方石油化工工业;二是林果、畜牧业工业。

80年代中期以来,庆阳地区与长庆石油勘探局发展地企联合,初步建立了国家与地方相结合的石油开发、加工的产业体系,这是形成石油化工综合型产业体系的基础。同时,中部经济区的镇原,通过种植、采集、加工、销售的一条龙开发,初步建立了面向区内外、省内外市场的"杏经济",成为立足于优势资源,且具有地方特色和市场参与能力的主导产业。中部经济区其他经济作物以及畜牧业,在提高商品化程度的基础上,进行系列开发,能够形成类似于"杏经济"的其他产业。

从总体上看,中部经济区的主导产业也有两个类型,一类是以石油化工业为主的主导产业,属于与区域工业化和国家工业化结合紧密的产业;另一类是以林果种植、畜牧养殖开始,进行系列加工的林果、牧业工业型产业,这类产业构成中部经济农村工业化的启动和支柱产业。

3. 东部经济区

这一地区包括合水子午岭林区及其边缘地带,包括正宁、宁县、合水、华池四县。东部地区林业资源是其主要优势。对林业资源的综合开发和利用,构成其主导产业的基础。与林业相关的牧业,也是进行产业化、商品化开发的资源基础。据此,其主导产业应选择为林牧业工业型产业。

4. 南部经济区

这一地区包括西峰市和宁县、正宁两县,是庆阳地区区位条件相对优越的地区。其中西峰市是全地区的工业、交通中心;宁县及正宁两县的农业资源丰富且商品率相对较高,烟草种植业及加工业具有一定优势。据此,这一地区应选择食品、轻纺等农业—工业型产业作为主导产业,形成带动全地区脱贫致富的产业基地,并率先实现小康。

5. 长庆开发区

正在建设的长庆铁路以该区为起点,并可向东延伸至陕西三原,从而沟通庆阳地区与省内外经济中心(包括宁夏的银川、陕西的西安和本省的兰州)的联系。该地区在产业配置上,可选择宜于发展外引内联的产业,其中包括新兴产业,形成带动全地区工业化、现代化的基地,脱贫的试验区和经济增长极。

上述 5 个经济区,构成庆阳地区国土资源开发、配置的空间结构体系。再加上庆阳地区在国家和本省国土资源空间配置中的地位,整个庆阳地区国土资源的空间配置将形成以庆阳(长庆石油勘探局)、西峰、长庆开发区为极点,以 5 个经济区为网络的布局体系。这一体系包括 3 个层次:第一层次,以服务于国家和本省、本地区工业化为目标,建立以石油化工为主的综合性产业体系,构建石油化工区域生产综合体;第二个层次,以推进本地区工业化为目标,建立具有地方特色的农业工业型产业体系;第三个层次,以推进农村工业化为目标,建立农业资源的矿业初级开发—加工的产业。这 3 个层次的有机结合,将大大拓展国土资源开发与配置的深度和广度,为地区经济实力的增强和稳定脱贫提供强有力的保证。

(四)国土资源开发和配置的经济流量

经济流量是国土资源开发和配置的市场化程度的反映。经济流量可用两个主要指标来衡量,一是社会商品零售总额,它反映国内、区域内市场经济流量规模和水平;二是外贸出口总额,它反映国际市场的开拓能力。

1. 社会商品零售总额

规划和计划确定社会商品零售总额在"八五"期间平均增长7%,10年平均增长12.2%,1995年达到8.73亿元,2000年达到12.24亿元。1980年到1990年,庆阳地区社会商品零售总额年均增长11.58%,"八五"前两年,年均增长13.26%,随着市场化的推进,国土资源开发和配置的商品化程度将不断提高,因此,在"八五"期间,社会商品零售总额的年均增长速度可达到12.2%以上,"九五"期间,则有可能达到13%以上,这样,1995年社会商品零售总额可达到11亿元,2000年达到20亿元,每万元社会总产值产生的社会商品零售总额,1990年为1885元,1995年达到2000元以上,2000年可达到2300元。

2. 农副产品收购总额

这一指标反映农业生产的商品化程度。1980年到1990年,庆阳地区农副产品收购总额年均增长16.16%,每万元农业总产值提供的农副产品收购额,由870元增加到1539元。表明农业的商品化程度有了显著的提高。按照80年代的年均增长速度,农副产品收购总额1995年可达到4.9亿元,2000年可达到10.3亿元。每万元农业总产值提供的农副产品收购额,1995年可达到4000元以上,2000年可达到4600元以上。

3. 出口商品总值

规划和计划确定,外贸出口总值"八五"期间年均增长14.7%,10年平均增长12.2%,1995年达到5000万元,2000年达到8000万元。

80 年代,庆阳地区出口商品总值年均增长 11.23%,在 90 年代,对外开放的扩展,将使庆阳地区外向型经济出现较大的发展,因此,规划和计划制定的目标完全有可能实现。

(五)国土资源开发和配置的收益

国土资源开发和配置的收益,可用国民生产总值、国民收入、财政收入等指标来反映,这些指标反映了国土资源开发和配置在增强区域经济实力方面的效果。同时,从脱贫的目标出发,国土资源开发和配置应使贫困人口的收入水平得到显著提高,因此,也把农民人均纯收入引入这类指标体系之中,国民生产总值的目标已如前述,这里主要确定国民收入、财政收入和农民人均纯收入。

1. 国民收入

规划和计划确定除中央、省属企业的地区国民收入"八五"期间年均增长 7.4%,10 年平均增长 7.8%,1995 年达到 18.8 亿元,2000 年达到 28 亿元。

80 年代,包括中央、省属企业在内的国民收入,年均增长 11.71%,其中地方经济的国民收入年均增长 10.41%。因此,无论是全部国民收入,还是地方国民收入,在 90 年代的年平均增长速度可以达到 10%以上。据此,全地区的国民收入 1995 年可以达到 23 亿元,2000 年可以达到 37 亿元;其中地方国民收入 1995 年可以达到 21 亿元,2000 年可以达到 34 亿元。全地区的人均国民收入,1995 年达到 989 元,2000 年达到 1500 元。

2. 财政收入

规划和计划确定财政收入"八五"期间年均增长 14.53%,10 年平均增长 11.22%。1995 年达到 2.42 亿元,2000 年达到 3.56 亿元。

80 年代,庆阳地区财政收入年均增长 18.4%,其中"七五"期间年均增长 27.84%,在进入新发展阶段的 90 年代,庆阳地区财政收入可望有较高的增长速度,确定其增长速度为 15%,则 1995 年财政收入可达到 2.47 亿元,2000 年可达到 4.98 亿元。

3. 农民人均纯收入

规划和计划确定农民人均纯收入"八五"期间年均增长 7.5%,10年平均增长 7.9%,1995 年达到 670 元,2000 元达到 1000 元。

80 年代,庆阳地区农民人民大会堂均收入年均增长 13.06%,"八五"前两年,年均增长 6.79%,从 1980 年到 1992 年的 12 年中,年均增长 11.99%,确定 90 年代农民人均纯收入年均增长 10%,按照 1990年不变价格计算到 1995 年,可以达到 750 元,2000 年达到 1200 元。

1990 年,庆阳地区尚有 6.5% 的农户未解决温饱,到 2000 年,这部分人口可望下降到 1.2%,其中绝大多数是因疾病、伤残、灾祸或其他原因导致生活贫困的人口。

综上所述,1990 年到 2000 年,庆阳地区实施的反贫困战略所达到的目标见表 2。

表 2 1990—2000 年庆阳地区反贫困战略的目标

	1990 年实际	1995 年		2000 年	
		下限	上限	下限	上限
一、社会生产总量					
1. 社会总产值(亿元)	33.5	49.5	54.0	73.0	87.0
其中地方社会总产值	27.4	40.5	44.0	60.0	71.0
2. 农业总产值(亿元)	14.9	18.0	–	22.1	–
3. 工业总产值(亿元)	12.0	20.2	24.0	34.0	48.0
其中地方工业总产值	7.2	12.0	14.4	20.3	29.0
4. 乡镇企业总产值(亿元)	9.8	17.5	20.0	31.5	40.0

续表

	1990年 实际	1995年		2000年	
		下限	上限	下限	上限
二、经济流量					
5. 社会商品零售总额（亿元）	6.2	8.7	11.0	12.2	20.0
6. 农副产品收购总额（亿元）	2.3	3.1	4.9	4.1	10.3
7. 出口商品总值（亿元）	2524	5000	–	8000	–
三、收入					
8. 国民生产总值（亿元）	20.4	30.0	–	44.0	–
其中地方国民生产总值	15.1	22.0	33.0		
9. 国民收入（亿元）	14.3	20.4	23.0	30.4	37.0
其中地方国民收入	13.2	18.8	21.0	28.0	34.0
10. 财政收入（亿元）	1.2	2.4	2.5	3.6	5.0
11. 人均国民生产总值（元）	938	1290	–	1787	–
12. 人均国民收入（元）	659	877	989	1234	1502
13. 农民人均纯收入（元）	466	670	750	1000	1200

对表2需要说明的是：（1）限于篇幅，表中未列入结构变化指标；（2）表中的"下限"，是指规划和计划确定的指标，或按规划和计划确定的增长速度计算出的目标值；（3）表中的"上限"，是指根据实际情况及发展趋势，进行修正后的目标值；（4）表中的"地方社会总产值""地方工业总产值""地方国民生产总值""地方国民收入"等，是指除中央、省属企业以外的指标值；（5）表中的"人均国民生产总值""人均国民收入"，均包括中央、省属企业。

还需要指出的是,就战略而言,应有较长的时限,但就"反贫困"而言,90年代则是扶贫攻坚阶段,对庆阳地区来说,80年代的国土资源开发和配置,已为其脱贫致富,并完成90年代扶贫攻坚的任务奠定了良好的基础,因而"反贫困"的战略任务到2000年基本上可以实现。所以,这里把"反贫困"战略的目标时限确定为10年,即1990—2000年。

第三节 反贫困战略的若干重大问题对策

在上述反贫困战略的有关问题中,已经涉及了实施反贫困战略的对策方面的一些重要内容。例如,战略重点的选择和战略步骤的安排,等等。这里,再就一些涉及反贫困战略实施过程中的体制模式、政策法规等重要问题提出对策建议。

一、审时度势,选择适宜的发展模式,实现扶贫开发向发展的转变

"八五"到"九五"中期,是庆阳地区实现稳定脱贫,即打好扶贫攻坚战的关键时期。从"八五"前期的情况来看,扶贫开发对于实现稳定脱贫起到了积极的作用,开发性扶贫已取代过去的救济性扶贫而居于主导地位,也为"九五"以后进入发展阶段提供了经验、技术、资本等方面的积累。这是庆阳地区选择和确立发展模式的内部基础和条件。

从宏观体制和经济发展环境来看,庆阳地区也面临着极为有利的机遇。这就是上述的社会主义市场经济的全方位、深层次推进所导致的体制环境的变革,陕甘宁毗邻地区石油、天然气、煤炭资源的开发,重要铁路干线的建设所引起的大区域资源配置新格局的形成,等等。同时,党的十四届三中全会所通过的《关于建立社会主义市场经济体制的决定》中还特别明确了对老区和贫困地区的发展援助政策。

所有这些，都为庆阳地区选择和确立发展模式，实现反贫困战略目标，提供了契机。

在上述关于反贫困战略的内涵、重点、步骤的论述中，实际上也涉及了面向新的发展阶段，确立发展模式的一些内容。这里将进一步明确发展模式的内涵。

根据国土资源开发和配置的现状，体制环境及发展条件变化的趋势，庆阳地区在发展阶段，应确立资源与市场双重导向的工业化发展模式。

所谓资源与市场双重导向的工业化发展模式，就是把本地区的资源优势与市场需求结合起来，以满足市场需求，并在市场竞争中不断增进经济利益为动力，启动资源开发，建立工业化的资源支撑，促进农村工业化与区域工业化的有机结合，协调发展。

在中国改革开放的进程中，随着传统体制的松动和弱化，各个地区在发展模式上也呈现出较大的差别。这种差别往往和各个地区体制转换的程度、资源赋存条件相联系。大体而言，地区发展模式可以分为两类：一类是市场导向型模式。沿海发达地区大多数采用这一模式。这是和这些地区市场发育水平高、开放程度高而资源相对贫乏分不开的。另一类是资源导向型的发展模式。内陆地区体制转换比较滞后，市场发育水平较低，但资源相对丰裕，因而大多数内陆地区选择了这一发展模式。两相比较则不难看出，市场导向型模式更适应现代市场经济的资源配置规律，而资源导向型模式则与传统体制有着较为紧密的联系。由于选择了不同的发展模式，沿海和内陆的发展态势和水平也呈现为显著的差异。这些差异及其日益扩大的趋势也为人所周知，也迫使内陆地区进行思考和探索，对发展模式进行重新选择。

庆阳地区现有的资源配置格局是按照传统体制的单一资源指向建立起来的，这就使其不可能脱离既有的资源配置格局去完全按照市场导向的模式寻求发展之路,因此,在确立发展模式时,一是要在资源的开发和配置中引入市场机制,即发挥市场启动资源开发和配置的导向作用,转变长期沿袭的资源开发和配置模式;二是要正确估价资源在经济发展中的地位和作用,既要看到资源优势的基础作用,又要看到离开市场需求的资源开发,只能是低效甚至无效的开发;三是要看到在市场化程度较低的条件下,单一地依靠市场导向,并不能解决"贫困综合症"所导致的诸种矛盾,在转变资源开发模式的条件下,资源导向仍能起着积极的作用。这样,市场与资源的双重导向模式就成为庆阳地区发展模式可行的选择。

双重导向的发展模式是庆阳地区反贫困战略的有机组成部分。之所以明确提出这一发展模式,是因为其进一步揭示了庆阳地区实现世纪性跨越的基本途径;其二,由扶贫到发展,是庆阳地区资源开发和配置方式质的飞跃,为了实现这一飞跃,必须有明确的模式指向;其三,在稳定脱贫阶段提出发展模式选择问题,具有前瞻性,旨在使庆阳地区在经济发展进程中,充分考虑内部和外部发展基础和条件的变化趋势,审时度势,实现发展目标及资源配置方式的变革。

二、推进国土资源开发、配置的体制创新和产业创新

市场和资源双重导向的发展模式,必须依靠新的体制及其运行机制和新的产业来组织运作并实施。这一方面是国土资源开发和配置的整体性的客观要求,也是实现资源与市场之间协调的客观要求。为此,庆阳地区必须适应市场化的发展趋势,进行两个方面的创新,即体制创新和产业创新。

(一)体制创新:发展非国有制特别是非公有制的市场主体,促进资源开发和配置市场化

中国不发达地区在体制上的一个共同特征,就是受传统体制束

缚较强,直到 90 年代初,仍表现出单一的计划经济和公有制取向,庆阳地区也不例外。

国有经济不但在庆阳的资本存量中占有绝对的比重,而且在增量投入中,也占有绝对份额。1991 年,在全社会的固定资产投资中,国有单位占的比重,全省为 83.14%,庆阳地区则高达 86.32%。总的来看,庆阳地区既有的所有制结构不但表现出以国有经济为主的"高纯度",而且其投入结构也高度倾斜于国有经济。这种情况表明,传统体制在庆阳地区的资源配置中,仍居于主导地位。据此,庆阳地区应以变革所有制结构为重点,推进体制转换和创新,促进国土资源开发和配置的市场化。

(1)促进所有制结构的"非国有化",发展以非国有经济为主的所有制结构

90 年代初期,庆阳地区的非国有经济,尤其是其中的个体、私营等非公有制经济虽然迅速崛起,但因处于起步阶段,规模小,效率低,还不足以成为地区国土资源开发和配置与国有经济相抗衡的力量。同时,传统体制"一大二公三纯"的思维定势,在一些干部和群众中还有较大影响,对非公有制经济,在数量、规模、范围上还存在着许多有形或无形的限制,政策和投入上的公有制取向也还比较突出,这些,都限制了非国有经济,特别是非公有制经济的发展。

应该看到,庆阳地区生产力发展水平较低,如果单一地依靠国有经济来进行国土资源的开发和配置,既不利于动员和组织社会经济资源投入于区域开发,也会导致既有的低效率、低度化二元结构凝滞化。因此,庆阳地区应建立有利于挖掘社会经济资源潜力,全面深化和扩展国土资源开发和配置的所有制结构。其途径是将现有的以国有经济为主的所有制结构,通过"非国有化"的措施,变革为以集体、合作、个体、私营以及各种"非公非私"的经济成分共同发展的所有制

结构。

庆阳地区所有制结构的"非国有化",首先是突破"一大二公三纯"的思维定势,以"三个有利于"为标准,树立"所有制结构无禁区"的观念;二是对各类经济成分的企业和经营主体在政策上一视同仁,纠正政策、投入和发展目标取向过度倾斜于公有制经济,特别是国有经济的偏见;三是为各种经济成分的企业和经营主体创造"法不禁止即自由"的发展空间,取消对非公有制经济在经营范围、经营方式等方面的歧视和限制,使各类经济成分能够开展公开、公平竞争;四是从政策法规上保护各种经济成分的企业和经营主体的合法权益,特别是要给非公有制经济以政策上的安全或解除各种有形无形的束缚,促使其更大、更快地发展。

(2)以体制创新,推进所有制结构的存量调整,构建国土资源开发和配置市场化的微观基础

庆阳地区国土资源的配置结构不但高度倾斜于国有经济,而且由于"条块"的体制分割,使中央、省属企业与地方经济之间联系微弱,从而导致了区域市场的分割,削弱了市场机制对国土资源开发和配置的基础作用。因此,庆阳地区应以变革产权关系,建立以要素市场为主要内容,促进体制创新,奠定国土资源开发和配置市场化的微观基础。一是在国有大中型企业中培育非国有经济的成长点,对区内的中央、省属大中型骨干企业,应根据其生产经营的性质与特点,允许集体、个体、私营经济以承包、租赁等形式经营这些企业的部分辅助性生产环节或相对独立的分厂、车间;对大中型骨干企业的"一厂两制"集体企业,应明晰产权关系,使其成熟化和规范化;对中小型国有企业,进行股份制或股份合作制的改造,或者承包、租赁,出售给集体、个体或私人进行经营。二是推进各种经营形式的互相渗透,互相融合。在产权关系的变革和重组中,发展各种经济成分互相持股、参

股的"非公非私"的混合经济;对其中的公有制经济,只要取得控股权,就不必拘泥于财产所有权占51%的比例。三是为非公有制经济在信贷、土地使用等方面提供便利,帮助其解决困难。

(3)改革增量投入体制,增加非公有经济在增量结构中的比重

庆阳地区全社会固定资产的投资主体和投资渠道仍维持着国有经济为主的单一格局。为此,应在推进所有制存量结构调整的同时,建立有利于各种经济成分发展,特别是促进非公有制经济发展的增量结构。一是在资本投入方面,促进投资主体多元化,为民间资本的聚集和投入创造条件,拓宽渠道。虽然庆阳地区居民收入水平较低,但民间资本仍有较大潜力。1991年,庆阳地区城乡储蓄存款已达8.66亿元,只要使其中的1/4转化为资本,就足以购下国有企业的全部固定资产。

为了挖掘民间资金的潜力,庆阳地区应顺应金融体制改革的趋势,提高融资能力,充分运用股票、债券等手段,以及建立民间基金组织等方式,为民间财力的资本化开拓渠道,聚集和吸收民间资本。

在资本投入的经营方式选择方面,对中小型项目,应以民有民营形式为主,即使对大型项目,其中包括基础设施建设,也应采用合资合营等方式,尽量吸收民间资本。所有的国土开发项目,都应对民间资本开放,并确立"谁投资,谁开发、谁受益"的利益机制,为了吸引民间资本进行国土的开发和治理,可对荒山、荒坡、林地进行经营权的拍卖,对购经营权的经营者,可确定较长的经营时限(例如50年以上),并允许继承,以形成民营化开发的稳定机制。

除了资本要素以外,对熟练劳动力、专业技术人员、技术专利等人才和技术要素,则应通过建立健全要素市场,形成开放的、自由流动的要素流动机制,使非国有经济能获得急需的生产要素投入。

（二）产业创新：建立地企结合、城乡关联的产业网络

庆阳地区低水平工业所形成的城乡隔离及大中型骨干企业与地方经济之间的体制分割，是传统体制中国土资源开发和配置的不同主体之间缺乏利益协调机制的反映。在市场经济条件下，这种深层次矛盾如果继续发展，将转化为市场分割，从而严重削弱市场对国土资源开发和配置的基础作用。因此，庆阳地区应从区域市场的统一性出发，推动产业成长模式和产业组织的创新，形成地企结合、城乡关联的产业网络，从整体上提高国土资源配置效率。

1. 在转换资源开发模式中建立地企结合的国家—地方性综合产业

庆阳地区在发展阶段，应适应市场化的进程，以新的产业组织和新的产业成长方式为基础，转变资源开发模式。

一是突破按资源类别划分开发主体的体制界限，对区域内的战略性资源，地方可以资本、资源、劳动力等进行广泛参与，通过与企业组成现代公司组织等方式，全面参与其开发过程。在地方资金不足的情况下，也可以建立投资（国家）—资源（地方）股份制的公司。

二是区内的原材料企业（如长庆石油勘探局、庆阳石油化工总厂等）应通过发展多样化经营，给地方提供原材料产品，提供技术支援等方式，发展与地方企业的前向、后向和旁侧的产业关联，建成以大中型骨干企业为核心和依托，对资源进行综合开发的集团性产业或企业集团，使区内的中央、省属大中型骨干企业，成长为聚集区内的关联产业和企业的综合性产业组织。对于新建的大中型资源开发项目，从一开始就要选择新型的产业组织，不但要形成国家与地方共同参与、利益共享的体制和机制，而且要建立起向地方辐射和延伸的关联和配套服务项目，形成综合发展能力。

2. 建立城乡关联的产业网络

建立地企结合型产业组织旨在打破"条块"分割的体制壁垒。与此同时,庆阳地区还要在农村工业化的进程中,建立城乡关联的产业网络,以弥补城乡隔离的产业断层。

农村工业化的基础是农业,不断增加的商品量和不断扩大的商品生产规模是农村工业发展的一个重要前提。在这方面,主要是增加对农业的投入,用先进的农业科学技术去改造传统农业,发展优质高产高效的现代农业。比较优势高、商品开发前景好以及出口创汇的农产品生产必须基地化,以保证有足够数量、足够规模的农产品用于加工增值。在发展农业的同时,引导农民投资非农产业。为了减轻农民在发展农业和非农产业中的市场风险,可以考虑由政府和民间相结合,建立农民投资咨询服务组织和投资项目的基金组织,其中包括建立项目风险基金。

在推进农村工业化的过程中,要打破乡村和城市之间的农业(农村)—非农业(城市)的分工格局,农民可以进城兴办开发项目,城市可以把初始生产环节下放到农村,通过建立"公司+农户"、"工厂+农户"等组织进行城乡一体化和种养加、农工贸的综合性开发和生产经营。

无论是地企结合型的产业组织,还是城乡关联的产业网络,都必须在统一的区域市场网络中才能得到健康成长和运行。在这方面,以健全和完善基础设施为重点,加快第三产业的发展,加快市场体系的建设,则是反贫困战略及其发展模式中不可或缺的重要内容。

三、国家的发展援助政策:老区脱贫的重要条件

改革开放以来,庆阳地区的扶贫工作取得了巨大的成就,究其原因,从内部来讲是老区群众和干部的奋进自强、自力发展精神的充分发扬;从外部看,则是党和国家制定一整套促进老区脱贫的发展援助

政策,以大量的资金投入,启动了老区的经济发展。

1983 年到 1990 年,庆阳地区有两个县被国家列为"两西"建设县;有 5 个县被列为老区贫困县。7 年中,国家对这 7 个县共计投放扶持资金 17744 万元。这些资金,比庆阳地区 1991 年的财政收入还多 12.5%,相当于全地区 1985 年的贫困人口人均投入 258 元。庆阳地区用国家投入的扶贫资金,发展农业生产,行农业基础设施建设,发展乡镇企业,农民家庭副业和地方工业,科技推广和智力开发以及劳务输出、市场建设和农村能源建设等,取得了显著的经济效益和社会效益。到 1990 年,全地区有 112102 户贫困家庭初步解决了温饱问题,占贫困户总数的 84.6%,贫困面由 1985 年的 35% 下降为 6.5%,1/3 的农户过上了比较宽裕的生活。

1985 年,庆阳地区人均财政收入不过 18.49 元。如果没有国家注入的扶贫资金,靠如此微薄的财力,不可能获得上述的发展成就,也不可能有 80 年代中期以后老区开发的巨大变化。

进入 90 年代以来,国家陆续实施系列重大的改革措施。这些改革措施,对于推进社会主义市场经济体制及其运行机制的成长具有十分重要的作用,也是贫困地区走上发展之路的强大动力源泉。但在市场经济成长的初始阶段,贫困地区由于体制转换滞后,经济运行机制不良,很难从体制和结构上实现与市场化进程的平稳衔接;同时,市场经济中追求效率、忽视公平的消极因素也会对贫困地区的发展产生抑制作用。因此,在近期内,贫困地区尚难从宏观改革措施中获得显著的利益。总的来看,在市场经济成长的初期阶段,发达地区和贫困地区会表现出不同的效应。市场化使前者能收到"锦上添花"之利,而对后者来说,则有可能受到"釜底抽薪"的困扰。

毋庸置疑,在市场经济条件下,扶贫机制必然要发生适应市场经济运行规律的转变。但是,这种转变,并不意味着贫困地区只能靠市

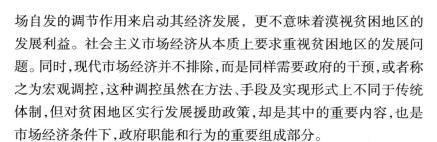

场自发的调节作用来启动其经济发展，更不意味着漠视贫困地区的发展利益。社会主义市场经济从本质上要求重视贫困地区的发展问题。同时，现代市场经济并不排除，而是同样需要政府的干预，或者称之为宏观调控，这种调控虽然在方法、手段及实现形式上不同于传统体制，但对贫困地区实行发展援助政策，却是其中的重要内容，也是市场经济条件下，政府职能和行为的重要组成部分。

鉴于上述，在社会主义市场经济条件下，对于体制变革比较滞后，市场化程度较低，自我发展能力较弱的庆阳地区来说，国家的发展援助政策，仍旧是其由温饱走向发展不可或缺的重要条件。从庆阳地区的实际和市场化进程的大趋势来看，国家和省上对庆阳地区的发展援助政策应包括以下几个方面：

（一）改革扶贫体制，实行更加灵活的扶贫效果

迄今为止，我国尚未形成比较健全的扶贫体制。就庆阳地区而言，扶贫工作实际上分成两大块，一是"两西"工程；二是"老区贫困县"的扶贫。由于这两项工作在内容、范围及资金投入数量上的差别，使同一地区的贫困县之间形成"苦乐不均"的现象。网时，也导致扶贫资金因来源不一，难以统筹使用，降低了扶贫资金的使用效果，也不利于贫困地区在逐步实现温饱的基础上，把扶贫资金转化为资本投入，以增强自我发展能力。

应该说，在扶贫工作开始的阶段，这种体制具有动员各方面的力量，增加扶贫资金来源的积极作用。但在市场经济成长的新阶段，除扶贫政策应作为政府的长期性工作外，其他与建设项目相联系的扶贫工作，却会随着建设项目的完成而告中止，而且随着工程建设的进行，地方往往会对这部分资金来源产生不稳定感。因此，国家和省上应根据市场经济的发展趋势，建立统一、稳定的扶贫工作新体制。把现有的分属不同部门的"两西建设"及老区、少数民族地区、边远地

区、山区的扶贫开发,由专职的权威部门去组织实施;其资金的筹措,也应通过国民收入的二次分配,建立统一的专项基金来解决。

同时,国家和省上应允许各贫困地区根据本地区的实际,自己决定扶贫开发方式,自己决定扶贫资金的使用,并相应建立扶贫资金使用的责任制度,依法进行审计监督,以提高扶贫资金的使用效益。

(二)协调中央、省属企业与地方的关系,在大区域对贫困地区的国土资源开发和配置进行统筹规划

对庆阳地区的国土资源开发、整治和配置,国家和省上应从陕甘宁毗邻地区能源重化工基地的建设、从黄土高原地区水土流失综合治理的高度进行统一规划和安排。

在进行陕甘宁毗邻地区能源重化工基地建设时,应充分考虑庆阳地区现有的石油开采的优势以及初步形成的加工能力,将庆阳地区建成面向西北地区的石油、天然气的采、集、输中心,并相应建设配套的加工转换项目及有关的集输设备制造、安装、维修等项目,把庆阳地区建成除兰州市以外甘肃省第二个石油、天然气化工基地。

与此同时,国家和省上应协调长庆油田(即长庆石油勘探局)与地方的关系,对长庆油田来说,应高度重视石油开采过程中对土地、河流造成的污染,认真进行治理;同时,也应妥善处理因工程占地给农民造成的经济损失等问题。对地方来说,应积极为油田提供生产和生活方面的服务,妥善解决农民与企业之间的经济纠纷,整治破坏油田设施以及偷盗原油和物资的犯罪行为。从根本上说,油田与地方应建立利益共享、互促互进的"命运共同体"。油田和地方应积极协商,制定规划,把发展企业与发展地方经济有机地结合起来,共同开发,兴办实业,使企业以地方为基础,实现综合发展;使地方以企业为依托,提高地方工业的发展质量和水平。

庆阳地区地处黄土高原的腹地,在黄土高原水土流失的综合治

理工程中,居于十分重要的地位,国家应从改善全国国土资源配置的角度出发,不但要对庆阳地区的水土流失治理给予资金、技术上的保证,而且还要进行科学的组织和实施。为此,可以考虑把庆阳地区建成为黄土高原水土流失综合治理实验区,进行综合治理新体制的探索,同时,配套注入资金、技术和安排大中型治理工程项目。

从国土资源整体配置的角度出发,国家和省上还应把改善庆阳地区的交通运输条件列入规划并组织实施。从长远看,在铁路建设方面,已列入规划并进行建设的平庆铁路在建成后,应继续延伸至陕西三原,使其成为庆阳地区的重要出口;在公路建设方面,应把区内的公路干线列为二级公路改造项目;在民航方面,应改造现有的西峰机场,开辟新的航线,增加航班,使航空运输成为沟通地区内外联系的重要渠道;在管道运输方面,陕北天然气田经庆阳地区到兰州的天然气输送管线亦应列入"九五"规划,投入建设。通过这些方面的规划和建设,来改变庆阳地区比较封闭的地理环境,改善其区位条件,扩大其开放程度。

还需要指出的是,庆阳地区是全省土地垦殖率较高的地区。过高的垦殖率,已给其生态环境带来了十分有害的影响。尽管庆阳地区重建"陇东粮仓"工程取得了显著的成就,但1992年农民的人均粮食产量,仅为全国平均水平的3/4多一点,比之于省内的河西地区,则还不到其60%;粮食的商品率,分别比全国和省内河西地区的水平低10个和近20个百分点。从这些方面看,庆阳地区商品粮生产还未形成足够的规模,而且还受到土地、气候等不良条件的限制,对此,省上和庆阳地区应调整"陇东粮仓"建设的思路,从农业的综合发展角度实旅"重建陇东粮仓"工程,以使其能够调整和优化农业的内部结构,走出因产业结构单一,难以获得比较效益的困境。

(三)继续注入扶贫资金,"输血"与"造血"相结合,加快老区开发与发展

在现阶段,国家和省上应继续对庆阳地区注入扶贫资金,同时,还应根据经济建设的需要, 投入建设资金。在庆阳地区温饱水平较低、贫困问题仍然存在的情况下,对其维持输血是必要的,否则就难以形成自我发展的"造血"能力。为此,在国家对甘肃的扶贫资金中,庆阳地区仍应保持足够的份额即保持扶贫资金投入的一定规模和强度。还应考虑价格指数的上升因素,予以适当调整。

继续给老区"输血",目的在于使老区在体制转换时期因种种不利因素的影响所造成的困难和矛盾得以缓解, 使其初步形成的"造血"机能不致因此而萎缩。这是使老区走上发展之路的关键措施。

从根本上来说,庆阳地区的发展在于"造血"机能的不断完善和增强,庆阳地区应利用国家"输血"的外部条件,加快体制和结构的双重变革,以市场化提供的有利机遇,建立起国土资源开发、配置与增进积累的良性循环,走上脱贫致富,实现小康的发展之路。

(节选自《庆阳老区反贫困战略研究》兰州大学出版社,周述实主编,1995 年 9 月)

附录

周述实先生主要论著目录

一、论　文

1. 周述实:《正确处理生活和生产的关系——学习十二大文件札记》,《甘肃社会科学》1982.1。

2. 周述实:《在理论联系实际中发展数量经济学——简介〈数量经济学概论〉》,《开发研究》1986.2。

3. 周述实:《改革十年中的数量经济学》,《数量经济技术经济研究》1989.2。

4. 周述实:《中国西北地区经济发展差距的原因分析》,《数量经济技术经济研究》1990.12。

5. 周述实:《经济波动和产业结构低度化是阻滞西北区域经济发展的重要因素》,《甘肃社会科学》1991.3。

6. 周述实:《西北地区城市布局与城市体系的发展》,《城市》1993.2。

7. 周述实:《甘肃城乡经济关系现状:"双重封闭二元结构"的有限突破》,《社科纵横》1993.3。

8. 周述实:《甘肃工业化: 由 "双重封闭二元结构" 到成长新阶段》,《科学·经济·社会》1993.3。

9. 周述实:《亚欧大陆桥对甘肃经济发展的影响》,《甘肃社会科学》1993.5。

10. 周述实:《抓住机遇发展自己——学习邓小平同志有关抓住发展机遇的论述》,《经济管理研究》1994.4。

11. 周述实:《开放新课题：内陆企业的国际化经营》,《中国工业经济研究》1994.5。

12. 周述实:《体制·结构·市场·资源——对社会主义市场经济条件下甘肃经济发展战略的再认识》,《社科纵横》1994.6。

13. 周述实:《甘肃经济发展的新机遇——加快国有企业改革》,《当代教育与文化》1995.1。

14. 周述实:《甘肃资源开发新模式与战略选择》,《甘肃理论学刊》1995.4。

15. 周述实:《兵法经营具有中国特色的现代企业管理的探索》,《甘肃社会科学》1995.5。

16. 周述实:《企业文化：一种新的管理理论——评〈世纪之交的中国企业文化〉》,《开发研究》1995.5。

17. 周述实:《社会主义市场经济条件下我国东部与中西部区域经济关系的重构》,《社科纵横》1995.6。

18. 周述实:《开发比救济更能扶贫》,《发展》1995.10。

19. 周述实:《人力资源：东西部地区的比较》,《科学经济社会》1996.1。

20. 周述实:《转变经济增长方式与遏制地区发展差距》,《经济管理研究》1996.2。

21. 周述实:《市场化进程中城乡产业协调发展的几个重要关系》,《甘肃社会科学》1996.6。

22. 周述实:《市场化新阶段我国城乡产业变动的机制、原则和策略选择》,《甘肃理论学刊》1996.6。

23. 周述实:《垄新—竞争型市场与甘肃国有企业的分类管理分

类指导国有经济讨论之一》,《发展》1996.11。

24. 周述实:《社会主义初级阶段与甘肃经济改革和发展》,《当代教育与文化》1997.4。

25. 周述实:《为开发西部发展西部鼓与呼——〈西部经济崛起之路〉评介》,《开发研究》1997.4。

26. 周述实:《甘肃经济发展应有质量观》,《发展》1997.11。

27. 周述实:《职业技术教育与不发达地区经济发展的相关性分析》,《数量经济技术经济研究》1997.12。

28. 周述实:《民营经济：中国西部新的经济增长点》,《发展》1998.4。

29. 周述实:《"再造一个河西"应树立三个观念,突出三条主线》《发展》,1998.9。

30. 周述实:《〈中国区域经济关系研究〉评介》,《开发研究》,1999.2。

31. 周述实:《为觅珍珠探深海——读倪克湖近作〈货币供求经济增长通货膨胀——理论与实证〉》,《开发研究》1999.5。

32. 周述实:《试析甘肃资源增值的障碍和有利条件》,《甘肃经济管理干部学院学报》1999.9。

33. 周述实:《资源加工增值是甘肃经济发展的战略选择》,《科学新闻》2000.9。

34. 周述实:《恪守职业道德树立诚信意识》,《党的建设》2001.12。

35. 周述实:《简议甘肃贫困县的脱贫与发展》,《当代教育与文化》2001.14。

36. 周述实:《思辨深透富于创新——学习〈思辨集〉的几点体会》,《人大研究》2002.3。

37. 周述实：《全面小康：理论工作者的重大课题》，《发展》2003.2。

38. 周述实、李黑虎：《试论工业改造的梯级性》，《科学经济社会》1983.1。

39. 周述实、李晓帆、何伦志：《投入产出分析在企业管理中的应用》，《新疆大学学报（自然科学版）》1984.1。

40. 周述实、李黑虎《经济优势与西北地区工业发展》，《兰州学刊》1984.5。

41. 周述实、董兆祥：《发展扩散联合振兴甘肃经济》，《兰州学刊》1986.4。

42. 周述实、李黑虎、邱永兴：《甘肃省农村交通运输发展研究》，《兰州学刊》1986.5。

43. 周述实、李黑虎：《试论我国西部开发的战略系统》，《数量经济技术经济研究》1986.8。

44. 周述实、李黑虎《对西北区域产业政策的思考与选择》，《中国软科学》，1988.4。

45. 周述实、李黑虎：《甘肃产业政策几个问题的思考》，《甘肃社会科学》1988.5。

46. 周述实、李黑虎：《陇海—兰新经济地带城市工业发展初探》，《科学经济社会》1988.6。

47. 周述实、李黑虎：《西北区域产业政策的思考与选择》，《数量经济技术经济研究》1989.2。

48. 周述实、李黑虎：《西部不发达地区大中型企业技术进步探讨》，《经济问题探索》1989.5。

49. 周述实、李晓帆：《社会主义市场经济断想》，《兰州教育学院学报》1992.2。

50. 周述实、刘显德:《社会主义市场经济与横向经济联合——兼论甘肃横向经济联合的有关问题》,《甘肃理论学刊》1993.2。

51. 周述实、孙荣周:《调整所有制结构,发展甘肃的社会主义市场经济》,《甘肃社会科学》1994.3。

52. 周述实、甘德霞:《甘肃省城镇居民就业与收入的发展和差距分析研究》,《统计研究》2000.9。

53. 周述实、何苑:《定西地区实施经济发展与生态建设双赢战略(调查报告)》,《甘肃省经济管理干部学院学报》2002.12。

二、专 著

1. 周述实主编:《自主管理工作法》,企业管理出版社,1993 年 12 月版。

2. 周述实主编:《全国百家大中型企业调查——兰州炼油化工总厂》,当代中国出版社,1994 年 12 月版。

3. 周述实主编:《生存·发展·小康——庆阳老区反贫困战略研究》,兰州大学出版社,1995 年 9 月版。

4. 周述实主编:《兵法经营概论》,中国计划出版社,1995 年 12 月版

5. 刘茂兴、周述实主编:《黄土地上的绿色希望——甘肃农业产业化经营研究》,兰州大学出版社,1999 年 1 月版。

6. 周述实主编:《镍都崛起之路》,企业管理出版社,1999 年 9 月版

7. 周述实主编:《中国西部概览:甘肃》,民族出版社,2000 年 5 月版。

8. 周述实主编:《重建西北经济的支撑点》,兰州大学出版社,2001 年 9 月版。

9. 周述实、姜安印、何苑主编:《转型成长中的甘肃经济问题研究》,甘肃人民出版社,2004 年 12 版。

《陇上学人文存》已出版书目

第一辑

《马　通卷》马亚萍编选　　《支克坚卷》刘春生编选
《王沂暖卷》张广裕编选　　《刘文英卷》孔　敏编选
《吴文翰卷》杨文德编选　　《段文杰卷》杜琪　赵声良编选
《赵俪生卷》王玉祥编选　　《赵逵夫卷》韩高年编选
《洪毅然卷》李　骅编选　　《颜廷亮卷》巨　虹编选

第二辑

《史苇湘卷》马　德编选　　《齐陈骏卷》买小英编选
《李秉德卷》李瑾瑜编选　　《杨建新卷》杨文炯编选
《金宝祥卷》杨秀清编选　　《郑　文卷》尹占华编选
《黄伯荣卷》马小萍编选　　《郭晋稀卷》赵逵夫编选
《喻博文卷》颜华东编选　　《穆纪光卷》孔　敏编选

第三辑

《刘让言卷》王尚寿编选　　《刘家声卷》何　苑编选
《刘瑞明卷》马步升编选　　《匡　扶卷》张　堡编选
《李鼎文卷》伏俊琏编选　　《林径一卷》颜华东编选
《胡德海卷》张永祥编选　　《彭　铎卷》韩高年编选
《樊锦诗卷》赵声良编选　　《郝苏民卷》马东平编选

第四辑

《刘天怡卷》赵　伟编选　　《韩学本卷》孔　敏编选
《吴小美卷》魏韶华编选　　《初世宾卷》李勇锋编选
《张鸿勋卷》伏俊琏编选　　《陈　涌卷》郭国昌编选
《柯　杨卷》马步升编选　　《赵荫棠卷》周玉秀编选
《多识·洛桑图丹琼排卷》杨士宏编选
《才旦夏茸卷》杨士宏编选

第五辑

《丁汉儒卷》虎有泽编选　　《王步贵卷》孔　敏编选
《杨子明卷》史玉成编选　　《尤炳圻卷》李晓卫编选
《张文熊卷》李敬国编选　　《李　恭卷》莫　超编选
《郑汝中卷》马　德编选　　《陶景侃卷》颜华东　闫晓勇编选
《张学军卷》李朝东编选　　《刘光华卷》郝树声　侯宗辉编选

第六辑

《胡大浚卷》王志鹏编选　　《李国香卷》艾买提编选
《孙克恒卷》孙　强编选　　《范汉森卷》李君才　刘银军编选
《唐　祈卷》郭国昌编选　　《林家英卷》杨许波　庆振轩编选
《霍旭东卷》丁宏武编选　　《张孟伦卷》汪受宽　赵梅春编选
《李定仁卷》李瑾瑜编选　　《赛仓·罗桑华丹卷》丹　曲编选

第七辑